Was bringt der Euro?

Was bringt der Euro?

Wie Sie vom Euro profitieren

Lizenzausgabe für Naumann & Göbel Verlagsgesellschaft mbH
Titelmotive: MEV Verlag, Augsburg
Gesamtherstellung: Naumann & Göbel Verlagsgesellschaft mbH, Köln

Inhalt

Einleitung

Die D-Mark ist mehr als nur eine Währung. Sie ist für die Deutschen ein nationales Symbol – so wie für die Briten die Queen oder für die Franzosen die Werte der Französischen Revolution und die Tradition als „grande nation". Die D-Mark stiftet nationale Identität. Nicht umsonst wird den Deutschen von anderen Ländern häufig ein „D-Mark-Nationalismus" vorgeworfen. Die Währungsreform am 21. Juni 1948 zog einen Schlußstrich unter die dunkle Vergangenheit: Der verlorene Weltkrieg, die furchtbare Herrschaft des Nationalsozialismus, die Wirtschaftsprobleme der Weimarer Republik – all das war mit dem Ersatz der Renten- durch die D-Mark nur noch Historie. Die D-Mark markierte den Neubeginn. Sie legte den Grundstein zum Wirtschaftswunder und damit zugleich für einen neuen nationalen Stolz.

Fast 50 Jahre später bewegt die Deutschen nun eine bange Frage: Was wird aus der D-Mark? Und dabei schwingt auch die Sorge mit: Was wird aus unserer Identität?

Als der Vertrag von Maastricht 1992 unterschrieben und von den Parlamenten verabschiedet wurde, hat dies noch niemand so recht ernst genommen. Es erfüllte sich, was ein Vertreter der Bank von England über die Vorbereitungsphase von 1993 bis 1998 sagte: „Vier Jahre Träumerei und zwei Jahre Panik."

Nun sind wir in diesem Jahr 1998 im Stadium der Panik angekommen. Klar ist seit März 1998: Der Euro wird kommen. Zum Start der Währungsunion werden elf Länder dem Euro-Club angehören. Dabei sind nicht nur die sicheren Kandidaten wie Deutschland, Frankreich, Luxemburg, Niederlande, Österreich, Irland und Finnland, sondern auch die wirtschaftlich schwächeren Länder wie Italien, Belgien, Spanien und Portugal.

Der Bundesbürger ist verwirrt: Jeden Tag stehen neue Meinungen zum Euro in der Zeitung. Viele Politiker, Gewerkschafter, Unternehmer oder Wirtschaftswissenschaftler preisen die Vorteile der Währungsunion für Deutschland und sehen den Euro als Übergang zu einem neuen und starken Europa. Bundeskanzler Helmut Kohl machte aus der Euro-Einführung gar „eine Frage von Krieg und Frieden im 21. Jahrhundert".

Die Chancen des Euro

- Die Kapital- und Finanzmärkte in Europa werden leistungsfähiger. Der Anleger kann künftig europaweit anlegen, ohne sich um Kursschwankungen sorgen zu müssen.
- Unternehmen und Verbraucher sparen die Bankgebühren für den Umtausch von Währungen.
- Innerhalb der Währungsunion werden die Preise transparenter. Unternehmen und Verbraucher können europaweit die Preise vergleichen – und beim günstigsten Anbieter kaufen. Die moderne Informationstechnologie – Beispiel Internet – macht es möglich.
- Die deutsche Exportindustrie muß keine Kosten für Währungsumtausch und Kursabsicherung tragen.
- Der Arbeitsmarkt wird größer. Qualifizierte Arbeitnehmer werden mehr Chancen haben und mehr verdienen. Arbeitnehmer ohne Ausbildung dagegen müssen vermutlich mit geringeren Löhnen rechnen, da die Löhne im Ausland geringer sind.

Dem widerspricht prompt ein anderer Experte und kritisiert die Hektik der Verwirklichung der Währungsunion und malt das Bild eines an seinen internen wirtschaftlichen Unterschieden zerbrechenden Europas an die Wand.

Was soll der Bürger davon halten? Die Mehrheit der Deutschen reagiert auf die verwirrende Euro-Diskussion mit Mißtrauen. Soll sich die Geschichte der deutschen Einheit wiederholen, bei der es keine Steuererhöhungen geben sollte – und die dann mit dem Steuer- und Schuldenhammer so zuschlug wie nie zuvor? Wofür geben wir eigentlich die stabile D-Mark und damit eine im Juni 1998 fünfzig Jahre währende wirtschaftliche Erfolgsgeschichte auf?

Das Jahrhundertprojekt Euro hat mit vielen Schwierigkeiten zu kämpfen. Die flaue Konjunktur seit Herbst 1995 gefährdet die Erfüllung der Stabilitätskriterien des Maastrichter Vertrags. Ausgerechnet in einer wirtschaft-

Die Risiken des Euro

- Aus der Euro-Union könnte eine Inflationsgemeinschaft werden, wenn die wirtschaftliche Entwicklung vor oder nach der Währungsunion aus dem Ruder läuft – oder wenn Weichwährungsländer wie Italien oder Spanien von Anfang an dabei sind.
- Die Währungsunion wird die reichen westeuropäischen Staaten und ihre Steuerzahler viel Geld kosten, wenn die südeuropäischen Länder mit Subventionen gestützt werden müssen.
- Unternehmen und Handel nutzen die Euro-Umstellung, um die Preise zu erhöhen. Es droht ein Inflationsschub.
- An den Geld- und Kapitalmärkten kommt es im Vorfeld der Währungsunion zu großen Unruhen. Die neue Währung wird mit großem Mißtrauen aufgenommen. Die Zinsen steigen.
- Die Europäische Union wählt eine ungewöhnliche Reihenfolge: Erst kommt die Währung, dann soll irgendwann der Staat – also die politische Einheit Europas – folgen. Besser wäre das Vorgehen in umgekehrter Reihenfolge.

lichen Krise mit Rekordarbeitslosenzahlen in ganz Europa soll die Währungsunion verwirklicht werden.

Die zweite große Schwierigkeit ist die Skepsis der Finanzmärkte und der Bevölkerung. Schon Ende 1995 sprachen sich laut Eurostat, dem Statistischen Amt der Europäischen Union, rund 54 Prozent der EU-Bürger für die gemeinsame Währung aus. Zwar war in neun der 15 Mitgliedsstaaten die Mehrheit der Bevölkerung für den Euro. Doch dies waren nur die größten potentiellen Euro-Profiteure, nämlich die Weichwährungsländer. In den Hartwährungsländern jedoch ist die Mehrheit gegen die europäische Einheitswährung. In Deutschland lehnen nach allen Umfragen rund zwei Drittel der Bundesbürger den Euro ab – oder könnten zumindest gut darauf verzichten. Und nicht einmal die Unternehmer stehen geschlossen hinter dem Projekt Euro: Nur jedes dritte Unternehmen begrüßt die Einführung der europäischen Einheitswährung.

Stimmungslage der Bevölkerung		
	Von je 100 Befragten sind	
	... gegen den Euro	... für den Euro
Italien	9	78
Niederlande	26	66
Irland	16	66
Griechenland	21	64
Luxemburg	26	63
Spanien	15	62
Frankreich	22	59
Belgien	22	53
Portugal	22	52
Deutschland	49	40
Dänemark	58	36
Finnland	57	35
Großbritannien	53	34
Österreich	45	34
Schweden	61	27

Quelle: Eurobarometer Sommer 1997; Differenz zu 100: keine Meinung

Auch wenn sich die Stimmung im Vergleich zum vergangenen Sommer (siehe Tabelle) leicht verbessert hat: Aufklärung ist weiter notwendig. Ein Großteil der Euro-Ängste ist reine Psychologie. Die Gefühle bestimmen das Denken der Anleger – und ihre Entscheidungen. Eine Umfrage der Agentur Eurobarometer zeigte, daß das Wissen über den Euro nicht sehr groß ist: Nur jeder siebte EU-Bürger konnte sagen, wann der Euro eingeführt werden soll. Doch selbst die Profis handeln nicht ständig rational.

Sicher ist nur eines: Die Einführung der europäischen Einheitswährung ist ein Jahrhundertprojekt. Solide Informationen über den Euro und eine praktische Handhabe zur Umstellung sind daher überfällig. Jeder Bürger, jeder Anleger und Sparer ist unmittelbar betroffen. Sie müssen reagieren – und ihr Geld so anlegen, daß es nicht nur euro-sicher, sondern sogar euro-profitabel ist.

Dieses Buch stellt nicht nur die Folgen der Euro-Einführung für ein gemeinsames Europa dar, sondern beleuchtet auch die Veränderungen für jeden einzelnen, für Verbraucher, Arbeitnehmer, Geldanleger und Versicherte. Sie erfahren, was zu welchem Zeitpunkt passieren wird, lernen, die Euro-Folgen abzuschätzen sowie Risiken und Chancen abzuwägen. Vor allem aber findet der Leser Ratschläge, wie er den Euro nutzen kann. Denn unter dem Strich bietet die Währungsunion nicht nur Risiken, sondern vor allem auch Chancen. Wer sie nutzt, der kann vom Euro profitieren.

Die Währungsunion: Was auf die Deutschen zukommt

Der Euro hat es nötig: Bunte Werbebroschüren zum Thema Einheitswährung überfluten mittlerweile die Völker Europas, finanziert aus Steuergeldern, sei es von der EU oder den nationalen Regierungen. Wer sich als Wissenschaftler für den Euro ausspricht, der wird bei seinen Vortragsreisen von der EG finanziell unterstützt. Und sogar in einem normalen Buchverlag darf der Leiter des Informationsbüros des Europäischen Parlaments, Klaus Löffler, unter dem schönen Titel „Keine Angst vor dem Euro" ordentlich Propaganda machen.

Kaum ein Bundesbürger bemerkte die Tragweite des Maastrichter Vertrages, als er am 11. November 1991 von den Staats- und Regierungschefs im niederländischen Grenzstädtchen beschlossen wurde. Aus dem ECU sollte der Euro werden, ab 2002 sollte die D-Mark verdrängt werden.

Erst allmählich wachte die Öffentlichkeit auf: Sollen wir ein bewährtes Geld gegen eine Währung ungewisser Stabilität tauschen? Die Fragezeichen wurden immer größer. Die Diskussion um die Maastrichter Kriterien verwirrte die Bürger und stärkte nicht gerade das Vertrauen des Volkes in die Weisheit des Beschlusses der Währungsunion.

Versuchen wir die Fakten sprechen zu lassen:

- ▶ Warum verschwindet die D-Mark?
- ▶ Wie soll die Währungsunion aussehen?
- ▶ Warum ist es keine Währungsreform?
- ▶ Welche Staaten werden teilnehmen?

Die Geschichte des europäischen Währungssystems: Warum die D-Mark verschwindet

Der Traum von einer einheitlichen europäischen Währung ist alt. Schon acht Jahre vor Gründung der Europäischen Wirtschaftsgemeinschaft (EWG) 1958 wurde die Europäische Zahlungsunion (EZU) eingerichtet. Sie lieferte ein Zahlungssystem für den Außenhandel und einen freien internationalen Zahlungsverkehr. Gleichzeitig stellte sie den einzelnen Ländern Mittel für ihren Zahlungsbilanzausgleich zur Verfügung. Damals waren die meisten europäischen Währungen nicht konvertibel. Sie konnten also nicht frei gehandelt und ein- und ausgeführt werden.

Ende der fünfziger Jahre wurden die Devisenmärkte zunehmend freier. Das Europäische Währungsabkommen trat an die Stelle der EZU. Mit ihm wurden Sanierungsprogramme durchgeführt und eine enge währungspolitische Zusammenarbeit angestrebt.

Stichwort Währungsunion

Eine Währungsunion ist ein einheitliches Währungsgebiet mehrerer Länder mit unterschiedlichen Währungen. Die wichtigsten Merkmale:

- Die Wechselkurse sind vollständig und unwiderruflich fixiert.
- Der Zahlungsverkehr zwischen den Ländern ist frei.
- Die Währungen sind uneingeschränkt konvertibel. Sie sind untereinander unbeschränkt handel- und tauschbar.
- Die Geld- und Währungspolitik wird von einer Institution für den gesamten Währungsraum beschlossen und durchgeführt.

Eine einheitliche Währung ist also nicht unbedingt notwendig, aber nützlich als Symbol. Der Bestand und Erfolg einer Währungsunion ist abhängig von einer einheitlichen Geld- und Währungspolitik. Dies – und nichts anderes – ist das Ziel der europäischen Währungsunion. Innerhalb der Währungsunion wird auf den Wechselkurs als Anpassungsinstrument zur Abwehr außenwirtschaftlicher Störungen verzichtet. Dies gilt vor allem für inflationäre Gefahren.

Phase 1: Die wirtschaftliche Integration – Die Europäische Wirtschaftsgemeinschaft EWG

Die Europäische Wirtschaftsgemeinschaft (EWG)

Am 25. März 1957 gründeten Deutschland, Frankreich, Belgien, die Niederlande, Luxemburg und Italien die Europäische Wirtschaftsgemeinschaft (EWG). In den Römischen Verträgen wurde eine europäische Integration „langfristig" als Ziel ins Auge gefaßt: Innerhalb von zwölf bis fünfzehn Jahren sollte die Zollunion mit einheitlichen Zoll-Sätzen verwirklicht werden. Artikel 104 bis 109 des EWG-Vertrages enthalten Regelungen zur währungspolitischen Zusammenarbeit. Die Währungspolitik wurde „als eine Angelegenheit von gemeinsamem Interesse" definiert.

Erst zwölf Jahre waren seit dem Zweiten Weltkrieg, der halb Europa verwüstet hatte, vergangen. Die wirtschaftliche Integration sollte künftige Kriege in Westeuropa unmöglich machen. Frankreich und die Benelux-Länder starteten gemeinsam mit ihren ehemaligen Kriegsgegnern Deutschland und Italien die Europäische Gemeinschaft für Kohle und Stahl. Der freie Handel sollte den Frieden sichern und vor allem Deutschland als stärkste Nation in die europäische Integration einbinden. Dieses Ziel wurde vor allem von Frankreich verfolgt, das auch die treibende Kraft hinter der Europäischen Währungsunion ist. Wenn alle Länder vom freien Warenaustausch profitieren, so die Argumentation, werden gegenseitige Abhängigkeiten geschaffen.

Das System von Bretton Woods

Die Welt der Währungen und Devisen wurde vom amerikanischen Dollar und dem Bretton-Woods-System bestimmt. Im Sommer 1944 hatten 44 Staaten in einem Hotel in Bretton Woods, New Hampshire, ein Weltwährungsabkommen für die Nachkriegszeit geschlossen. An der Konstruktion des Systems war der bedeutendste Nationalökonom dieses Jahrhunderts, John Maynard Keynes, beteiligt. Das Bretton-Woods-System sollte feste Wechselkurse und möglichst freie Konvertierbarkeit – also

Handelbarkeit und Tauschbarkeit – der Währungen sichern. Viele Währungen waren durch den Krieg inflationiert worden, weltweit galten Devisenbeschränkungen. Viele Ökonomen befürchteten, daß es nach dem Krieg wegen der fehlenden internationalen Liquidität zu einer langanhaltenden Depression und einem Abwertungswettlauf wie zur Zeit der Weltwirtschaftskrise nach 1929 kommen könnte.

In Bretton Woods wurde der Dollar als Weltleitwährung etabliert. Die Wechselkurse der anderen wichtigen Währungen gegenüber dem Dollar waren festgezurrt. Die Devisenkurse durften lediglich plus/minus 0,75 Prozentpunkte um den fixierten Wechselkurs schwanken.

Der Dollar war die einzige Währung in diesem System, die noch mit Gold gedeckt war. Er wurde durch die amerikanischen Goldreserven abgesichert. Die USA verfügten 1948 über rund 70 Prozent der offiziellen Goldreserven der Welt. Die amerikanische Regierung garantierte einen Umtausch von 1 Dollar gleich 0,88867088 Gramm Gold.

Gleichzeitig wurden der Internationale Währungsfonds (IWF) und die Weltbank gegründet. Diese internationalen Institutionen mit Sitz in Washington sollten den beteiligten Ländern bei Zahlungsbilanzdefiziten Überbrückungskredite gewähren. Allerdings gewährt der IWF nur mittelfristige Devisenkredithilfen und auch dies nur mit bestimmten Auflagen („konditionierte Kredite"). Für langfristige Kredite ist die Weltbank zuständig. Zur Finanzierung zahlen

Stichwort Leit-, Reserve- und Ankerwährung

Eine internationale Leitwährung wie der Dollar ist zugleich Reservewährung, Ankerwährung und internationales Zahlungsmittel. Als Reservewährung dient sie, weil internationale Anleger und Notenbanken einen beträchtlichen Teil ihrer Devisenreserven in dieser Währung halten. Als Ankerwährung fungiert sie, weil kleine Länder ihren Wechselkurs an diese Währung hängen. Sie ist internationales Zahlungsmittel und wird statt der jeweiligen nationalen Währungen zweier Länder im Warenverkehr verwendet.

die Mitgliedsländer einen Teil ihrer Währungsreserven in einem gemeinsamen Topf ein. Aus diesem Topf werden die „Sonderziehungsrechte" (SZR) finanziert, die als eine Art Ersatzzahlungsmittel untereinander dienen.

Phase 2: Die monetäre Integration – Vom Werner-Plan zum EWS

1962 präsentierte die EWG im Rahmen eines Aktionsprogramms für die zweite Stufe der Zollunion zum ersten Mal Vorschläge für eine umfassende Wirtschafts- und Währungsunion. 1964 wurde der Ausschuß der Präsidenten der Zentralbanken gegründet, der sogenannte Gouverneursausschuß. In diesem Ausschuß trafen sich fortan die Notenbankchefs der Mitgliedsländer.

Der Werner-Plan

Ende der sechziger Jahre wurde das 1944 in Bretton Woods geschaffene Weltwährungssystem von ersten Krisen geschüttelt. Der französische Franc mußte abgewertet werden, die D-Mark wurde aufgewertet. Die Mitgliedsstaaten gaben die Wechselkurse ihrer Währungen frei. Das sogenannte Floating („Fließen") der Währungen begann, die Wechselkurse waren nun flexibel. Ihre Kurse bildeten sich frei nach Angebot und Nachfrage an den Devisenmärkten.

Die sechziger Jahre sorgten für wirtschaftliche Verschiebungen in der Welt. Westeuropa holte auf. Die Bundesrepublik erlebte dank der niedrig bewerteten D-Mark einen Exportboom. Die Leistungsbilanzüberschüsse wuchsen. Die USA dagegen litten unter der Last des Vietnamkrieges und mußten zunehmende Defizite im Außenhandel und in der Zahlungsbilanz verkraften.

Die EG-Regierungschefs beschlossen auf ihrem Gipfeltreffen in Den Haag am 1. und 2. Dezember 1969, mit den Vorbereitungen zur Bildung einer Wirtschafts- und Währungsunion zu beginnen. Die Europäische Gemeinschaft, so die offizielle Begründung, fürchtete Währungsspannungen, die sich auf die Wechselkurse innerhalb Europas auswirken könnten. In Wirklichkeit war die Währungsunion eine Gegeninitiative der westeuropäischen Länder, um die Dominanz des Dollars zu brechen. Sie sollte einen festen Währungsverbund und damit ein Gegengewicht zu amerikanischen Devisen schaffen.

Eine Arbeitsgruppe unter dem luxemburgischen Ministerpräsidenten Pierre Werner wurde gegründet. Sie erarbeitete bereits im Laufe des Jahres 1970 einen Plan, wie die Wirtschafts- und Währungsunion schrittweise in drei Stufen innerhalb der nächsten zehn Jahre verwirklicht werden kann. Endstufe des sogenannten Werner-Plans sollte eine gemeinsame Währung sein.

Stichwort Europäischer Rat

Der Europäische Rat ist das Treffen der Staats- und Regierungschefs aller 15 EU-Staaten und des Präsidenten der Europäischen Kommission. Die Regierungschefs werden von den Außenministern begleitet, der Kommissionspräsident von einem weiteren EU-Kommissar. Der Rat tagt zwei- bis dreimal jährlich an einem anderen Ort. Beschlüsse müssen einstimmig gefaßt werden. Nur in wenigen, genau definierten Fällen genügt eine qualifizierte Mehrheit. Zusammen mit dem Ministerrat, der sich aus den jeweils zuständigen Fachministern zusammensetzt, ist der Europäische Rat das höchste Entscheidungsorgan der EU. Es ist gewissermaßen der Parlamentsersatz. Die Kommission ist für Regierung und Verwaltung zuständig und bringt die Gesetzesvorschläge ein.

1971 traf der Europäische Rat eine Grundsatzentscheidung: Die Wirtschafts- und Währungsunion nach dem Werner-Plan sollte bis 1980 verwirklicht werden. Die Zentralbanken sollten bereits versuchen, die Wechselkursschwankungen zwischen den Währungen der Mitgliedsstaaten innerhalb enger Bandbreiten zu begrenzen. Die erste Stufe begann 1971.

Die wichtigsten Inhalte des Werner-Plans

- völlig liberalisierter Kapitalverkehr innerhalb der Gemeinschaft
- völlige Freiheit des Verkehrs von Gütern, Dienstleistungen und Personen
- Konvergenz der EWG-Währungen bis zur Festlegung fixierter Wechselkurse und einer Einheitswährung
- Zusammenlegung der Währungsreserven
- zentrale Steuerung der Geldpolitik durch eine Art europäische Zentralbank
- gemeinsame Währungspolitik gegenüber Drittstaaten

Im gleichen Jahr geriet der Dollar in eine Krise: Die Währungsspekulation erschütterte das System von Bretton Woods zunehmend. Das Rezept war einfach: Die Spekulanten flüchteten aus der abwertungsverdächtigen in die aufwertungsverdächtige Währung und verstärkten so den Trend.

Die hohe Inflation in vielen Ländern gefährdete die festen Wechselkurse. Auch der Dollar war geschwächt. Die USA litten unter einer hohen Verschuldung, deren Ursache der Vietnamkrieg war. Sie konnten die Schulden nicht länger mit dem überbewerteten Dollar bezahlen. 1971 hob der amerikanische Präsident Richard Nixon die Einlösepflicht von Dollar in Gold auf.

1973 brach das System von Bretton Woods offiziell und endgültig zusammen. Die europäischen Währungen kappten ihre feste Bindung an den Dollar. Nun schwankte der Kurs der Währungen frei.

Im März 1972 wurde die Errichtung eines Europäischen Wechselkursverbunds und des Europäischen Fonds für währungspolitische Zusammenarbeit beschlossen. Mitglieder waren Frankreich, Deutschland, Belgien, Luxemburg, Niederlande und Italien. Norwegen und Schweden kamen als assoziierte Mitglieder hinzu. 1973 stießen Großbritannien und Dänemark als neue EG-Mitglieder hinzu.

Die Schwankungsbreite zwischen den EWG-Währungen und zum Dollar wurde auf 2,25 Prozent festgelegt. Die Wechselkurse wurden durch obligatorische Interventionen verteidigt. Damit war die „Währungsschlange" geboren, das gemeinschaftliche Kursband, wegen der Bindung an den Dollar auch „Schlange im Tunnel" genannt. Denn die Bewegungen der Schlange wurden bis März 1973 von den An- und Verkaufslimits für den Dollar begrenzt, dem sogenannten Tunnel. Im März 1973 wurden die Dollarkurse freigegeben. Der Tunnel war weg, die Währungsschlange innerhalb Europas aber blieb bestehen.

Die Inflationsraten entwickelten sich in den EWG-Ländern sehr unterschiedlich. Immer wieder kam es zu Austritten von Ländern, die sich nicht im wirtschaftlichen Gleichtakt mit der Mehrheit der Mitglieder bewegten – oder die sich nicht einem gemeinsamen Stabilitätsziel unterwerfen wollten. Großbritannien mußte nur wenige Monate nach dem Beitritt wieder ausscheiden, kurz darauf verabschiedeten sich Italien und Irland, dann kurzzeitig Dänemark und schließlich sogar Frankreich für rund 18 Monate. Die wichtigste Lehre aus diesen ersten Jahren: Ein System der übergreifend koordinierten Währungsbeziehungen zwischen Ländern kann nur funktionieren, wenn die Wirtschaftsentwicklung ausreichend homogen ist.

Die erste Stufe des Werner-Plans geriet in Schwierigkeiten. Die erste Ölkrise sorgte für völlig unterschiedliche wirtschaftliche Reaktionen der Länder. Viele Länder versuchten durch Wechselkursanpassungen die Zahlungsbilanzprobleme in den Griff zu bekommen. Frankreich reagierte auf den Ölschock mit einem wirtschaftspolitischen Alleingang.

Der Plan hätte nur weitergetrieben werden können, wenn wirtschaftspolitische Kompetenzen auf EG-Organe übertragen worden wären. Doch dazu waren die nationalen Staaten nicht bereit. Nur Papier blieb der Konvergenzbeschluß des Europäischen Rates vom 18. Dezember 1974. Der Werner-Plan wurde ad acta gelegt. Die zweite Stufe wurde nie angegangen.

Der Werner-Plan war der Vorläufer des Maastrichter Vertrages. Sein Problem: Er war nicht – wie sein Nachfolger 22 Jahre später – ein ratifizierter und damit völkerrechtlich verbindlicher Vertrag. Jede der zwei folgenden Stufen mußte mit allen Details neu beschlossen werden. So blieb der Plan schon beim Übergang in die zweite Stufe hängen.

Stichwort Konvergenz

Konvergenz bedeutet Annäherung. In der EU verstanden die Länder darunter zunächst die Angleichung der politischen Ziele. Erst Mitte der siebziger Jahre rückte die Konvergenz der Wirtschaftspolitik ins Zentrum. Seither wird versucht, Konjunktur-, Geld- und Wirtschaftspolitik aufeinander abzustimmen. Zum Gelingen der Währungsunion ist es auch notwendig, daß sich die Lebensbedingungen angleichen. Dazu gehört die nominale Konvergenz der Zinsen, Inflation und Staatsverschuldung ebenso wie die reale Konvergenz von Produktivität und Lebensstandard.

Das Europäische Währungssystem

Die siebziger Jahre waren ein Jahrzehnt heftiger Währungsschwankungen. Die Kursunsicherheiten belasteten die wirtschaftliche Entwicklung und den europäischen Einigungsprozeß immer mehr. Eine Wechselkursstabilisierung innerhalb Europas war daher überfällig.

Ende der siebziger Jahre nahm die Europäische Gemeinschaft einen erneuten Anlauf zur Währungsunion. Einige europäische Währungen waren aus dem Wechselkursverband wieder ausgetreten. Zurückgeblieben war ein Block harter Währungen rund um die D-Mark. Die „Währungsschlange" bestand nur noch aus fünf Währungen: D-Mark, Franc, Benelux-Währungen und dänische Krone. Daneben gab es vier frei schwankende Währungen. Die EG-Währungswelt drohte in zwei Blöcke zu zerfallen und damit die europäische Integration zu gefährden.

Im April 1978 entwarfen der deutsche Bundeskanzler Helmut Schmidt und der französische Staatspräsident Valéry Giscard d'Estaing den Plan für ein neues Währungssystem innerhalb der EWG.

Seine Hauptaufgaben sollten sein:

- Etablierung einer stabilen Währungszone in Europa,
- Förderung der Geldwertstabilität, konkret: Angleichung der nationalen Inflationsraten auf niedrigem Niveau (in den siebziger Jahren sorgte der Ölschock für riesige Preisschübe) und
- Förderung des europäischen Integrationsprozesses.

Im März 1979 wurde das Europäische Währungssystem (EWS) rückwirkend zum 1. Januar 1979 ins Leben gerufen. Das EWS versuchte die Vorteile des Systems von Bretton Woods – also feste Wechselkurse – mit der Flexibilität eines Systems flexibler Wechselkurse zu kombinieren. Die Starrheiten im System von Bretton Woods sollten vermieden werden, zu starke Kursschwankungen in einem System rein flexibler Wechselkurse aber auch.

Für die Währungen der Mitgliedsstaaten wurden feste Bandbreiten beschlossen: Sie durften maximal 2,25 Prozent nach oben oder unten im Leitkurs schwanken. Die nationalen Notenbanken wurden verpflichtet, die Wechselkurse ihrer Währungen durch Interventionen konstant zu halten. Näherte sich der Wechselkurs den oben und unten festgelegten Schwellen, den sogenannten Interventionspunkten, müssen sie an den Finanzmärkten intervenieren. Sie verkaufen dann entweder die eigene Währung (um den Kurs zu drücken) oder aber fremde Währungen (um den Kurs der eigenen Währung zu stützen). Beispiel: Wenn die Peseta zur Schwäche neigt und den unteren Interventionspunkt erreicht, also um mehr als 2,25 Prozent vom Leitkurs abweicht, kaufen die Spanier Peseten am Markt und verkaufen dafür D-Mark. Auch die Bundesbank kauft Peseten. Wenn einer Notenbank bei diesen Aktionen das Geld ausgeht, bekommen sie von anderen Notenbanken Kredit. Für die intervenierenden Zentralbanken ist die Aktion ohne Risiko: Die beteiligten Notenbanken müssen ihre eigenen Währungen später wieder zurückkaufen.

Für die weicheren Währungen galten mildere Bestimmungen: Die Schwankungsbreite wurde auf sechs Prozent erweitert. Unter diesen Bedingungen traten zunächst Italien, später auch Spanien und Portugal ein.

Erst im Herbst 1990 reduzierte Italien die Schwankungsbreite auf 2,25 Prozent.

Zwar war die Schwankungsbreite festgelegt, nicht aber die Leitkurse. Diese Festlegung war stets auch eine politische Frage, denn eine Abwertung wurde von den betroffenen Ländern meist als eine nationale Schmach empfunden. Daher galt die Regel: Erst wenn eine Ab- oder Aufwertung längere Zeit spürbar ist und auch nicht mehr leicht zu korrigieren, soll der Wechselkurs angepaßt werden. In den ersten zehn Jahren seit Gründung mußten die Leitkurse zehnmal an neue Realitäten angepaßt werden. Die Leitkursanpassungen wurden im EG-Deutsch „Realignments" genannt. Als stärkste Währung im System erwies sich die D-Mark. Die meisten Wechselkursanpassungen bestanden aus einer Aufwertung der deutschen Währung und einer Abwertung der anderen Devisen.

Stichwort Auf- und Abwertung

Unter Abwertung wird die Reduzierung des Außenwertes einer Währung verstanden. Der Wechselkurs der Fremdwährung erhöht sich aus Sicht des Abwertungslandes. Wenn Deutschland die D-Mark gegenüber dem Franc abwertet, müssen künftig mehr D-Mark für einen Franc gezahlt werden. Die inländische Währung (also D-Mark) wird für Ausländer billiger. Eine Abwertung ist daher ein klassisches Element der Exportförderung: Die Exporteure können nun zu gleichen D-Mark-Preisen, aber geringeren Fremdwährungspreisen Waren ins Ausland verkaufen. Bei einer Aufwertung wird der Außenwert einer Währung erhöht. Dadurch verringern sich meist die Exportchancen.

Weitere Elemente des EWS neben dem Wechselkurs- und Interventionsmechanismus waren:

- der Kredit- und Beistandsmechanismus,
- der Abweichungsindikator,
- die Europäische Währungseinheit (European Currency Unit, ECU).

Kredit- und Beistandsmechanismus

Mit diesem Mechanismus werden kurzfristige Zahlungsbilanzschwierigkeiten der Mitgliedsstaaten überbrückt. Damit wird zugleich der Wechselkurs des Landes stabilisiert, denn Zahlungsbilanzschwierigkeiten schwächen die eigene Währung. Wirtschaftlich schwache Länder können die Kredite nutzen, um ihre Zahlungsbilanz auszugleichen, ohne den Devisenmarkt dafür anzapfen zu müssen. Das Geld kommt vom Europäischen Fonds für Währungspolitische Zusammenarbeit (EFWZ), der nach dem Muster des Internationalen Währungsfonds (IWF) operiert.

Abweichungsindikator

Er dient als Frühwarnsystem, um Abweichungen einzelner EWS-Währungen vom Durchschnitt der Gemeinschaft zu erkennen und damit frühzeitige Gegenmaßnahmen auszulösen. Der Indikator gibt an, wie weit der Tageskurs einer Währung vom Leitkurs entfernt ist. Je stärker er sich dem oberen oder unteren Interventionspunkt nähert, um so dringlicher ist ein Eingreifen. Die anderen EWS-Staaten können vom betroffenen Land auch wirtschaftspolitische Gegenmaßnahmen verlangen.

Europäische Währungseinheit ECU

Als Verrechnungseinheit im EWS wurde der ECU etabliert. Oft wird die Europäische Währungseinheit ECU (European Currency Unit) fälschlicherweise als Vorläufer des Euro gesehen. Doch die Kunstwährung ist kein Geld im eigentlichen Sinne, sondern lediglich ein Währungskorb: Der ECU ist keine eigenständige Währung wie der US-Dollar oder der japanische Yen, sondern ein zusammengesetztes Produkt aus den EU-Währungen.

Die Funktion des ECU war zunächst rein technisch: Er ist die Bezugsgröße für den Wechselkursmechanismus des EWS. Außerdem ist er die Rechnungseinheit für Geschäfte zwischen den Mitgliedsstaaten der Europäischen Union. Der ECU ersetzte die Europäische Rechnungseinheit (ERE). Nach dem Willen der EWS-Gründer Schmidt und Giscard d'Estaing sollte er der Anker des EWS sein. Diese Rolle konnte er aber nie ausfüllen, da es ihm an Stabilität fehlte. Seit 1979 hat der ECU gegenüber der D-Mark ein Drittel seines Wertes verloren.

Mittlerweile ist der ECU längst zur üblichen Verrechnungseinheit innerhalb der EU geworden: Der Haushalt der EU wird in ECU erstellt. Außenzölle und andere Einfuhrabgaben an den EU-Grenzen werden in ECU erhoben. Zuschüsse oder Darlehen der EU werden in ECU ausgedrückt. Die einheitlichen Agrarpreise im Gemeinsamen Agrarmarkt werden in ECU festgelegt. Die Zentralbanken halten ECU als Devisenreserve. Seit 1991 können sogar Euroschecks in ECU ausgestellt werden. Und die EU-Bürger können Geschäfte in ECU abwickeln.

Doch immer blieb der ECU ein Kunstprodukt. Seine größten Erfolge verzeichnete er als Anlagewährung. Die seit Mitte der achtziger Jahre angebotenen Anleihen in ECU – etwa von der Europäischen Investitionsbank – waren lange Zeit besser verzinst als D-Mark-Anleihen. Dänen, Österreicher und Belgier boten Ausländern – vor allem Deutschen – Festgeldkonten in ECU an. Dadurch wurde er an den Kapitalmärkten zu einer eigenständigen Währung.

Doch der ECU erwies sich als weniger stabil als die harten EU-Währungen – und als Anlagewährung für D-Mark-Besitzer war er ein schlechtes Geschäft. Sein Kurs sank von 2,05 DM bis auf 1,86 DM. Der Grund: Als Währungskorb ist der ECU nur so stabil wie die Währungen in ihm.

Die Gewichtung richtet sich nach dem Anteil der Länder am Bruttoinlandsprodukt der Europäischen Union und nach dem Anteil am innereuropäischen Handel. Seit der ECU-Einführung 1979 wurden die Anteile der Währungen im Korb zweimal geändert (sogenannte Korbrevision): 1984 wurde Griechenland aufgenommen, 1989 Spanien und Portugal. Der Maastrichter Vertrag legte dann 1991 fest, daß die Anteile der Währungen nun nicht mehr verändert werden dürfen. Daher wurden die Währungen der 1995 neu zur EG gestoßenen Länder Österreich, Schweden und Finnland nicht mehr in den ECU integriert.

Der Wert des ECU entspricht der Summe des Wertes der einzelnen Währungen. Die einzelnen Wechselkurse der zwölf Währungen werden umgerechnet, gewichtet und addiert. Das Ergebnis ist der Tageskurs des

ECU. Der Anteil der schwachen Währungen ist insgesamt fast so hoch wie der Anteil der D-Mark – rund 30 Prozent. Der Kurs des ECU ist dennoch stabiler als der Wert der Einzelwährungen, denn im Korb gleichen sich viele Schwankungen gegenseitig aus.

Mit der Einführung des Euro wird der ECU verschwinden. Die ECU-Guthaben – beispielsweise auf Währungskonten oder als Anleihen – werden zu diesem Zeitpunkt im Verhältnis 1 zu 1 in Euro getauscht. Um kurzfristige Spekulationen zu verhindern, wird vermutlich der Durchschnittskurs einer gewissen Periode zugrunde gelegt.

Private Emittenten allerdings haben die Wahl: Sie können die Guthaben entweder ebenfalls in Euro umwandeln oder aber in eine der im ECU enthaltenen Währungen. Das könnte beispielsweise geschehen, wenn der Emittent seinen Sitz nicht in einem Mitgliedsland der Währungsunion hat.

Der ECU: Das Gewicht der EU-Währungen (Angaben in Prozent)

Deutsche Mark	32,02
Französischer Franc	20,37
Britisches Pfund	11,16
Niederländischer Gulden	10,01
Italienische Lira	8,47
Belgischer Franc	8,21
Spanische Peseta	4,46
Dänische Krone	2,66
Irisches Pfund	1,06
Griechische Drachme	0,54
Portugiesischer Escudo	0,72
Luxemburgischer Franc	0,32

Anmerkung: Die 1995 beigetretenen Länder Finnland, Österreich und Schweden sind nicht im ECU enthalten, da die Zusammensetzung 1991 im Vertrag von Maastricht festgeschrieben wurde.

Der Erfolg des EWS

Das EWS war mit viel Skepsis aufgenommen worden. Doch in den achtziger Jahren zeigte es sich höchst erfolgreich. Das EWS sorgte für eine im Vergleich zu den siebziger Jahren hohe Währungsstabilität und half, die hohe Inflation der siebziger Jahre mit ihren teilweise zweistelligen Raten auf ein normales Niveau zu drücken.

Der Erfolg des EWS basierte vor allem auf der Stärke der D-Mark. Sie dominierte als Ankerwährung das EWS: Ihre Stabilität strahlte auf die anderen Währungen aus und zwang sie zu einer ähnlich stabilitätsorientierten Geldpolitik, wie die Bundesbank sie betrieb. De facto wurde das EWS – wie vor ihm das System von Bretton Woods – von der härtesten Währung dominiert. Die Mitgliedsländer mußten Abstriche bei ihrer wirtschaftspolitischen Eigenständigkeit machen. Oberstes Bemühen war

Von Ökonomisten und Monetaristen

In Europa stehen sich zwei Schulen gegenüber, die darüber streiten, wie die europäische Integration idealerweise vonstatten gehen sollte.

- Die Bundesbank, der deutsche Finanzminister und die meisten Wirtschaftswissenschaftler sind sogenannte Ökonomisten. Sie folgen der „Krönungstheorie“: Erst kommt die wirtschaftliche Konvergenz der Mitgliedsstaaten, dann folgt die institutionelle Integration der Geldpolitik.
- Die sogenannten Monetaristen dagegen wollen durch eine institutionalisierte geldpolitische Integration die wirtschaftliche Konvergenz fördern. „Europa wird durch das Geld entstehen, oder es wird gar nicht entstehen“, so sagte 1950 der französische Finanzexperte Jacques Rueff. Dieser Theorie hängen Frankreich, die EU-Kommission und das Europäische Parlament an. Sie vergleichen die Integration mit einem Fahrrad, das immer in Bewegung bleiben muß, damit es nicht umfällt. Beim Vertrag von Maastricht haben sich die Monetaristen durchgesetzt.

es, ihre Wechselkurse gegenüber der deutschen Währung möglichst stabil zu halten. Die vom EWS erzwungene Stabilitätspolitik sorgte aber auch dafür, daß sich die Unterschiede zwischen den EG-Mitgliedsländern deutlich verringerten.

Phase 3: Auf dem Weg zur Währungsunion – Vom Binnenmarkt zum Euro

Sechs Jahre nach Gründung des EWS gab die Politik Mitte der achtziger Jahre den nächsten Impuls in Richtung Währungsunion.

Die Einheitliche Europäische Akte

Im Dezember 1985 und Februar 1986 wurde in Luxemburg die Einheitliche Europäische Akte (EEA) verabschiedet. Sie war die erste umfassende Überarbeitung der bisherigen Europa-Verträge. Die Akte formulierte „vier Freiheiten", die im Binnenmarkt verwirklicht werden sollten: freier Verkehr von Personen, Kapital, Gütern und Dienstleistungen über alle Grenzen innerhalb der Europäischen Gemeinschaft. Die notwendigen Maßnahmen zu seiner Verwirklichung sollten bis zum 31. Dezember 1992 vollendet sein.

Die Mitte 1987 in Kraft getretene Akte war eine der Grundlagen des Gemeinsamen Binnenmarktes: Das Weißbuch der EG-Kommission von 1985 nannte fast 300 Einzelmaßnahmen, die zur Vollendung des Binnenmarktes notwendig waren: Staatliche Vorschriften für Produkte und Dienstleistungen sowie Steuern mußten harmonisiert werden. Erstmals wurde das Ziel einer Wirtschafts- und Währungsunion vertraglich fixiert.

Der Binnenmarkt

Der Startschuß für den Binnenmarkt fiel am 1. Januar 1993. Bis zu diesem Zeitpunkt hatten die Länder der EG die materiellen, technischen und steuerlichen Handelshemmnisse weitgehend abgebaut. Innerhalb der EU dürfen sich seither Kapital, Güter, Dienstleistungen und Menschen frei und ungehindert bewegen. Tausende von Zolldokumenten für die Ein- und Ausfuhr fielen weg. Die wirtschaftlichen Grenzen zwischen den Ländern waren weitgehend aufgehoben. Ein Gemeinsamer Markt von 370 Millionen Menschen war geschaffen.

Der politische Hintergrund der Währungsunion

Frankreich war die währungspolitische Dominanz der Bundesrepublik im EWS nicht geheuer. Allzu häufig mußte die „Grande Nation" eine Abwertung des Franc hinnehmen.

Die Zustimmung zur deutschen Wiedervereinigung wurde daher an die Gründung einer Europäischen Währungsunion geknüpft. Für sein Plazet verlangte der französische Staatspräsident Mitterand Anfang 1990 die Aufgabe der dominierenden Stellung der Bundesbank und der D-Mark in Europa. Konkret: Eine Währungsunion sollte verwirklicht werden.

Diese Idee war schon einige Jahre zuvor von Paris propagiert worden: Der damalige französische Wirtschafts- und Finanzminister Edouard Balladur hatte bereits Anfang 1987 eine „Zone mit einer einheitlichen Währung und einer gemeinsamen Zentralbank" vorgeschlagen – just nachdem der Franc im Januar 1987 und im April 1986 um 3 und 8,2 Prozent gegenüber der D-Mark abgewertet worden war.

Der deutsche Außenminister Hans-Dietrich Genscher griff diesen Vorschlag auf und veröffentlichte am 26. Februar 1988 eine Denkschrift mit dem Vorschlag einer Europäischen Zentralbank.

Bei seinem Junktim wußte Mitterand die anderen EG-Partner hinter sich. Die Währungsunion liegt auch im Interesse der übrigen europäischen Staaten. Sie reiben sich ebenfalls an der dominierenden Stellung der D-Mark im Konzert der europäischen Währungen. Fast alle EU-Staaten (außer Großbritannien und Schweden) richten ihre Geldpolitik an der Bundesbank aus, um ihren Wechselkurs zur deutschen Währung stabil zu halten. Jeder Versuch, mit einer selbständigen Geldpolitik die konjunkturellen Wirtschaftszyklen zu steuern, scheitert an der D-Mark. Die Bundesbank gerät immer wieder in die Kritik, wenn sie zu Maßnahmen greift, die dem Interesse der anderen EU-Länder widersprechen.

Die Währungsunion ist daher nicht nur aus wirtschaftlichen, sondern wohl auch aus politischen Gründen notwendig. Die währungspolitische Dominanz der Deutschen in Europa schadet der europäischen Integration – und damit auch den Handelsinteressen Deutschlands. Mitterands Vorstoß gab dem Projekt Währungsunion nur noch den letzten Stoß vorwärts. Längst rollte der Zug in Richtung Euro.

Der Delors-Plan

Der damalige Präsident der Europäischen Kommission, Jacques Delors, trieb das Projekt der Währungsunion schon längst entschieden voran. 1988 trafen sich die damals zwölf Staats- und Regierungschefs der Europäischen Gemeinschaft in Hannover. Ihr Ziel: eine einheitliche Währung schaffen. Die Konferenz beauftragte einen Ausschuß damit, einen Plan zur Verwirklichung der Währungsunion zu erarbeiten. Der Ausschuß wurde nach seinem Vorsitzenden Delors benannt. In ihm saßen unter anderem die Präsidenten der nationalen Notenbanken. Für Deutschland war Bundesbankpräsident Karl Otto Pöhl vertreten.

Daß Jacques Delors diesen Plan ausarbeitete, war kein Zufall. Er hatte die Grundlage für die Währungsunion geschaffen, indem er als französischer Finanzminister 1983 den „Plan de rigeur“ (Plan der Strenge) durchsetzte. Er schuf wieder Vertrauen in den Franc und drehte die traditionelle französische Weichwährungswirtschaft in Richtung stabile Preise und solide Staatsfinanzen. Erst ein starker Franc („Franc fort“) konnte die Basis einer Währungsunion sein.

Am 12. April 1989 legte der Ausschuß den Delors-Plan vor. Er wurde zur Grundlage des Vertrags von Maastricht. Am 26. und 27. Juni beschlossen die Staats- und Regierungschefs auf ihrer Konferenz in Madrid, eine Regierungskommission einzusetzen. Erstmals wurde ein Termin genannt: Die erste Stufe sollte am 1. Juli 1990 starten. Das tat sie auch, und zwar ohne Vertragsänderungen und Ratifizierung durch die Mitgliedsstaaten.

Der Zeitplan ist ein bei Delors bewährtes Mittel der EU, um die Mitgliedsländer zur Verwirklichung konkreter politischer Vorhaben zu drängen. Der Grund: Ein Zeitplan schafft Zwänge. Die Methode funktionierte schon bei dem Anfang 1993 gestarteten Binnenmarkt. Allerdings reicht auch ein Zeitplan allein nicht, wenn die politischen und wirtschaftlichen Bedingungen nicht erfüllt sind. Daran war bereits der Werner-Plan, der die Währungsunion ebenfalls schrittweise vollziehen wollte, gescheitert.

Der Delors-Plan

Stufe 1
Start: 1. Juli 1990

- intensivere Abstimmung der Wirtschafts-, Finanz- und Geldpolitik der Mitgliedsstaaten der EG
- komplette Liberalisierung des Kapitalverkehrs
- Integration aller EG-Währungen in das Europäische Währungssystem (EWS)

Stufe 2
Start: 1. Januar 1994

- Gründung des Europäischen Währungsinstituts (EWI), Frankfurt
- Autonomie aller nationalen EU-Notenbanken nach dem Vorbild der Bundesbank
- technische Vorbereitung der einheitlichen Geldpolitik
- Festschreibung der Gewichtung der nationalen Währungen im ECU
- Entscheidung über den Beginn der Währungsunion

Stufe 3
Start: voraussichtlich 1. Januar 1999

- Start der Währungsunion
- Umstellung der nationalen Währungen auf Euro
- Umstellung aller Guthaben und Verbindlichkeiten auf Euro
- Ausgabe der Euro-Banknoten und -münzen (voraussichtlich ab 1. Januar 2002)

Der Vertrag von Maastricht

Im Dezember 1991 billigten die Staats- und Regierungschefs in der niederländischen Stadt Maastricht den „Vertrag über die Europäische Union" (EUV), wie der Maastrichter Vertrag offiziell heißt. Der Ort wurde bewußt gewählt: In dem Dreiländereck aus Maastricht, dem belgischen Lüttich und der deutschen Kaiserstadt Aachen spielt sich Europa im kleinen Grenzverkehr schon lange ab. Maastricht ist die älteste Stadt der Niederlande, dort werden drei Sprachen gesprochen und drei Währungen akzeptiert.

Der Vertrag jedoch ist keineswegs leicht verständlich. Es ist ein gänzlich unlesbares Dokument, das sich um eine Reihe technischer Details kümmert, beispielsweise um so wesentliche Dinge wie den rechtlichen Status von Ferienwohnungen in Dänemark oder den diplomatischen Status des Papstes in Handelsstreiten, die den Vatikan betreffen. Und das Wort „Maastricht" kann außerhalb Hollands auch kein Mensch richtig aussprechen.

Berühmt geworden ist der Maastricht-Vertrag aus einem anderen Grund: Er sieht den Ausbau der Gemeinschaft zu einer Währungsunion bis spätestens 1999 vor. Am 7. Februar 1992 unterzeichneten die Außen- und Finanzminister den Vertrag.

Der Maastricht-Vertrag preschte ungewöhnlich weit voran. Bislang waren staatsrechtliche und währungspolitische Integration Hand in Hand vorangegangen. Nun kamen die Mitgliedsländer bei der politischen Union nicht weiter und trieben stattdessen die Währungsunion voran. Die Ausführungen zur Währungsunion sind im Maastricht-Vertrag sehr konkret formuliert, die Regelungen zur Wirtschaftsunion sind bereits vage, die Passagen zur Politischen Union schließlich ganz nebulös. Die Verfassungsdiskussion für Europa wurde auf die zweite Hälfte der neunziger Jahre vertagt.

Der Maastrichter Vertrag traf folgende neue Regeln für die Europäische Gemeinschaft:

- Bis spätestens 1999 kommt es zu einer gemeinsamen europäischen Währung.

- Eine Europäische Zentralbank wird gegründet.
- Eine europäische Unionsbürgerschaft wird eingeführt, die neben der jeweiligen Staatsbürgerschaft besteht. Jeder EU-Bürger erhält bei Kommunal- und Europawahlen an seinem Wohnsitz innerhalb der EU das Wahlrecht.
- Die Kompetenzen der Europäischen Gemeinschaft werden erweitert. Dies gilt für die Bereiche Verbraucherschutz, Gesundheitspolitik, Bildung, Kultur, Umweltschutz, Forschung und Entwicklung, Sozialpolitik, Zusammenarbeit in der Innen- und Justizpolitik, Visumspolitik, transeuropäische Netze im Verkehr, Energie- und Fernmeldewesen, Entwicklungszusammenarbeit und Industriepolitik.
- Die Kompetenzen der Institutionen der EU werden besser gegliedert. Das Europäische Parlament erhält mehr Rechte: Die Mitentscheidung (Kodezision) wird eingeführt, ein Zustimmungsrecht zur Wahl der Kommissionsmitglieder und zu wichtigen internationalen Verträgen. Außerdem wird ein Ombudsmann (Bürgerbeauftragter) ernannt.
- Entwicklung einer gemeinsamen Außen- und Sicherheitspolitik.

Nun mußte der Maastrichter Vertrag aber in den einzelnen Staaten noch ratifiziert werden. Die Diskussion um die Ratifizierung stürzte die EU in eine tiefe Krise:

- Am 2. Juni 1992 lehnten die Dänen in einer Volksabstimmung mit 50,7 Prozent der abgegebenen Stimmen die Verträge ab.
- Die Volksabstimmung der Franzosen wenige Monate später schien ebenfalls auf eine Ablehnung hinauszulaufen. Doch die Maastricht-Promoter versammelten schließlich eine knappe Mehrheit von 51,04 Prozent.
- Im Mai 1993 stimmten auch die Dänen in einer zweiten Abstimmung dem Vertrag von Maastricht zu. Doch das Land hatte eine Reihe von Sonderrechten ausgehandelt. Vor einem endgültigen Beitritt Dänemarks muß noch einmal eine Volksabstimmung stattfinden.

In Deutschland mußte statt einer Volksabstimmung das Bundesverfassungsgericht über die EU-Verträge entscheiden. Die Richter des Zweiten

Senats nahmen sich viel Zeit zur Prüfung der Verträge. Ihr Urteil, das sie am 12. Oktober 1993 verkündeten: Die Verträge von Maastricht sind verfassungskonform.

Aber die Richter schrieben den Politikern ins Stammbuch, daß die Entscheidung für eine Währungsunion „nur auf der Grundlage erwiesener Stabilität, des Gleichlaufs bei den wirtschaftlichen Grunddaten und erwiesener dauerhafter haushalts- und finanzpolitischer Solidität getroffen werden" kann. Die Bundesrepublik habe sich mit der Ratifizierung des Maastrichter Vertrages keineswegs „einem unüberschaubaren, in seinem Selbstlauf nicht mehr steuerbaren Automatismus zu einer Währungsunion" unterworfen. Die deutsche Zustimmung beinhalte nur den Entwurf der Union als Stabilitätsgemeinschaft. Die Konvergenzkriterien dürfen nicht zur Disposition gestellt werden. Die Stabilitätskriterien müssen dauerhaft erfüllt werden. Der Termin zum Start der dritten Stufe am 1. Januar 1999 sei „eher als Zielvorgabe denn als rechtlich durchsetzbares Datum zu verstehen". Die Verfassungsrichter: „Sollte die Währungsunion die bei Eintritt in die dritte Stufe vorgesehene Stabilität nicht kontinuierlich, im Sinne des vereinbarten Stabilisierungsauftrages fortentwickeln können, so würde sie die vertragliche Konzeption verlassen."

Doch der Maastricht-Vertrag entwickelte eine große Eigendynamik. Die Mitgliedsstaaten versuchten, die Stabilitätskriterien zu erfüllen. Selbst die Notenbanken in Spanien und Portugal wurden unabhängig, die Inflationsraten sanken, Haushaltsdefizite wurden begrenzt, in einigen Ländern sogar Schulden abgebaut.

Im Dezember 1995 einigten sich die Länder auf den Namen der gemeinsamen Währung: Euro. Der Gipfel in Madrid bekräftigte Zeitplan und Stabilitätskriterien und legte das sogenannte Übergangsszenario mit den Eckdaten für den Übergang zur Europäischen Wirtschafts- und Währungsunion (EWWU) fest.

Im Frühjahr 1996 tauften die Finanzminister und Notenbankchefs in Verona auch die Untereinheit. Ihr Name: Cent.

Die Konferenz Maastricht II

Am 29. März 1996 kamen die Staats- und Regierungschefs der mittlerweile 15 EU-Staaten zur Regierungskonferenz für die Europäische Union zusammen – kurz Maastricht II genannt. Doch die Krise um den Rinderwahnsinn in Großbritannien belastete die Diskussionen. Die Aufgabe der Europäischen Union ist nun die politische Einheit und die Reform der europäischen Institutionen.

Das EWS in der Krise: Mißlungenes Vorspiel zur Währungsunion

Die erste EWS-Krise 1992

Im Sommer 1992 geriet das EWS aus den Fugen. Schon seit das britische Pfund im Oktober 1990 mit einem zu hohen Wechselkurs aufgenommen wurde, gab es Spannungen im EWS. Die Inflation bereitete ebenfalls Sorgen, vor allem in Italien. Eine Anpassung der Wechselkurse erschien überfällig, wurde aber aus politischen Gründen gescheut.

Im Juni 1992 verunsicherten die Ablehnung des Maastrichter Vertrages durch die dänische Bevölkerung und das bevorstehende Maastricht-Referendum in Frankreich die Finanzmärkte: War dieses Europa wirklich stabil? Bei genauerem Hinsehen entdeckten die Devisenhändler, daß die Wechselkurse nun schon seit 1987 nicht verändert worden waren. Doch im Hintergrund hatten sich die Preise und Kosten höchst unterschiedlich entwickelt. Die Rezession verschärfte die wirtschaftlichen Unterschiede noch. Würden die Länder wirklich ihre strikte Geldpolitik fortsetzen, um die Wechselkursparitäten zu verteidigen?

Die Marktteilnehmer wandten sich gegen die wahrscheinlichsten Abwertungskandidaten. Der Markt flüchtete in D-Mark, um von den Gewinnen einer Aufwertung zu profitieren. Man stieg aus den höherverzinslichen Anlagen der schwächeren Währungen aus und kaufte D-Mark-Anleihen.

Daß zu dieser Zeit der US-Dollar zur Schwäche neigte, verstärkte die D-Mark-Kaufwelle noch.

Das EU-Europa konnte sich nicht auf eine gemeinsame Reaktion einigen. Die Notenbanken verpaßten eine rechtzeitige Anpassung der Wechselkurse. Sie hatten Angst, damit das falsche Signal für die Ratifizierung des Maastrichter Vertrages zu setzen. Die Zentralbanken suchten durch D-Mark-Verkäufe die schwachen Währungen zu stützen. Im September 1992 verkauften sie mehr als 60 Milliarden DM. Viele Länder hoben die Zinsen mitten in der Rezession stark an, um weitere Kapitalabflüsse zu bremsen.

Schließlich mußten die Währungen doch abgewertet werden. Am 14. September wurde der Devisenkurs der italienischen Lira um sieben Prozent reduziert. Doch es reichte nicht mehr: Schließlich zwangen die Spekulationswellen Großbritannien und Italien „vorübergehend" aus dem EWS auszutreten.

Besonders bitter war es für Großbritannien, das erst zwei Jahre zuvor dem EWS beigetreten war. Die spanische Pesete folgte am 16. September mit einer Abwertung um fünf Prozent, am 23. November wurde der Wert um weitere sechs Prozent gesenkt, diesmal zusammen mit dem portugiesischen Escudo. Das irische Pfund geriet in den Sog der britischen Währung und wurde am 1. Februar 1993 um zehn Prozent abgewertet.

Die Kritik der EG-Partner wendete sich gegen die Deutsche Bundesbank. Der Vorwurf: Sie finanziere die deutsche Einheit auf Kosten Europas. Die Bundesbank hatte im Dezember 1991 und im Juli 1992 die Zinsen erhöht, um die Inflation zu bekämpfen und dem ausufernden Staatsdefizit und den hohen Lohnsteigerungen etwas entgegenzusetzen. Nur eine Woche nach dem Maastricht-Gipfel schraubte sie die Leitzinsen auf das höchste Niveau seit den dreißiger Jahren.

Damit konterkarierte sie die Zinspolitik der anderen Staaten: Großbritannien und Frankreich hatten gerade versucht, die Konjunktur durch Zinssenkungen anzukurbeln. Nun mußten sie sich entscheiden, ob sie der Bundesbank folgen oder ihre eigene Währung schwächen. Frankreich entschied sich für Gehorsam, Großbritannien dagegen.

Lehrreich sind übrigens die Erfahrungen von Großbritannien und Italien nach dem Ausstieg aus dem EWS. Beide Währungen versuchten, durch eine Abwertung um über 20 Prozent ihre Wettbewerbsfähigkeit zu steigern. Den Briten gelang es, nicht aber Italien. Zwar sorgte die Abwertung zunächst für starke Steigerungen im Export, denn die schwache Lira machte die Produkte billiger. Doch es entstand nur ein Strohfeuer. Zugleich machte die schwache Lira nämlich die Importe teurer. Die Importpreise stiegen und sorgten für mehr Inflation. Ein Jahr nach der Abwertung bekamen es die Verbraucherpreise zu spüren, Inflation und Zinsen stiegen rasant. In der Folge erhöhte sich die Arbeitslosigkeit. Unter dem Strich hatte Italien durch die Abwertung mehr verloren als gewonnen. Inflation und Zinsen waren höher, das Vertrauen der Finanzmärkte war weg. In der Mexiko-Krise Anfang 1995 sackte der Kurs der Lira noch weiter.

Die zweite EWS-Krise 1993

Das Europäische Währungssystem war angeschlagen, es hatte an Glaubwürdigkeit verloren. Im Juli 1993 spekulierte der Markt gegen den französischen Franc. Der Franc bildete zusammen mit der D-Mark die Achse des EWS. Die internationalen Spekulanten verkauften Franc. Der Grund: Frankreich hatte seine Zinsen gesenkt, um die Wirtschaft zu beleben. Dadurch schienen Anlagen in D-Mark attraktiver, zumal die Bundesbank trotz der Belastungen durch die deutsche Einheit einen Vertrauensbonus genoß.

107 Milliarden DM wurden auf den Markt geworfen, um den Franc zu stützen. Es kam zum „schwarzen EWS-Freitag“ am 30. Juli 1993: Die Bundesbank mußte für 30 Milliarden DM ausländische Devisen kaufen. Frankreich und Dänemark hatten praktisch keine Devisenreserven mehr.

Am Wochenende des 31. Juli/1. August trafen sich die EG-Finanzminister und Notenbankchefs in Brüssel zu einer Krisensitzung: Die Schwankungsbreiten der EWS-Währungen wurden von 2,25 auf 15 Prozent nach oben und unten erweitert – so groß wie Scheunentore. Erst ab dieser Abweichung sollte die Pflicht zur Intervention einsetzen. Damit war das EWS faktisch außer Kraft gesetzt. Nur die Niederlande und Deutschland hielten gegenseitig an der engen Bandbreite von 2,25 Prozent fest.

Doch selbst die Bandbreite von 15 Prozent erwies sich als nicht ausreichend. Als es zur Jahreswende 1994/95 zur Währungskrise kam, als Mexiko in Zahlungsschwierigkeiten steckte, geriet das EWS wieder unter Druck. Peseta und Escudo mußten erneut abgewertet werden – zum vierten Mal in zwei Jahren. Die D-Mark war im Höhenflug. In nur zwei Jahren hatten britisches Pfund und spanische Peseta rund 25 Prozent ihres Wertes eingebüßt, die italienische Lira sogar 40 Prozent. Und der Dollar lag bei unter 1,40 DM.

Erst ab Sommer 1995 beruhigten sich die Devisenmärkte wieder. Auch die Wechselkurse im EWS bewegten sich wieder in engen Grenzen.

Kleine Chronologie der EU-Geschichte

1951 Deutschland, Frankreich, Belgien, Niederlande, Luxemburg und Italien unterzeichnen in Paris den Vertrag über die „Europäische Gemeinschaft für Kohle und Stahl" (EGKS). Sie soll den Grundstein legen, für eine „weitere und vertiefte Gemeinschaft". Aus der wirtschaftlichen soll sich die politische Zusammenarbeit ergeben.

1952 Gründung der Europäischen Verteidigungsgemeinschaft (EVG).

1957 Die sechs EGKS-Staaten unterzeichnen in Rom die Verträge über die Europäische Wirtschaftsgemeinschaft (EWG) und die Europäische Atomgemeinschaft. Mit den Römischen Verträgen geht die Sechsergemeinschaft in Richtung gemeinsamer Binnenmarkt, in dem sich Waren, Dienstleistungen, Kapital und Menschen frei bewegen dürfen.

1968 Die EWG-Länder schaffen die Zölle für den Warenverkehr untereinander ab und damit eine Zollunion. Sie betreiben eine gemeinsame Agrar- und Handelspolitik.

1970 Der „Werner-Plan“ will bis 1980 eine gemeinsame Währung schaffen.

1972 Die EWG-Länder wollen in der Energie-, Regional- und Umweltpolitik stärker zusammenarbeiten. Sie versuchen, ihre Wechselkurse enger aneinander zu binden und nur noch in engen Bandbreiten schwanken zu lassen. Doch die „Währungsschlange“ scheitert.

1973 Dänemark, Großbritannien und Irland treten der EWG bei. Die sogenannte Norderweiterung der EG.

1979 Die erste Direktwahl zum Europäischen Parlament durch die EWG-Bürger. Der französische Präsident Valéry Giscard d'Estaing und Bundeskanzler Helmut Schmidt gründen zunächst mit acht Staaten das Europäische Währungssystem (EWS).

1981 Griechenland tritt der EG bei. Es ist der erste Schritt zur Süderweiterung der EG.

1986 Spanien und Portugal treten der EG bei.

1987 Die Einheitliche Europäische Akte, die das Ziel der Währungsunion erstmals vertraglich festschreibt, tritt in Kraft.

1989 Der Delors-Plan will die gemeinsame Währung in drei Stufen verwirklichen. Spanien tritt dem EWS bei.

1990 Großbritannien tritt dem EWS bei.

1992 Die EU-Regierungen unterzeichnen den Maastrichter Vertrag. Sie wollen bis 1999 eine Währungsunion gründen. Die EG wird zur Europäischen Union (EU). In der EWS-Krise verlassen Großbritannien und Italien den Wechselkursverbund.

1993 Der Europäische Binnenmarkt tritt in Kraft. Die zweite EWS-Krise zwingt die Staaten zur Erweiterung der Bandbreiten. Damit wird das EWS de facto außer Kraft gesetzt.

1994 Als Vorläufer einer künftigen Europäischen Zentralbank nimmt das Europäische Währungsinstitut (EWI) in Frankfurt seine Arbeit auf.

1995 Österreich, Schweden und Finnland treten der EU bei. Norwegen lehnt in einer Volksbefragung den Beitritt ab.

1996 Die große Regierungskonferenz beginnt mit der Überarbeitung des Maastrichter Vertrages. Die EU bereitet den Beitritt Zyperns und der europäischen Staaten vor.

1997 Die EU-Staats- und Regierungschefs verabschieden im Juni in Amsterdam einen Stabilitäts- und Wachstumspakt. Die Gestaltung der Euro-Münzen wird vorgestellt.

1998 Die EU-Kommission und das Europäische Währungsinstitut (EWI) empfehlen elf Länder für die Euro-Teilnahme.

Der Maastricht-Plan: Wie die Währungsunion verwirklicht werden soll

Der Erfolg einer Währungsunion hängt von ihrer Glaubwürdigkeit ab. Die Teilnehmerstaaten müssen wirtschaftlich stabil sein, ihre Finanz- und Wirtschaftspolitik muß sich im Gleichtakt bewegen. Die Verpflichtung auf eine stabile Politik haben die EU-Staaten im Vertrag von Maastricht festgeschrieben. Er ist die Grundlage der Europäischen Währungsunion und zugleich eine Art Vorbereitungs- und Fitneß-Programm auf dem Weg zu ihr.

Die Ziele des Maastrichter Vertrages

Am 9. und 10. Dezember 1991 kamen die Staats- und Regierungschefs der Gemeinschaft im holländischen Maastricht zusammen. Es wurde die wohl wichtigste Konferenz in der Geschichte der Europäischen Integration seit Gründung der EG. Der Eiserne Vorhang, der sich 45 Jahre lang durch Europa zog, war beseitigt, Deutschland wiedervereinigt. Nun sollte die europäische Integration vorangetrieben werden. Die Ziele waren ehrgeizig: Neben der Währungsunion sollte die Außen- und Sicherheitspolitik gemeinsam gestaltet werden, und sogar in der Innen- und Rechtspolitik wollten die Staaten enger zusammenarbeiten.

Schon am Morgen des ersten Tages drang die Sensation aus dem Konferenzsaal auf der alten Festungsinsel Randwyck in Maastricht: Die EU-Länder hatten sich für einen festen Termin entschieden, den 1. Januar 1999. Damit war der Weg zur europäischen Währung unwiderruflich fixiert und kaum noch umkehrbar.

In einer Nachtsitzung wurde eine Einigung über die Details der Verträge erzielt. Am 10. Dezember 1991 unterschrieben die Staats- und Regierungschefs in der niederländischen Kleinstadt Maastricht den Vertrag über die Europäische Union – kurz Maastrichter Vertrag genannt.

Wesentliche Teile der bisherigen EG-Verträge wurden damit geändert. Die Europäische Gemeinschaft wurde eine Staatsunion. Nun wurde die EG auch umbenannt: Sie hieß fortan Europäische Union.

Die Ziele von Maastricht. Im ersten Satz des Maastrichter Vertrages geben sich die Unterzeichnerstaaten „entschlossen, den mit der Gründung der Europäischen Gemeinschaft eingeleiteten Prozeß der europäischen Integration auf eine neue Stufe zu heben".

In der Präambel erlegen sie sich eine Reihe von Verpflichtungen auf:

„... eingedenk der historischen Bedeutung der Überwindung der Teilung des europäischen Kontinents und der Notwendigkeit, feste Grundlage für die Gestalt des zukünftigen Europas zu schaffen,

in Bestätigung ihres Bekenntnisses zu den Grundsätzen der Freiheit, der Demokratie und der Achtung der Menschenrechte und Grundfreiheiten und der Rechtsstaatlichkeit,

in dem Wunsch, Demokratie und Effizienz in der Arbeit der Organe weiter zu stärken, damit sie in die Lage versetzt werden, die ihnen übertragenen Aufgaben in einem einheitlichen institutionellen Rahmen besser wahrzunehmen,

entschlossen, die Stärkung und die Konvergenz ihrer Volkswirtschaften herbeizuführen und eine Wirtschafts- und Währungsunion zu errichten, die im Einklang mit diesem Vertrag eine einheitliche, stabile Währung einschließt,

in dem festen Willen, im Rahmen der Verwirklichung des Binnenmarktes sowie der Stärkung des Zusammenhalts und des Umweltschutzes den wirtschaftlichen und sozialen Fortschritt ihrer Völker zu fördern und Politikern zu folgen, die gewährleisten, daß Fortschritte bei der wirtschaftlichen Integration mit parallelen Fortschritten auf anderen Gebieten einhergehen,

entschlossen, eine gemeinsame Unionsbürgerschaft für die Staatsangehörigen ihrer Länder einzuführen,

entschlossen eine gemeinsame Außen- und Sicherheitspolitik zu verfolgen, wobei auf längere Sicht die Festlegung einer gemeinsamen Verteidigungspolitik gehört, die zu gegebener Zeit zu einer gemeinsamen Verteidigung führen könnte, und so die Identität und Unabhängigkeit Europas zu stärken, um Frieden, Sicherheit und Fortschritt in Europa und in der Welt zu fördern,

in Bekräftigung ihres Ziels, die Freizügigkeit unter gleichzeitiger Gewährleistung der Sicherheit ihrer Bürger durch die Einführung von Bestimmungen über Justiz und Inneres in diesem Vertrag zu fördern,

entschlossen, den Prozeß der Schaffung einer immer engeren Union der Völker Europas, in der die Entscheidungen entsprechend dem Subsidiaritätsprinzip möglichst bürgernah getroffen werden, weiterzuführen,

im Hinblick auf weitere Schritte, die getan werden müssen, um die europäische Integration voranzutreiben,

eine europäische Union zu gründen."

In Artikel 2 verpflichten sich die Länder zur Förderung einer Reihe wirtschaftspolitischer Ziele:

- eine harmonische und ausgewogene Entwicklung des Wirtschaftslebens innerhalb der Gemeinschaft,
- ein beständiges, nicht inflationäres und umweltverträgliches Wachstum,
- ein hoher Grad an Konvergenz der Wirtschaftsleistungen,
- ein hohes Beschäftigungsniveau,
- eine hohes Maß an sozialem Schutz,
- die Steigerung des Lebensstandards und der Lebensqualität, des wirtschaftlichen und sozialen Zusammenhaltes, und
- die Solidarität zwischen den Mitgliedsstaaten.

Der Maastrichter Vertrag zielt auf die Schaffung einer Europäischen Wirtschafts- und Währungsunion. Zentrale Institutionen sind die gemeinsame Währungsbehörde und die gemeinsame Währung. In Artikel 4 werden zwei Institutionen geschaffen: das „Europäische System der Zentralbanken" (ESZB) und die „Europäische Zentralbank" (EZB). Die Artikel 105 bis 109 legen die Details der Währungspolitik fest: „Das vorrangige Ziel des ESZB ist es, die Preisstabilität zu gewährleisten. Soweit dies ohne Beeinträchtigung des Zieles der Preisstabilität möglich ist, unterstützt das ESZB die allgemeine Wirtschaftspolitik in der Gemeinschaft, um zur Verwirklichung der in Artikel 2 festgelegten Ziele der Gemeinschaft beizutragen."

Die deutsche Fassung des Maastrichter Vertrags ist gut 70 eng beschriebene DIN-A4-Seiten lang. Ihr folgen 17 Protokolle und 31 Erklärungen.

Die Entscheidung: Wer nimmt an der Währungsunion teil?

An der Währungsunion nehmen nicht alle EU-Staaten vom Start weg teil. Der Vertrag von Maastricht sieht ein Europa mit mehreren Geschwindigkeiten vor. Es dürfen nur Länder in die Währungsunion aufgenommen werden, die die Aufnahmebedingungen erfüllen. Dies sind die sogenannten Konvergenzkriterien.

Die Konvergenzkriterien: Deutschland in Nöten

Artikel 109j der Maastrichter Verträge legt die Details der Eintrittsbarrieren für die Währungsunion fest. Wer teilnehmen möchte, muß vier Voraussetzungen erfüllen:

- Preisstabilität,
- eine ordentliche Finanzlage der öffentlichen Hand,
- einen stabilen Wechselkurs,
- langfristig stabile Zinssätze, die nicht zu weit über den preisstabilsten Ländern der EU liegt.

Im Zusatzprotokoll zum Maastrichter Vertrag wurden die Kriterien zahlenmäßig exakt fixiert. Die wichtigsten Kriterien sind Inflationsrate, Zinsen und Staatsverschuldung.

Die Maastricht-Kriterien sind als Aufnahmebedingungen in den Euro-Club formuliert. Sie sollen sicherstellen, daß nur Länder aufgenommen werden, die das gleiche Stabilitätsziel verfolgen. Nur so kann der Euro eine harte Währung werden, und nur so werden wirtschaftliche Spannungen in der Währungsunion auf ein Minimum reduziert, lautet die offizielle Begründung.

Im Detail: Die Konvergenzkriterien

- Die **Inflationsrate** liegt nicht mehr als 1,5 Prozentpunkt über dem Durchschnitt der drei Länder mit der niedrigsten Inflationsrate. Beispiel: Liegt der von Finnland, Österreich und Frankreich vorgegebene Durchschnitt bei 1,6 Prozent, dann beträgt der Grenzwert 3,1 Prozent.
- Die jährliche **Neuverschuldung** der öffentlichen Haushalte ist nicht höher als drei Prozent des Bruttoinlandsprodukts (BIP).
- Die gesamte **Staatsschuld** ist nicht höher als 60 Prozent des Bruttoinlandsprodukts (BIP).
- Die **Rendite langfristiger Staatsanleihen** liegt nicht mehr als zwei Prozentpunkte über dem Durchschnitt der drei Länder mit den niedrigsten Inflationsraten. Beispiel: Liegen die Durchschnittsrenditen in den Niederlanden, Österreich und Deutschland bei 5,8 Prozent, dann darf die Rendite in einem Beitrittsland nicht mehr als 7,8 Prozent betragen.
- Mindestens zwei Jahre vor der Konvergenzprüfung Anfang 1998 muß der **Wechselkurs** der nationalen Währung die normalen Bandbreiten des Europäischen Währungssystem (EWS) eingehalten haben.
- Die Zentralbank muß unabhängig sein.

Stabiler Wechselkurs

Der Wechselkurs muß mindestens zwei Jahre vor dem Beitritt stabil sein. Damit wird das Geschick und die Entschlossenheit eines Landes geprüft, seine eigene Währung zu managen. Ironie der Geschichte: Nur ein Land, das gezeigt hat, das es sehr gut mit einer unabhängigen Währung leben kann, darf sie abschaffen. Diese Stabilitätsverpflichtung bot den internationalen Währungsspekulanten große Gewinnchancen, die sie auch genutzt haben, wie die beiden EWS-Krisen zeigen.

Inflation

Die Inflation ist ein entscheidendes Kriterium für den Erfolg der Währungsunion. In einer Währungsunion aus Ländern mit unterschiedlichen Inflationsraten würde es in kurzer Zeit zu einem Auseinanderdriften kommen. Länder mit hoher Inflation würden zu einem Einfallstor für Produkte der ausländischen Konkurrenz, die billiger produziert. Heimische Güter und Dienstleistungen wären schon bald zu teuer. Das Land wäre dem Strom ausländischer Waren hilflos ausgeliefert.

Früher konnten Länder, deren Preise zu rasch stiegen, die Währung abwerten. Dadurch wurden ausländische Produkte teurer, inländische Produkte im Ausland billiger. Die Wirtschaft konnte dadurch wieder konkurrenzfähig gemacht werden.

Die Gefahr: In der Währungsunion fällt der Ausgleichsmechanismus über den Wechselkurs fort. Fällt der Wechselkurs als Korrekturinstrument weg, müßte die Wirtschaft durch Subventionen gestützt werden. Dies würde die Währungsunion schnell sprengen.

Das Inflationskriterium ist ein entscheidendes Erfolgskriterium der Währungsunion. Es ist jedoch nur relativ formuliert, denn es orientiert sich an den stabilsten EU-Staaten. Voraussetzung für den Vergleich der Preissteigerungsraten ist ein Verbraucherpreis-Index auf ähnlicher Basis. Doch die nationalen Warenkörbe, aus denen die Inflation für die Gesamtwirtschaft errechnet wird, sind in jedem Land unterschiedlich definiert. Im

Warenkorb der Niederlande haben beispielsweise die Bildungsausgaben einen hohen Anteil. Und nach der französischen Rechnung wäre der deutsche Verbraucherpreisindex im Dezember 1993 beispielsweise um 0,8 Prozentpunkte niedriger gewesen, so eine Untersuchung des französischen Statistischen Zentralamtes (INSEE) und des Statistischen Bundesamtes. Daher schuf ein EU-Interimsindex die Vergleichbarkeit. Mit ihm wurden die Zahlen von 1997 im März 1998 gemessen.

Staatsverschuldung

Trotz aller Diskussion um die Staatsverschuldung in der EU: Es gibt keinen direkten Zusammenhang zwischen dem Haushaltsdefizit und der Staatsverschuldung auf der einen und der Stärke einer Währung auf der anderen Seite. Die Finanzierung des Aufbaus Ost trieb das Staatsdefizit in Deutschland auf mehr als vier Prozent, dennoch erlebte die D-Mark eine ungeheure Periode der Stärke.

Hohe Staatsschulden sorgen nämlich nicht automatisch für eine hohe Inflation. Belgien beispielsweise hat einen Schuldenstand von mehr als 120 Prozent des Bruttoinlandsprodukts – damit liegt es weit oberhalb der Maastricht-Ziffern. Doch die Inflationsrate beträgt nur 1,4 Prozent. Und obendrein ist Belgien auch noch in einer Währungsunion mit Luxemburg verbunden, dem einzigen Land, das alle Maastricht-Kriterien erfüllt.

Gleichwohl hat das Kriterium seine Berechtigung: Eine defizitäre Wirtschaft leidet auf Dauer. Die Schwäche des Dollars ist vor allem auf die hohe Staatsverschuldung zurückzuführen.

Ein zu hoher Schuldenstand ist zwar meist nur eine Folge von Sünden der Vergangenheit. Er schränkt jedoch den Spielraum der staatlichen Wirtschaftspolitik stark ein und eröffnet einen Teufelskreis: Je höher die Schulden, um so größer ist die Zinslast. Und je größer die Zinslast, desto eher werden neue Schulden gemacht, die wieder den Schuldenstand erhöhen. Ein Schuldenabbau ist daher äußerst schwierig: Kein Staat kann die Steuern unbegrenzt erhöhen. Früher entledigten sich die Staaten schlicht durch Gelddrucken, also Inflation, ihrer Verbindlichkeiten. Mit der Europäischen Währungsunion aber entfällt diese Möglichkeit. Daher ist das Defizitkriterium wichtig.

Die EZB darf den Mitgliedsstaaten der Währungsunion keine Kredite geben. Ein überschuldeter Staat kann also theoretisch sogar bankrott gehen. Allerdings werden ihm in der Praxis die anderen Mitgliedsländer schon im eigenen Interesse beistehen müssen.

Die Zinszahlungen sind im Bonner Haushalt bereits der zweitgrößte Posten mit einem Anteil von 20 Prozent am Gesamtbudget. Ein schwacher Trost ist es da, daß Länder wie Belgien, Griechenland oder Italien – allesamt mit einem Schuldenstand von mehr als 100 Prozent des BIP – noch mehr Zinsen zahlen müssen.

Noch wichtiger als der Schuldenstand ist langfristig ein ausgeglichener laufender Haushalt. Ein hohes laufendes Budgetdefizit vergrößert den Schuldenstand und könnte die Zinsen treiben. Die Verbindung von Staatsschulden zu wirtschaftlicher und monetärer Stabilität ist freilich indirekt. Staatsverschuldung bedeutet, daß die Regierung über ihre Verhältnisse lebt. Sie gibt mehr aus, als sie an Steuereinnahmen wieder hereinbekommt. Dadurch kann es zu höherer Inflation kommen, weil die gesamtwirtschaftliche Nachfrage angeheizt wird. Besonders in Zeiten guter Konjunktur sind die Kapazitäten der Unternehmen voll ausgelastet. Jede zusätzliche Nachfrage führt zu Preissteigerungen. In der Rezession dagegen ist die Stabilisierung der Nachfrage durch den Staat sogar erwünscht. Der Keynesianismus machte dies sogar zu seinem Hauptanliegen und nannte es „deficit spending“, also Verschuldung, um zusätzliche Staatsausgaben zu tätigen. In der Rezession führt die Zusatznachfrage auch nicht zu höheren Preisen, da die Kapazitäten der Unternehmen nicht voll ausgelastet sind.

Der Maastricht-Vertrag definiert das laufende Defizit daher als ein „übermäßiges Defizit“. Was als „übermäßig“ zu bezeichnen ist, hängt entscheidend von der wirtschaftlichen Lage ab.

Die Schuldenkriterien sind übrigens vernünftig. Regierungen mit hohen Schulden und Verschuldung treiben die Inflation an und lenken Kapital in unproduktive Zwecke, besonders wenn sie sich durch die Notenpresse finanzieren.

Langfristige Zinsraten

Die langfristigen Zinsen sollen nahe an den besten EU-Ländern sein: Sie dürfen das Niveau der drei stabilsten Länder um maximal zwei Prozentpunkte übersteigen. Dieses Kriterium ist nicht unproblematisch. Die langfristigen Zinsen werden nämlich nicht von den Notenbanken bestimmt, sondern von den Finanzmärkten. Also entscheiden bei diesem Kriterium in Wirklichkeit nicht die Regierungen, sondern die Überzeugungen der Anleihenmärkte über die Europäische Währungsunion. Wenn die Anleger Vertrauen in eine Währung haben, sind die Zinsen niedriger. Beispielsweise sind die Zinsen beim Schweizer Franken extrem niedrig.

Das Kriterium der langfristigen Zinsraten wird schnell zirkulär: Wenn die Kapitalmärkte glauben, daß Lira und D-Mark bald im Euro aufgehen, sind die Raten in etwa gleich – unabhängig davon, ob das Vertrauen in die innere Stabilität der Lira vorhanden ist.

Fazit: Trotz aller ökonomisch fundierten Kritik an den Kriterien sind sie berechtigt. Nur mit dieser objektiven Hilfe konnte Deutschland die Aufnahme weiterer wirtschaftlich schwacher Staaten in die Währungsunion verhindern. Die Währungsunion braucht einen harten Euro, der möglichst rasch Vertrauen gewinnt.

Die Kritik an den Maastricht-Verträgen

Die Ökonomen kritisieren die Maastricht-Kriterien als den Versuch, einige Länder aus dem Club auszuschließen. Es seien politisch motivierte, also willkürliche Selektionskriterien.

- Die monetären Eintrittsbedingungen Wechselkurs, Inflation und Zinsen seien redundant. Sie meinen im Grunde die gleiche Qualität: Entweder erfüllt ein Land die drei Zins-, Inflations- und Wechselkurs-Kriterien gleichzeitig oder keines der drei. Ein Land, das maximal 1,5 Prozent von der Inflationsvorgabe abweicht, wird auch beim Kapitalmarktzins nicht um mehr als zwei Prozent abweichen. Und dann wird es auch das Wechselkurs-Kriterium erfüllen.
- Das Schuldenstandskriterium von maximal 60 Prozent der Wirtschaftsleistung sei willkürlich. Der Wert entsprach damals dem Durchschnitt der EU – und wurde sogleich als ökonomisches Optimum festgeschrieben. Ein hoher Schuldenstand könne lediglich auf früheres fiskalisches Fehlverhalten hinweisen, ein geringer Schuldenstand könne das Ergebnis eines geldpolitischen Versagens sein: Wenn eine Regierung die Inflation anheizt, kann es die Schulden schnell drücken.
- Das Defizitkriterium sei bereits in den anderen Kriterien enthalten. Die zulässige laufende Neuverschuldung von drei Prozent des BIP lasse sich aus dem Schuldenkriterium ableiten. Bei einer Inflation von zwei Prozent und einem Wirtschaftswachstum von drei Prozent entspricht ein jährliches Defizit von drei Prozent gerade dem maximalen Schuldenstand von 60 Prozent. Denn 60 Prozent von fünf Prozent sind drei Prozent. Beim Defizitkriterium müsse aber unbedingt auf die konjunkturelle Lage geachtet werden.

Konvergenzkriterien 1996 auf einen Blick (Angaben in Prozent)

	Inflationsrate	Langfristiger Zins	Haushaltsdefizit	Staatsverschuldung	Teilnahme am EWS seit Anfang 1996
Referenzwert	2,56	8,83	3,0	60	ja
Belgien	**1,8**	**6,5**	–3,3	130,6	**ja**
Dänemark	**1,9**	**7,2**	**–1,4**	70,2	**ja**
Deutschland	**1,2**	**6,2**	–4,0	60,8	**ja**
Finnland	**1,5**	**7,1**	–3,3	61,3	nein
Frankreich	**2,1**	**6,3**	–4,0	**56,4**	**ja**
Griechenland	7,9	14,8	–7,9	110,6	nein
Großbritannien	2,8*	**7,9**	–4,6	**56,2**	nein
Irland	**1,7***	**7,3**	**–1,6**	74,7	**ja**
Italien	4,0	9,4	–6,6	123,4	nein
Luxemburg	**1,2**	**6,3**	**+0,9**	**7,8**	**ja**
Niederlande	**1,5**	**6,2**	**–2,6**	78,7	**ja**
Österreich	**1,8**	**6,3**	–4,3	71,7	**ja**
Portugal	2,9	**8,6**	–4,0	71,1	**ja**
Schweden	**0,8**	**8,0**	–3,9	78,1	nein
Spanien	3,6	**8,7**	–4,4	67,8	**ja**

*Quelle: Jahresbericht des Europäischen Währungsinstituts 1996; * Schätzung Europäische Kommission; in fett: Erfüllte Konvergenzkriterien*

Konvergenzkriterien 1997 auf einen Blick (Angaben in Prozent)					
	Inflations-rate	Lang-fristiger Zins	Haus-halts-defizit	Staats-ver-schul-dung	Teil-nahme am EWS seit Anfang 1996
Referenzwert	2,7	7,8	3,0	60	ja
Belgien	**1,4**	**5,7**	**2,1**	122,2	**ja**
Dänemark	**1,9**	**6,2**	**–0,7**	65,1	**ja**
Deutschland	**1,4**	**5,6**	**2,7**	61,3	**ja**
Finnland	**1,2**	**5,9**	**0,9**	**55,8**	nein
Frankreich	**1,2**	**5,5**	**3,0**	**58,0**	**ja**
Griechenland	5,2	9,8	4,0	108,7	nein
Großbritannien	**1,8**	**7,0**	**1,9**	**53,4**	nein
Irland	**1,2**	**6,2**	**–0,7**	66,3	**ja**
Italien	**1,8**	**6,7**	**2,7**	121,6	nein
Luxemburg	**1,4**	**5,6**	**–1,7**	**6,7**	**ja**
Niederlande	**1,8**	**5,5**	**1,4**	72,1	**ja**
Österreich	**1,1**	**5,6**	**2,5**	66,1	**ja**
Portugal	**1,8**	**6,2**	**2,5**	62,0	**ja**
Schweden	**1,9**	**6,5**	**0,8**	76,6	nein
Spanien	**1,8**	**6,3**	**2,6**	68,8	**ja**

Quelle: Jahresbericht des Europäischen Währungsinstituts 1997; in fett: Erfüllte Konvergenzkriterien

Die Hintertürchen der Konvergenzkriterien

„Bei strikter Anwendung der Kriterien kann die Wirtschafts- und Währungsunion 1999 nicht zustande kommen."

(Herbert Hax, Vorsitzender der Fünf Weisen, des Sachverständigenrates zur Begutachtung der gesamtwirtschaftlichen Entwicklung, 1997)

„Drei ist drei", behauptete Bundesfinanzminister Theo Waigel vor der Entscheidung über die Teilnehmerländer. Damit wollte er signalisieren, daß an den Maastricht-Kriterien nicht gerüttelt wird. Die Betonung des starren Festhaltens an den Kriterien zählte zum „Mantra" deutscher Euro-Politiker, so die britische Zeitschrift „Economist".

Die verbale Entschlossenheit hatte gute Gründe. Eine offizielle Aufweichung der Kriterien hätte schwerwiegende Folgen gehabt: Die Finanzmärkte hätten dies als Schwäche interpretiert, und dem Euro hinge gleich das Image der Weichwährung an – die Lira im Euro-Format.

Das Problem aber blieb: 1996 erfüllte nur Luxemburg die Maastricht-Kriterien. Besondere Probleme bereitete der Schuldenstand: Nur Irland schaffte es, den Schuldenstand seit 1991 zu drücken. Im Durchschnitt der EU-Länder erhöhte sich der Schuldenstand sogar noch von 56 Prozent 1991 auf 1996 mehr als 70 Prozent. 1991 gelang es noch neun Ländern, ihre jährliche Neuverschuldung unter drei Prozent des Bruttoinlandsprodukts zu halten. 1996 waren es nur noch vier Staaten.

Weil wohl auch die Vertragsschließenden gesehen haben, daß die Erfüllung der Kriterien schwierig werden könnte, ließen sie vorsorglich gleich eine Reihe von Hintertürchen offen. Sonst hätten Staaten wie Italien oder Belgien, die schon damals hochverschuldet waren, kaum den Kriterien zustimmen können. Italien hatte zunächst für ein zulässiges Haushaltsdefizit von vier Prozent plädiert.

Nach Artikel 109 in Kombination mit Artikel 104 c des Maastrichter Vertrages reicht ein stark positiver Trend zur Annäherung an die Kriterien aus. Ein Überschreiten der Referenzwerte für Staatsverschuldung und Haushaltsdefizit ist erlaubt, sofern der jeweilige Wert „erheblich und laufend zurückgegangen ist und einen Wert in der Nähe des Referenzwertes erreicht hat", oder „der Referenzwert nur ausnahmsweise und vorübergehend überschritten wird und das Verhältnis in der Nähe des Referenzwerts bleibt".

Schuldenstand

Der Schuldenstand durfte überschritten werden, falls „das Verhältnis zum Bruttoinlandsprodukt hinreichend rückläufig ist und sich rasch genug dem Referenzwert nähert". Außerdem wurden zur Feststellung eines übermäßigen Defizits auch „alle sonstigen einschlägigen Faktoren" berücksichtigt, „einschließlich der mittelfristigen Wirtschafts- und Haushaltslage des Mitgliedsstaats".

Für das Schuldenkriterium machte die Relativierung sogar Sinn. Dahinter steckt eine Problematik der Definition des Kriteriums. Es ist an der Wirtschaftsleistung festgemacht. Die Wirtschaftsleistung ist jedoch in der Rezession geringer. Dadurch steigt die Schuldenquote automatisch, und zwar auf zweifache Weise:

- Die Ausgaben steigen, die Steuereinnahmen sinken. Erhöht sich beispielsweise die Zahl der Arbeitslosen, muß der Staat mehr Arbeitslosengeld auszahlen. Gleichzeitig entgehen ihm die bisher aus den Beschäftigten-Gehältern gezahlten Steuern.
- Das Bruttoinlandsprodukt stagniert oder sinkt sogar. Dadurch steigt die Schuldenquote.

Haushaltsdefizit

Die Drei-Prozent-Grenze durfte „ausnahmsweise und vorübergehend" überschritten werden. Diesen Passus hätte beispielsweise Deutschland für sich nutzen können: Die Bundesregierung hätte einfach auf die Last der deutschen Einheit verweisen können.

Im Wortlaut: Der Artikel 104c, Absatz 2 der Verträge von Maastricht

„Insbesondere prüft sie [die Kommission der EU] die Einhaltung der Haushaltsdisziplin anhand von zwei Kriterien, nämlich daran,

a) ob das Verhältnis des geplanten oder tatsächlichen öffentlichen Defizits zum Bruttoinlandsprodukt einen bestimmten Referenzwert überschreitet, es sei denn,
   - daß entweder das Verhältnis erheblich und laufend zurückgegangen ist und einen Wert in der Nähe des Referenzwertes erreicht hat
   - oder der Referenzwert nur ausnahmsweise und vorübergehend überschritten wird und das Verhältnis in der Nähe des Referenzwertes bleibt;

b) ob das Verhältnis des öffentlichen Schuldenstands zum Bruttoinlandsprodukt einen bestimmten Referenzwert überschreitet, es sei denn, daß das Verhältnis hinreichend rückläufig ist und sich rasch genug dem Referenzwert nähert..."

Inflation

Ebenfalls weich war das Inflationskriterium. Die Konvergenzhürde richtete sich nämlich nach dem Durchschnitt der drei stabilsten Mitgliedsstaaten. Wenn der Schnitt bei vier Prozent liegt, sind auch Staaten mit 5,5 Prozent Inflation in der Währungsunion.

Wechselkurse

Auch das Wechselkurskriterium war nach dem Zusammenbruch des Europäischen Währungssystems nicht mehr uneingeschränkt gültig. Nun sollten die Länder wenigstens zwei Jahre vor dem Entscheid über den Beginn der Währungsunion Mitglied im EWS gewesen sein. Konkret: Wer 1999 zu den Gründungsmitgliedern gehören will, muß zu Beginn des

Die Tricks der Länder: Kreative Haushaltsführung

Die Bürger waren verblüfft: Nach den Konvergenzberichten von EU-Kommission und dem Europäischen Währungsinstitut (EWI) vom 25. März 1998 waren elf EU-Staaten reif für den Euro. Auch Großbritannien, Dänemark und Schweden erfüllen die Kriterien und könnten daher zu den Teilnehmern gehören. Doch sie werden aus politischen Gründen vorerst nicht teilnehmen. Hatte 1996 nur ein Land (Luxemburg) alle Kriterien erfüllt, so erfüllte 1997 nur ein Staat alle Kriterien nicht – Griechenland.

Die große Frage war: Wie haben die Länder das auf einmal geschafft? Die Antwort lautet: kreative Buchführung.

Der Griff in die Trickkiste lag für Frankreich und Italien nahe:

- Italien plünderte seine Staatsunternehmen. Unternehmensrücklagen wurden früher besteuert. Bei staatlichen Aufträgen bekamen die Firmen geringere Vorauszahlungen. Die italienischen Unternehmen zahlten eine Euro-Steuer auf bestimmte Lohnanteile. Dieses Geld soll ihnen später wieder zurückgezahlt werden. Die staatliche Eisenbahn wurde ausgegliedert, damit sie nicht mehr zum Haushalt zählt. Dem Wachstum des Bruttoinlandsproduktes wurden einfach 0,8 Prozentpunkte aufgeschlagen. Die Begründung: Die weit verbreitete Schattenwirtschaft verzerre die offizielle Statistik.
- Frankreich dagegen griff in die Pensionskasse der Staatsunternehmen und rechnete dem eigenen Budget einige Milliarden hinzu. Allerdings übernahm der Staat damit auch die Zahlung der späteren Pensionen.
- Niederlande und Belgien: Ein Teil der Goldreserven der Notenbank wurde verkauft.
- Portugal: Infrastruktur-Investitionen wurden privatisiert.
- Deutschland: Die Devisenreserven der Bundesbank wurden höher bewertet. Anteile an Staatsunternehmen wie der Telekom wurden zwischenverkauft. Im entscheidenden Jahr 1997 wurden Zahlungen an den Erblastentilgungsfonds von sechs Milliarden DM ausgesetzt und Airbus-Zuschüsse von 1,4 Milliarden DM vorzeitig zurückgefordert. Die Sozialversicherung erzielte nach jahrelangen Verlusten wieder einen Überschuß von 4,7 Milliarden DM. Dies reduzierte die Neuverschuldung. Der Preis dafür war die Erhöhung der Rentenbeiträge.

- Österreich: Staatliche Straßenbaufinanzierungsgesellschaften wurden scheinprivatisiert. Öffentliche Dienstleistungen wie Müllabfuhr wurden privatisiert. Staatsbanken wurden verkauft.
- Dänemark: Die Zinsen für manche Anleihen werden erst am Ende der Laufzeit bezahlt.
- Spanien: Defizite wurden ins Vorjahr verschoben. Versorger wurden privatisiert.
- Großbritannien: Öffentliche Bauten wie Straßen, Brücken oder Tunnel wurden geleast.

Jahres 1996 im EWS gewesen sein. Nicht dabei waren zu diesem Zeitpunkt Großbritannien, Italien, Schweden, Finnland und Griechenland. Finnland und Italien traten erst im Herbst 1996 bei; dies reichte aber aus.

Die Befürworter dieser Öffnungsklauseln sahen in dem Maastricht-Katalog mehr einen pädagogischen Sinn: Er hat die Regierungen zur Eindämmung der Schuldenspirale gezwungen. Alle europäischen Staaten mußten auf Sparkurs gehen.

Warum die Währungsunion keine Währungsreform ist

Immer wieder wird in der Öffentlichkeit von einer „Währungsreform" 1999 gesprochen. Dies nährt eine der größten Sorgen der Bundesbürger: Wenn die Euro-Einführung eine Währungsreform darstellt, drohen womöglich Verluste wie in den Jahren 1923 und 1948. Oder ist die europäische Währungsunion eine Aktion wie 1990 die deutsch-deutsche Währungsunion? Drohen also wirtschaftliche Probleme wie nach der deutschen Wiedervereinigung? Doch davor müssen die Deutschen keine Angst haben.

Keine Währungsreform

Währungsreformen wie 1923 oder 1948 bringen einen Vermögensverlust. Mit ihnen wird ein zerrüttetes Geldwesen neu geordnet. Am

20. Juni 1948 wurde die Reichsmark abgeschafft. Sie war nahezu wertlos geworden und nur noch 0,01 Dollar wert. Die Hitler-Regierung hatte während des Krieges die Geldmenge ungeheuer aufgebläht. Der Umlauf an Bargeld und Bankeinlagen hatte sich zwischen 1939 und 1948 vervierfacht: Er stieg von 70 auf 300 Milliarden Reichsmark. Doch die reale Wirtschaftsleistung lag nur noch bei 60 Prozent des Vorkriegsniveaus. Die Relation zwischen Geldmenge und Wirtschaftsleistung stimmte nicht mehr. Die Inflation galoppierte. Das Warenangebot ging zurück. Statt mit Geld wurde mit Zigaretten und Alkohol gezahlt.

Die Last der Verschuldungspolitik wurde daher durch eine Währungsreform spürbar gemildert. Um das Verhältnis zwischen Güter- und Geldmenge wieder ins Gleichgewicht zu bekommen, wurde die D-Mark eingeführt:

- Alle Zahlungsmittel, die auf Reichsmark liefen, verloren ihren Wert.
- Jeder Westdeutsche erhielt 40 DM Kopfgeld.
- Sparguthaben und Einlagen sowie alle Forderungen und Verpflichtungen wurden im Verhältnis 1 zu 10 abgewertet.
- Die Guthaben von Gebietskörperschaften und Banken wurden völlig gestrichen. Sie erhielten eine Finanzspritze von einem Sechstel der tatsächlichen Einnahmen des Winterhalbjahres 1947/48.
- Eine unabhängige Notenbank wurde gegründet. Die „Bank deutscher Länder“ sollte ein neues Zentralbankensystem führen.

Unter dem Strich bedeutete die Währungsreform für alle Bürger und Unternehmen einen erheblichen Vermögensverlust.

Die Europäische Währungsunion ist keineswegs die Folge galoppierender Inflation, ganz im Gegenteil: Kaum jemals zuvor waren die Inflationsraten in Europa so niedrig. Im EU-Durchschnitt haben sich die Preissteigerungsraten in den vergangenen Jahren halbiert. Die Währungsunion bedeutet nur eine Währungsumstellung aller Guthaben und Verbindlichkeiten. Es gibt keine unmittelbaren Wertverluste wie bei einer Währungsreform. Es muß keine marode Währung saniert werden. Das Geld wird

Europäische Währungsunion 1999	**Währungsreform Westdeutschland 1948**
Umrechnung mit festem Wechselkurs z.B. 1 Euro = 1,98 DM	Umtausch zu unterschiedlichen Wechselkursen D-Mark : Reichsmark (RM)
▶ Laufende Zahlungen (Löhne, Preise, Mieten, Steuern, etc.) Für 1,98 DM 1 Euro	Für 1 RM 1 DM
▶ Geldvermögen (Lebensversicherungen, Wertpapierbestände) Für 1,98 DM 1 Euro	Für 10 RM 1 DM
▶ Bankeinlagen Für 1,98 DM 1 Euro	Für 100 RM 6,50 DM
▶ Staatsschulden Für 1,98 DM 1 Euro	gestrichen

Quelle: Bundesverband deutscher Banken, eigene Ergänzung

einfach in einem bestimmten Verhältnis umgerechnet. Die Kaufkraft und der Wert der Vermögen bleiben erhalten: Wer 2.000 DM verdient, bekommt zwar nur noch 1000 Euro, doch er zahlt auch nur noch die halbe Miete.

Bei der Europäischen Währungsunion schließen sich gesunde Währungen zusammen. Der Umtauschkurs ist nicht politisch, sondern orientiert sich an den realen Wechselkursen, die sich an den Finanzmärkten gebildet haben. Eine stabile Wirtschaft und eine solide Finanzpolitik sind die Voraussetzung dafür, daß ein Land an der Währungsunion teilnehmen darf. Die Währungsunion verfolgt wirtschaftliche Ziele: Sie soll das Wirtschaftswachstum stärken und Europa zu einer Weltwirtschaftsmacht machen.

Deutsch-deutsche Währungsunion

Die deutsch-deutsche Währungseinheit ist ebenfalls nicht vergleichbar: Damals verband sich, was ökonomisch nicht zusammenpaßte. Die Wirtschaft der DDR war völlig zusammengebrochen, der Staat kaum noch vorhanden. Die DDR-Mark hatte ebenfalls ihren Wert verloren. Doch es mußte ein Symbol her, um die Einheit beider Staaten zu demonstrieren. Die Westdeutschen teilten ihr Geld und ihren Wohlstand mit den „Brüdern und Schwestern" im Osten. Bundesbank und Ökonomen warnten vergeblich, daß mit der Einführung der D-Mark über Nacht die ostdeutsche Wirtschaft zusammenbrechen werde.

Die Einführung der D-Mark am 1. Juli 1990 war eine teure Operation. Die bisher abgeschirmte DDR-Wirtschaft war auf einmal dem Druck der westlichen Konkurrenz ausgesetzt. Statt mit billigem Geld und niedrigen Löhnen weiter zu arbeiten, mußten die Ostbetriebe trotz weit geringerer Produktivität praktisch West-Löhne zahlen. Gleich reihenweise brachen die Betriebe zusammen, die Arbeitslosigkeit erreichte Rekordstände.

Die Westdeutschen müssen seither alljährlich dreistellige Milliardenbeträge in den Osten fließen lassen, um eine völlige Verarmung der Bevölkerung zu verhindern. Steuern und Abgaben mußten drastisch erhöht werden, die Staatsverschuldung erreichte ein unglaubliches Niveau, auf dem fast ein Viertel des Haushaltes für Zinszahlungen gebraucht wird.

Fazit

Drohen nun wegen des Euros weitere Steuererhöhungen? Müssen die wirtschaftlich schwächeren Staaten an den Tropf der stabileren EU-Länder? Diese Ängste dürften, jedenfalls auf kurze Sicht, unbegründet sein: Bei der Währungsunion verbinden sich Länder, die die Stabilitätskriterien von Maastricht erfüllen. Sie haben sich also schon wirtschaftlich angenähert und schließen sich nicht zusammen, um die wirtschaftlichen Probleme einiger Partner auf Kosten der anderen zu lösen.

Der Fahrplan zum Euro

1998

- Mitte 1998: Die Europäische Zentralbank beginnt mit den Vorbereitungen zur praktischen Umsetzung der Währungsunion.
- Mitte 1998: Die Produktion der neuen Banknoten und Münzen läuft an.
- September 1998: Bei den Bundestagswahlen könnte der Euro zum Wahlkampfthema werden.

1999

- Die Währungsunion startet offiziell. Die Wechselkurse werden endgültig festgelegt.
- Die Staaten geben nur noch Schuldverschreibungen auf Euro-Basis heraus.
- Die Geschäfte der nationalen Zentralbanken und der Handel unter Banken (Interbankenhandel) werden in Euro abgewickelt.
- EZB und ESZB sind für die gemeinsame Geldpolitik zuständig.

2002

- Ab 1. Januar: Ausgabe der neuen Banknoten und Münzen in Euro.
- Ab 1. Juli: Der Euro wird das alleinige gesetzliche Zahlungsmittel innerhalb der Währungsunion.

Die Stabilitätsfrage: Welche Staaten dabei sind

Im Mai 1998 trafen sich die 15 Staats- und Regierungschefs zum entscheidenden Gipfel für die Währungsunion. Vor ihnen lagen Berichte des Europäischen Parlaments, der Europäischen Kommission und des Europäischen Währungsinstituts: Darin stand, welche Länder die Maastricht-Kriterien erfüllen – und welche nicht. Pikanterweise lag der Vorsitz beim Währungsunionsgipfel bei London.

Großbritannien und Dänemark (die Dänen entscheiden per Volksabstimmung) haben als einzige Länder eine „opt-out"-Klausel: Sie sind nicht verpflichtet, bei Erfüllung der Konvergenzkriterien an der EWU teilzunehmen.

Die Teilnehmer

Luxemburg: Musterländle

Das kleine Großherzogtum ist der Star unter den EU-Ländern. Es erfüllte bereits 1996 als einziges Land alle Kriterien. Mit mehr als 200 Banken und Kreditinstituten ist der nur 380 000 Einwohner zählende Staat einer der größten Finanzplätze der Welt. Die Steuereinnahmen sprudeln, auch wenn sich das Wirtschaftswachstum leicht verringert hat. Das Haushaltsdefizit liegt bei plus 1,7 Prozent, der Schuldenstand bei 6,7 Prozent des BIP. Die Euro-Teilnahme ist also sicher.

Deutschland: Musterknabe in Nöten

Der Musterknabe ist ins Schlingern geraten. Schon 1995 konnte Deutschland erstmals das Schuldenkriterium nicht erfüllen. Auch 1997 scheiterte Bonn am Schuldenstandskriterium von 60 Prozent. Und auch die Erfüllung des zweiten Defizit-Kriteriums – Neuverschuldung maximal drei Prozent des Bruttoinlandsproduktes – war gefährdet. Finanzminister Theo Waigel (CSU) wurde zwar nicht müde zu beteuern: „Deutschland wird das Defizitkriterium von 3,0 Prozent erreichen." Doch fast alle Wirtschaftsforschungsinstitute rechneten mit einer Neuverschuldung von mindestens 3,2 Prozent der Wirtschaftsleistung (BIP).

Der Grund der Probleme Bonns mit den Maastricht-Kriterien sind vor allem die lahmende Konjunktur und die hohe Arbeitslosigkeit. Die Arbeitslosenquote stieg auf neue Rekordhöhen. Die Steuereinnahmen sanken, die Einnahmen der Sozialkassen konnten nur durch massive Beitragserhöhungen wieder gesund gemacht werden. Außerdem mußte Bonn die Kosten für die Bewältigung der deutschen Einheit tragen. Einziger Lichtblick war die Inflationsrate.

Dennoch muß Deutschland sicher zu den Mitgliedern gehören: Ohne das wirtschaftlich stärkste Land der Europäischen Union kann eine Währungsunion nicht funktionieren.

Um die Maastricht-Kriterien erfüllen zu können, hatte das Ministerium von Waigel tief in die Trickkiste gegriffen.

Die Tricks im einzelnen:

- Über eine Höherbewertung des Bundesbankgoldes versuchte Waigel an Geld zu kommen.
- Ausgaben wurden auf 1998 verlagert, Autobahnen wurden von privaten Firmen finanziert, um sie später zu einem garantierten Preis (und mit schöner Rendite für die Firmen) zurückzukaufen.
- Die Bezugsgröße für das Defizit, das Bruttoinlandsprodukt, wird manipuliert. Nach Heiner Flassbeck vom Deutschen Institut für Wirtschaftsforschung (DIW) sind die geschätzten Angaben des Statistischen Bundesamtes bereits seit zwei Jahren nicht mehr nachvollziehbar. Es komme immer mehr heraus als hätte angenommen werden müssen. Das Erfreuliche für Bonn: Je höher die BIP-Prognose, desto größer ist Waigels Spielraum.

Deutschland: Die Euro-Kriterien			
Jahr	**Staatsverschuldung** max. 60 Prozent der Wirtschaftsleistung	**Haushaltsdefizit** max. drei Prozent der Wirtschaftsleistung	**Verbraucherpreise** Schwellenwert 1997: unter 2,7 %
1993	48,2	–3,5	4,5
1994	50,4	–2,5	2,7
1995	58,1	–3,5	1,8
1996	60,7	–3,8	1,0
1997	61,3	–2,7	1,4

Frankreich: Der Euro weckt nicht nur Vorfreude

Ende 1995 wurde Frankreich wochenlang durch Streiks gelähmt. Die Bevölkerung protestierte vehement gegen die Kürzungen im sozialen Bereich und im öffentlichen Dienst. Doch die Regierung konnte sich durchsetzen, der Sparkurs wird weiter verfolgt.

Damit schaffte es Frankreich entgegen alle Skeptiker die Maastricht-Kriterien zu erfüllen. Natürlich wurden alle Tricks genutzt: Die zur Privatisierung anstehende France Télécom überwies schon 1997 umgerechnet mehr als 11 Milliarden DM für Pensionsrückstellungen an den Staat. Dafür übernimmt der Staat natürlich nach der Privatisierung auch die Zahlung der Pensionen – aber erst nach dem Entscheidungsjahr 1997.

Seit dem Regierungswechsel zu den Sozialisten sind die Fragezeichen größer geworden: Kann die neue Regierung einen deutlichen Anstieg des Defizits 1998 verhindern? Die französischen Wähler lehnten die Sparpläne der vorher amtierenden Regierung Juppé für den Euro klar ab. Sozialistenchef Lionel Jospin dagegen plädierte zwar für eine pünktliche Währungsunion, aber einen weichen Euro. Die Kommunisten – Juniorpartner in der Regierung – sind klare Euro-Gegner und fordern eine Volksabstimmung.

Dennoch gehört Frankreich zurecht in jedem Fall zur Währungsunion: Die französische Zentralbank Banque de France betreibt seit Mitte der achtziger Jahre eine Politik des starken Franc, des „Franc fort". Ein Gesetz sichert heute ihre Unabhängigkeit gegenüber der Regierung. Seit 1991 sind die französischen Inflationsraten sogar niedriger als die deutschen.

Der französische Finanzminister kann auf eine positive Tendenz verweisen: 1993 betrug die Neuverschuldung noch 6,1 Prozent des Bruttoinlandsprodukts, jetzt sind es nur noch 3,0 Prozent. Der Schuldenstand liegt knapp unter der Grenze von 60 Prozent – besser als beim deutschen Nachbarn.

Frankreich freut sich mächtig auf den Euro und erkennt in ihm eine Chance: Die Pariser Wertpapierbörse will bereits am 4. Januar 1999, dem ersten Börsentag nach dem Start des Euro, alle Kurse in der neuen europäischen Währung notieren.

Kennzahlen Frankreich

Einwohner: 58 Millionen
BIP pro Einwohner: 40.639 DM

	1994	1995	1996	1997
Inflationsrate	2,1	1,7	1,9	1,2
Schuldenstand	48,4	52,8	56,4	58,0
Haushaltsdefizit	5,6	4,8	4,9	3,0
Langfr. Zinsen	7,4	7,5	6,3	5,5

Quelle: Eurostat/EWI

Niederlande: Im festen Verbund mit Deutschland

Die Niederländer bilden schon seit Jahren einen festen Wechselkursverbund mit Deutschland – ebenso wie die Österreicher. Der niederländische Gulden ist relativ fest an die D-Mark gebunden, die Zentralbank der Niederlande vollzieht die Zins-Schritte der Bundesbank meist unmittelbar nach. Eine Währungsunion im Dreierbund wäre also leicht möglich, doch sie würde wenig bringen: Der Wirtschaftsraum wäre zu klein.

In der Neuverschuldung konnten die Niederländer die Maastricht-Hürde nehmen. Allerdings leidet das Land unter einem hohen Schuldenstand, der in den vergangenen Jahren kaum reduziert wurde. Die Schulden wurden jedoch wesentlich aufgebläht durch einen milliardenschweren Fonds für die künftigen Beamtenpensionen, den unsere Nachbarn im Gegensatz zu anderen Staaten vorsorglich gebildet haben.

Die Niederlande gehören zu den wirtschaftlich prosperierendsten Ländern der EU: Die Arbeitslosenquote bewegt sich um 6,5 Prozent – mit der Tendenz nach unten. Das nährt so manchen Zweifel im Land, ob man wohl die Währungsunion überhaupt anstreben sollten, da die meisten anderen Länder – auch Deutschland und Frankreich – ihre Hausaufgaben noch nicht gemacht haben. Sie schieben Probleme wie die marode Sozialversicherung oder die Last der Beamtenpensionen lieber vor sich her.

Kennzahlen Niederlande

Einwohner: 15,4 Millionen
BIP pro Einwohner: 38.926 DM

	1994	1995	1996	1997
Inflationsrate	2,7	0,9	1,9	1,8
Schuldenstand	77,4	79,7	78,7	72,1
Haushaltsdefizit	3,4	4,0	2,6	1,4
Langfr. Zinsen	7,2	7,2	6,5	5,5

Quelle: Eurostat/EWI

Doch für die Niederländer bringt die Währungsunion handfeste Vorteile: Statt wie bisher nur Nachvollzieher der Beschlüsse der Deutschen Bundesbank zu sein, dürften sie in der Europäischen Zentralbank voll mitreden. Und ihren großen Banken und Versicherungen eröffnet sich ein großes einheitliches Währungsgebiet für weitere Expansion.

Stichwort D-Mark-Block

Die Niederlande, Österreich, Belgien und Luxemburg haben ihre Währungen an die D-Mark gebunden. Sie bilden den „D-Mark-Block". Sie richten ihre Geldpolitik an der Deutschen Bundesbank aus. Damit geben sie zwar ihre geldpolitische Unabhängigkeit auf, profitieren aber von der Glaubwürdigkeit der Bundesbank und von stabilen Wechselkursen im Wirtschaftsverkehr mit dem größeren Nachbarn.

Österreich: Große wirtschaftliche Vorteile

Schon seit 1979 ist der Schilling ebenso hart wie die D-Mark – dank einer absoluten Gefolgspolitik der Wiener Zentralbank. Sie betreibt praktisch schon eine Währungsunion mit Deutschland. Dennoch ist der Euro als Ersatz für den heimischen „Alpendollar" nicht gerade beliebt. Der Schilling hat für die Österreicher einen ähnlichen symbolischen und emotionalen Wert wie für die Deutschen ihre D-Mark.

Der Euro bringt der Alpenrepublik erhebliche wirtschaftliche Vorteile. Nach fünf Jahren könnte Österreich einen zusätzlichen realen Zuwachs des BIP von 2,25 Prozent verbuchen, errechneten führende Wirtschaftsforschungsinstitute. Allein die Wechselkursturbulenzen in Europa 1995 und 1996 kosteten das Land rund 1,5 Prozent seines BIP.

Die Schuldenkriterien des Maastricht-Vertrages konnten jedoch nur teilweise erfüllt werden. Allerdings versucht die Regierung mit einem Sparpaket, zumindest für einen guten Trend zu sorgen. Es bringt 1996 und 1997 Einsparungen von 115 Milliarden Schilling.

Kennzahlen Österreich				
Einwohner: 8 Millionen BIP pro Einwohner: 43.650 DM				
	1994	1995	1996	1997
Inflationsrate	3,0	2,3	2,0	1,1
Schuldenstand	65,1	69,0	71,7	66,1
Haushaltsdefizit	4,4	5,9	4,3	2,5
Langfr. Zinsen	6,7	7,1	6,3	5,6

Quelle: Eurostat/EWI

Belgien: Europas Land mit den höchsten Schulden

Das kleine Land hat den höchsten Schuldenstand in der EU – 122 Prozent. Dennoch wird die Wirtschafts- und Finanzpolitik gelobt: Das Haushaltsdefizit wurde seit 1993 fast halbiert, eine straffe Geldpolitik drückte Zinsen und Inflation.

Belgien mußte auf die großzügige Auslegung der Maastricht-Kriterien hoffen. Ein ausufernder Sozialstaat, nie versiegende Subventionen für die veraltete Montanindustrie und eine wuchernde staatliche Bürokratie haben den Schuldenberg angehäuft.

Viele Faktoren sprachen für eine Teilnahme Belgiens. Das Land ist Gründungsmitglied der EWG, die belgische Hauptstadt der Sitz der EU-Kommission. Schon seit dem 1. Mai 1992 ist Belgien Mitglied einer Wirtschaftsunion mit Luxemburg, dem Musterknaben der EU. Luxemburgischer und belgischer Franc sind 1 zu 1 aneinander gekoppelt. Beide Währungen werden gegenseitig als Zahlungsmittel anerkannt. Das Problem: Wenn Luxemburg den Euro einführt, könnte Belgien schwerlich draußen bleiben. Immerhin erfüllt Belgien lediglich ein Kriterium nicht.

Für Belgien bringt die Währungsunion neben vielen anderen Vorteilen auch eine Reduktion der Zinslast. Das Königreich profitiert von niedrigeren Zinsen in Deutschland und Frankreich.

Kennzahlen Belgien				
Einwohner: 10,1 Millionen BIP pro Einwohner: 39.952 DM				
	1994	1995	1996	1997
Inflationsrate	3,2	1,6	2,0	1,4
Schuldenstand	135,0	133,7	130,6	122,2
Haushaltsdefizit	5,1	4,1	3,3	2,1
Langfr. Zinsen	7,8	7,5	6,5	5,7

Quelle: Eurostat/EWI

Irland: Der grüne Tiger

Das amerikanische Nachrichtenmagazin Newsweek nannte die grüne Insel, die Emerald Island, bereits den „Emerald Tiger", den grünen Tiger. Europa ist für das Land eine Chance – auch eine Chance, sich von den ungeliebten Briten abzusetzen. Der Euro stößt denn auch auf keine Widerstände bei den Iren. Bis auf den Schuldenstand erfüllen sie alle Maastricht-Kriterien. Der Trend ist eindeutig positiv: Noch vor ein paar Jahren lagen die Schulden bei mehr als 100 Prozent des BIP, 1997 sind es nur noch 66,3 Prozent.

Das größte Hindernis auf dem Weg zum Euro war die Währung: Das irische Punt folgt praktisch jeder Bewegung des englischen Pfunds. Die

Kennzahlen Irland				
Einwohner: 3,6 Millionen BIP pro Einwohner: 30.177 DM				
	1994	1995	1996	1997
Inflationsrate	2,6	2,0	2,0	1,2
Schuldenstand	87,9	81,6	74,7	66,3
Haushaltsdefizit	1,7	2,0	1,6	–0,9
Langfr. Zinsen	8,1	8,3	7,5	6,2

Quelle: Eurostat/EWI

Kontinentaleuropäer fürchteten, daß das Punt zuviel Unruhe in den Währungsverbund brächte, nämlich als Stellvertreter des britischen Pfundes. Irland ist eng mit Großbritannien verflochten.

Finnland: Dabeisein ist alles

Der sozialdemokratische finnische Premierminister Paavo Lipponen erklärte es jedem klipp und klar: „Unser Ziel ist es, die Konvergenzkriterien zu erfüllen und ab 1. Januar 1999 dabeizusein.“ Er war sicher, daß die Teilnehmerstaaten das neue Machtzentrum in Europa sein werden. Und da wollte er dabei sein.

Die früher einheitliche EU-Politik von Finnland und Schweden ist aufgekündigt. Zu unsicher war den Finnen das schwedische Meinungsbild.

Kennzahlen Finnland

Einwohner: 5,1 Millionen
BIP pro Einwohner: 36.898 DM

	1994	1995	1996	1997
Inflationsrate	1,4	0,2	0,6	1,3
Schuldenstand	59,4	59,2	61,3	55,8
Haushaltsdefizit	6,2	5,1	3,3	0,9
Langfr. Zinsen	8,4	7,9	6,1	5,9

Quelle: Eurostat/EWI

Stichwort Bruttoinlandsprodukt (BIP)

Der Begriff bezeichnet die im Inland erbrachte wirtschaftliche Leistung. Es ist die Summe aller produzierten Waren und Dienstleistungen. Abgezogen werden die Güter, die als Vorleistungen verbraucht wurden, sowie nachabzugsfähige Umsatzsteuer und Einfuhrabgaben. Im Gegensatz zum Sozialprodukt sind in ihm zwar die ins Ausland geflossenen Einkommen enthalten, nicht aber die vom Ausland empfangenen.

Italien: Nationale Schmach abgewendet

Ein Abrutschen Italiens in die zweite Euro-Liga wäre in Rom als nationale Schmach betrachtet worden. Immerhin zählen sich die Italiener zu den großen Industrienationen dieser Welt. Eine Nichtteilnahme hätte die Lira unter Druck geraten lassen, die Inflation hätte einen Schub bekommen und vielleicht sogar den Separatisten der Lega Nord im prosperierenden Norditalien wieder Wind in die Segel gegeben.

Die Zeit der „finanza allegra", des fröhlichen Geldausgebens, ist vorbei. Die Regierung in Rom konnte durch eine harte Sparpolitik den Schuldenstand bereits leicht reduzieren. Doch er liegt 1997 immer noch über 120 Prozent. Die anderen Kriterien dagegen konnte Italien – auch mit Hilfe von Tricks – erfüllen.

Schadenfreude bereitet in Italien der Blick auf die deutschen Mühen, die Maastricht-Kriterien zu erfüllen: „Wir erinnern uns alle an die Genugtuung der mittelmäßigen Schüler, wenn der Klassenbeste in Mathematik eine Fünf bekam", sagt der Top-Manager Franco Tató.

Kennzahlen Italien

Einwohner: 57,15 Millionen
BIP pro Einwohner: 32.450 DM

	1994	1995	1996	1997
Inflationsrate	4,6	5,8	3,9	1,8
Schuldenstand	125,5	124,9	123,4	121,6
Haushaltsdefizit	9,0	7,1	6,6	2,7
Langfr. Zinsen	10,6	11,9	8,9	6,7

Quelle: Eurostat/EWI

Spanien: Mit aller Kraft

Spanien möchte sich nicht mit den anderen Weichwährungsländern in einen Topf werfen lassen. Die spanische Regierung unter dem konservativen Premier José María Aznar unternahm alle Anstrengungen, die Euro-Kriterien zu erfüllen. Die Regierung in Madrid hat den Staatshaushalt in den letzten Jahren erfolgreich saniert. Das Budgetdefizit wurde um fast die Hälfte gesenkt. 1997 hat die Deckungslücke weniger als drei Prozent betragen. Der Schuldenstand ist geringer als in Italien. Die Arbeitslosenquote fällt beinahe monatlich. Erstmals seit 1981 sank sie im Juli unter 13 Prozent. Mit 12,5 Prozent liegt sie nur noch wenig höher als die deutsche Quote. Die Renditen zehnjähriger Peseten-Anleihen liegen mittlerweile nur noch einen guten halben Prozentpunkt über den deutschen Werten. Das Wirtschaftswachstum beträgt 3,2 Prozent, 1998 soll es sogar auf 3,8 Prozent steigen. Im Frühjahrsgutachten der EU-Kommission wurde Spanien im Gegensatz zu Italien oder Griechenland ausdrücklich gelobt und bereits zum möglichen Startkandidaten für die Währungsunion gekürt. Die Daten Spaniens lagen bis 1996 weit über den Maastricht-Werten. Die Gesamtverschuldung beispielsweise war von 1994 bis 1996 von 63 auf 70,3 Prozent des BIP angestiegen. Das Kalkül der Spanier ist einfach: Kommt Italien aus politischen Gründen in den Euro-Verbund, wird Europa sie nicht außen vor lassen können.

Kennzahlen Spanien

Einwohner: 39,2 Millionen
BIP pro Einwohner: 22.765 DM

	1994	1995	1996	1997
Inflationsrate	4,9	4,7	3,6	1,8
Schuldenstand	63,1	65,7	67,8	68,8
Haushaltsdefizit	6,3	6,6	4,4	2,6
Langfr. Zinsen	9,7	11,0	8,2	6,3

Quelle: Eurostat/EWI

Portugal: Glücklichster Teilnehmer

Wie durch ein Wunder hat es Portugal geschafft: Die Inflationsrate wurde erfolgreich gesenkt, das Haushaltsdefizit unter 3,0 Prozent gedrückt. Nur der Schuldenstand blieb mit 62,0 Prozent des BIP leicht über der Maastricht-Grenze. Unter allen Umständen wollte die sozialistische Regierung unter Premier António Guterres den Escudo durch den Euro ersetzen. Sie pochte auf die lange Verbundenheit Portugals mit Europa, die Mitgliedschaft im EWS und eine solide Haushaltspolitik in den vergangenen Jahren.

Verweigerer und Chancenlose: Großbritannien, Dänemark, Schweden und Griechenland

Dänemark und Großbritannien haben im Vertrag von Maastricht eine „Opt-out-Klausel" bekommen: Sie sind auch bei Erfüllung der Aufnahmebedingungen nicht verpflichtet, an der Währungsunion teilzunehmen. Beide Länder erklärten bereits im Vorfeld, daß sie 1999 diese Klausel nutzen wollen.

Großbritannien: Zögern auf der Insel

Großbritannien zählt zu den Musterländern Europas: Alle Maastricht-Kriterien wurden deutlich erfüllt, selbst der Schuldenstand. Nur ein Makel blieb: Das britische Pfund war in der EWS-Krise 1993 aus dem Europäischen Währungssystem ausgestiegen und ist bis heute nicht wieder zurückgekehrt. Auch die Notenbank, die berühmte Bank von England, ist trotz größerer Freiheiten unter der Regierung von Tony Blair noch nicht unabhängig genug.

Dennoch hoffen die Europäer, daß die Briten nun wenigstens im Jahr 2002 mit im Euro-Verbund sind.

Dänemark: Die Ablehnung des Volkes

Der Schock des dänischen Referendums zum Maastricht-Vertrag steckt den Europäern noch in den Knochen: Am 2. Juni 1992 lehnten die Dänen in einer Volksabstimmung mit 50,7 Prozent der abgegebenen Stimmen die Verträge ab, denen ihre Parlamentarier noch zwei Monate zuvor zugestimmt hatten. Im zweiten Referendum ein Jahr später stimmten dann immerhin 56,8 Prozent der Dänen dem nachgebesserten Vertrag zu.

Dänemark wird auf jeden Fall nicht am 1. Januar 1999 zu den Startländern der Währungsunion gehören. Es will abwarten, ob die Währungsunion erfolgreich ist. Dann müßte noch einmal eine Volksabstimmung entscheiden.

Kennzahlen Dänemark

Einwohner: 5,2 Millionen
BIP pro Einwohner: 51.111 DM

	1994	1995	1996	1997
Inflationsrate	1,7	2,1	2,0	1,9
Schuldenstand	76,0	71,9	70,2	65,1
Haushaltsdefizit	3,5	1,6	1,4	–0,7
Langfr. Zinsen	8,3	8,3	7,2	6,2

Quelle: Eurostat/EWI

Schweden: Der Euro ist umstritten

Die Schweden wußten lange Zeit nicht so recht, ob sie nun an der Währungsunion teilnehmen wollen oder nicht. Die sozialdemokratische Minderheitsregierung ist in dieser Frage zerstritten. Der sozialdemokratische Ministerpräsident Göran Persson gab im Juni 1997 nach einem Beschluß im sozialdemokratischen Parteivorstand bekannt, daß Schweden bei der Einführung des Euro am 1. Januar 1999 nicht dabeisein will. Gründe seien die Unsicherheit des EWU-Projektes und die skeptische Haltung der schwedischen Bevölkerung. Finanzminister Erik Asbrink kündigte an, daß Schweden mit hoher Wahrscheinlichkeit der Währungsunion beitreten wird, falls sie erfolgreich ist.

Das traditionelle Mißtrauen der Schweden gegenüber der EU stärkte Ende 1996 der Calmfors-Bericht, in dem eine Gruppe unabhängiger und angesehener Wirtschaftswissenschaftler der Stockholmer Regierung empfahl, mit dem Beitritt zur EWU zu warten.

Vermutlich dürfte Schweden aber nach 1999 zur Währungsunion stoßen. Die Konvergenzkriterien – mit Ausnahme des Schuldenstands, der 76,6 Prozent beträgt – erfüllt das Land. Einziger Makel: Die schwedische Krone hat sich dem EWS-Mechanismus nicht angeschlossen.

Griechenland: Ohne Chancen

Nur Griechenland erfüllte 1997 die Konvergenzkriterien nicht. Die Inflationsrate lag mit 5,2 Prozent weit über der Maastricht-Grenze von 2,7 Prozent, die langfristigen Zinsen lagen zwei Prozentpunkte über der Maastricht-Marke von 7,8 Prozent, und das Haushaltsdefizit betrug stolze 4,0 Prozent – ebenfalls EU-Rekord. Der Schuldenstand hatte wie bei Belgien und Italien die 100-Prozent-Marke überschritten. Keine Chance also für die Griechen. Ihre Hoffnung: Einzelne Länder können sich im Rahmen der im Maastrichter Vertrag alle zwei Jahre vorgesehenen Konvergenzprüfung (auch jederzeit auf Antrag des Kandidaten) später qualifizieren. Nach einer Studie im Auftrag der „Assoziation für die EWU“ ist damit zu rechnen, daß bis zum Jahr 2005 alle 15 EU-Staaten der Währungsunion angehören. Der erste Schritt: Am 14. März 1998 trat Griechenland dem EWS bei.

Wie wird der Kurs Euro/D-Mark festgelegt?

Mit dem Start der Währungsunion am 1. Januar 1999 werden die Wechselkurse der Teilnehmerländer untereinander unwiderruflich festgeschrieben. Die gegenseitigen Wechselkurse wurden von den EU-Wirtschafts- und Finanzministern bereits am 3. Mai 1998 in Brüssel festgelegt: Diese Wechselkurse gelten formal erst ab dem 1. Januar 1999, tatsächlich aber schon jetzt. Die Kurse sollen bis Ende Dezember von den Zentralbanken verteidigt werden.

Praktischerweise wurden die bereits zuvor gültigen Leitkurse im EWS genommen. Der Vorteil: Die meisten EU-Währungen bewegen sich bereits eng um diese Leitkurse herum. Die Finanzmärkte haben also das Umtauschverhältnis akzeptiert.

Schwierig ist lediglich die Berechnung des Umtauschkurses zur D-Mark. Der Tauschkurs wird über den ECU-Kurs berechnet. Die Vorgabe des Maastrichter Vertrags lautet: Der Euro muß den ECU im Verhältnis 1 zu 1 ablösen. Die Kalkulation kann so geschehen: Am letzten Devisenhandelstag des Jahres, dem 30. Dezember 1998, wird der ECU-Kurs zur Mark nach der üblichen Formel berechnet. Alle zwölf in dieser Korbwährung enthaltenen Währungen werden in Mark umgerechnet und addiert. Nun sind im ECU-Korb aber auch Währungen von Ländern enthalten, die gar nicht an der Währungsunion teilnehmen, etwa das britische Pfund, die dänische Krone und die griechische Drachme. Diese Kurse bewegen sich auch nach dem 3. Mai frei. Hier wird der Marktkurs vom 30. Dezember genommen.

Der genaue Umrechnungskurs vom Euro zur D-Mark und den anderen Teilnehmerwährungen steht also tatsächlich erst am Jahresende fest. Der aktuelle Kurs beträgt 1,98 DM je Euro.

So wird der Kurs Euro/D-Mark berechnet			
Nationale Währung	Betrag im ECU-Korb	EWS-Leitkurs in D-Mark	Betrag umgerechnet in D-Mark
D-Mark	0,6242		0,6242
Franz. Franc	1,332	0,298	0,3972
Ital. Lire	151,8	0,001	0,1533
Niederl.Gulden	0,2198	0,8875	0,1951
Belg. Franc	3,301	0,0485	0,1600
Lux. Franc	0,13	0,0485	0,0063
Ir. Pfund	0,0008552	2,4834	0,0212
Span. Peseta	6,885	0,0118	0,0809
Port. Escudo	1,393	0,0118	0,0164
Brit. Pfund	0,08784	3,0662*	0,2693
Dän. Krone	0,1976	0,2623*	0,0518
Gr. Drachme	1,44	0,0055	0,0079
1 Euro			1,9836

*Quelle: Vereinsbank, Hamburger Abendblatt, * Stand: 27.3.98*

Die Folgen der Währungsunion für Anleger

Bei Politikern und Ökonomen waren sie nicht gerade beliebt, die sogenannten Weichwährungsländer. Sie sprachen im Vorfeld der Entscheidung über die Teilnehmerländer ironisch vom „Club Med“ oder sogar von den „Pigs“ (englisch für Schweine): P für Portugal, I für Italien, G für Griechenland und S für Spanien.

In der Diskussion um die Teilnehmerstaaten der Währungsunion setzten sich die Interessenten einer möglichst großen Union durch:

- Frankreich möchte gerne seine Haupthandelspartner Spanien und Italien im Verbund haben.
- Die Exportindustrie äußerte Bedenken, wenn italienische oder spanische Unternehmen draußen blieben. Diese Länder könnten mit ihrem Wechselkurs Handelspolitik machen.
- Die „Outs“ (also die Nicht-Euro-Länder) drohten mit einer Blockade im Ministerrat, der über die Teilnehmer der Währungsunion entscheiden mußte.

Unter diesem Druck waren Deutschland und die Benelux-Staaten geneigt, einer großen Lösung zuzustimmen. Verkauft wurde das mit dem Argument, ein Scheitern der Währungsunion hätte noch fatalere Folgen. Und überdies würde auch die deutsche Wirtschaft von einer größeren Währungsunion und damit einem größeren Absatzmarkt profitieren. Die wirtschaftlichen Vorteile einer kleinen Währungsunion wären dagegen gering, da die Wechselkurse zwischen den Kernwährungsländern schon heute stabil sind.

Die jetzt gewählte Variante wird eher zu einem schwachen Euro führen. Italien und Spanien mußten in den letzten Jahren gegenüber der D-Mark abwerten. Die Zweifel an der Stabilität der Währungsunion sind da. Die durchschnittliche Inflationsrate der Kernländer betrug seit 1985 2,3 Prozent jährlich. Italien dagegen kam auf 5,2 Prozent, Spanien auf 5,6 Prozent und Portugal sogar auf 8,6 Prozent.

Der Anleger sollte bis 1999 vorsichtig agieren:

Wechselkurse

Die Finanzmärkte könnten heftig reagieren, wenn der große Euro-Verbund Schwäche zeigt: Rund zwei Fünftel der deutschen Anleihen sind im Besitz von Ausländern: Sie profitieren bisher nicht nur von den Zinsen, sondern auch von Aufwertungsgewinnen. Die internationalen Großanleger würden das Vertrauen in die D-Mark verlieren und ihre D-Mark-Papiere verkaufen. Der deutsche Rentenmarkt bräche zusammen: Ihm drohen Kursverluste bis zu zehn Prozent. Die D-Mark würde unter Druck geraten. Dollar und Yen haussieren.

Eine andere Variante: Die internationalen Anleger spekulieren massiv gegen die schwächsten Währungen des Verbundes, vermutlich Lira und Peseta. Die Wechselkurse müßten von den anderen Teilnehmerstaaten an der Währungsunion verteidigt werden, da der Umtauschkurs zum Euro festgelegt ist. Doch ob dies gelingt, ist fraglich. So könnten also die großen globalen Spekulanten die Währungsunion zum Scheitern bringen.

Inflation

Eine hohe Inflation würde den Euro langfristig schwächen, wenn die Inflationsraten der Unionsländer nach dem Start der Währungsunion wieder um einige Prozentpunkte auseinanderdriften. Die Hartwährungsländer importieren nun die Inflation der Weichwährungsstaaten. Die Importe aus diesen Ländern werden rasch teurer, damit steigt die Inflation in den Ländern mit ehemals harter Währung. Bald schon bringt die Inflation die Exporteure in Schwierigkeiten: Die Produkte sind auf dem Weltmarkt nicht mehr konkurrenzfähig, da sie zu teuer werden. Die Anleger werden in Sachwerte flüchten.

Zinsen

Die Europäische Zentralbank muß nicht nur versuchen, die Inflation zu bekämpfen, sondern auch um ihre Glaubwürdigkeit ringen. Daher wird sie die Zinsen bei drohender Inflationsbeschleunigung deutlicher heraufsetzen als eigentlich notwendig wäre. Die hohen Zinsen belasten die konjunkturelle Entwicklung, die Arbeitslosenzahlen steigen.

Positivszenario: Die harte Währungsunion

Bleibt der Euro hart, müßten deutsche Anleger nicht um ihr Geld fürchten. Weder die Zinsen noch die Inflation dürften allzu stark steigen. Bei diesem Szenario dürften die Vorteile der Währungsunion rasch überwiegen.

Inflation

Die Inflationsraten der Teilnehmerländer bewegen sich weiter auf einem ähnlich niedrigen Niveau. Einen kleinen Preisschub von 1 bis 2 Prozent wird es durch die Umstellung geben: Die Preise geraten durch die Um-

Wenn es in der Währungsunion kriselt: Die Folgen für Anleger

- Wer sein Geld in D-Mark-Zinspapieren angelegt hat, dürfte herbe Verluste erleiden. Die steigenden Zinsen sorgen dafür, daß die Kurse in den Keller sacken. Die Anleger verlangen eine Risikoprämie in Form höherer Zinsen.
- Die Besitzer von Fremdwährungen frohlocken. Dollar, Schweizer Franken und britisches Pfund steigen, da sie von ihrer Rolle als Fluchtwährungen profitieren.
- Wer ein Heim sein eigen nennt, profitiert von Wertsteigerungen, besonders in den Ballungsgebieten. Die Immobilienmärkte erleben einen Nachfrageboom. Die Anleger wollen das schwache Geld in das sichere Dach über dem Kopf stecken. Allerdings steigen die Zinsen drastisch, so daß manchen Bauherren oder Käufern die Finanzierung platzt.
- Aktien dürften nach einer kurzen Schwächephase, die von den Zinsunruhen ausgelöst wird, wieder steigen. Die Unternehmen profitieren von den besseren Exportaussichten.
- Auch Gold könnte eine Renaissance als sicherer Hafen erleben. Allerdings dürfte dies nur von kurzer Dauer sein. Mittel- bis langfristig leidet der Markt weiter unter den Goldverkäufen der Notenbanken.

rechnung in Euro in Bewegung. Die meisten Produzenten und Einzelhändler werden die Umrechnung auf den Euro zu einer Preiserhöhung nutzen. Allerdings dürfte der Wettbewerb über kurz oder lang dafür sorgen, daß die Preise wieder gesenkt werden. Die Europäische Zentralbank wird einen strikten Anti-Inflations-Kurs fahren, um das Vertrauen der Finanzmärkte zu erwerben.

Zinsen

Im Vergleich zu den vorherigen D-Mark-Zinsen werden die Euro-Zinsen etwas höher liegen: Der kurzfristige Preisschub sorgt für Unruhe, und die

Droht eine höhere Inflation?

In der ersten Zeit nach dem Start der Wirtschafts- und Währungsunion könnte es durchaus zu einem Inflationsschub kommen. Mittel- und langfristig jedoch dürfte die Inflationsgefahr gering sein. Schon seit Jahren sinken weltweit die Preissteigerungsraten:

- Die Globalisierung sorgt für weltweiten Wettbewerb. Die einstmals beherrschenden und preissetzenden Unternehmen aus den Industrieländern sehen sich kostengünstiger arbeitender Konkurrenz aus Fernost und Osteuropa ausgesetzt. Sie können ihre Preise nicht mehr so leicht erhöhen. Bei zu hohen Preisen drohen ihnen empfindliche Absatzverluste.
- Der globalisierte Kapitalmarkt zwingt die Länder zu einer soliden Haushalts- und Wirtschaftspolitik. Instabilität und Inflation lassen sofort das Zinsniveau steigen.
- Der Vertrag von Maastricht garantiert eine unabhängige Zentralbank. Der Stabilitäts- und Wachstumspakt sieht Sanktionen für unsolide wirtschaftende Länder vor.
- Die Zeiten einer Wirtschaftspolitik, die Inflation in Kauf nimmt, sind vorbei. Geldmengenschübe können höchstens kurzfristig die Wirtschaft beleben. Sobald die Bürger merken, daß mehr Geld zu höheren Preisen führt, steuern sie gegen. Die Wirkung des Geldschubes verpufft.

Finanzmärkte verlangen einen Risikozuschlag. Die deutschen Zinsen werden voraussichtlich um rund 0,3 bis 0,5 Prozentpunkte steigen. Um so schnell wie möglich Vertrauen in ihre Entschlossenheit und Unabhängigkeit zu schaffen, wird die Europäische Zentralbank eher zu hohen als zu niedrigen Leitzinsen neigen. Damit hält sie die Inflation in Schach.

Wechselkurse

Der Euro erweist sich zunächst als stark. Der harte Euro wird – falls alles planmäßig verläuft – an den Finanzmärkten schnell Vertrauen finden. Er

Hartwährungsunion: Die Folgen für Anleger

- Wer in D-Mark-Zinspapieren angelegt hat, dürfte nur geringe Verluste erleiden. Die Euro-Zinsen werden leicht höher liegen, der Kurs der Anleihen leidet daher ein wenig. Der Anleger sollte also in nicht zu lange Laufzeiten investieren: Drei bis fünf Jahre sind genug.
- Die Besitzer von Fremdwährungen stehen unterschiedlich da. Der Schweizer Franken wird verlieren, da die Anleger aus der niedrig verzinslichen eidgenössischen Währung in den offenbar stabilen Euro zurückkehren. Das britische Pfund wird sich nach einer Übergangsphase auf niedrigerem Niveau stabilisieren, da der Fluchtwährungs-Bonus wegfällt.
- Eine interessante Spekulation sind ECU-Anleihen. Dort haben die Weichwährungen wie ECU, Peseta oder Drachme ein Gewicht von 13 Prozent. Die Zinsen sind daher höher als in der D-Mark. Mit Beginn der Währungsunion werden ECU 1 zu 1 in Euro getauscht.

- Immobilienbesitzer müssen weiter auf größere Wertsteigerungen warten. Im Gegenteil fällt die Stütze des Marktes durch die Euro-Angst weg. Kurzfristig müssen Verluste hingenommen werden.
- Das Zeitalter des Goldes als Anlagewährung ist nun beendet. Fluchtphantasien entfallen, der Markt leidet unter den Goldverkäufen der Notenbanken.
- Aktien profitieren am stärksten von der harten Währungsunion. Die Exportunternehmen sparen die Kosten für den Devisenumtausch und die Kursabsicherung. Die deutschen Exportunternehmen müssen nicht mehr mit den Unternehmen anderer Länder über die Währung konkurrieren. Bisher konnten Staaten wie Italien ihren Unternehmen durch Abwertungen Preisvorteile verschaffen. Kursgewinne versprechen vor allem Aktien der Exportbranchen Chemie, Autos oder Maschinenbau.

wird schnell anstelle der D-Mark als Reservewährung akzeptiert werden. Allenfalls in der Unsicherheitsphase am Anfang wird er gegenüber Dollar und Yen zur Schwäche neigen. Er wird vermutlich sogar von der Prä-Währungsunion-Kapitalflucht profitieren, da die mit ihrem Geld in Schweizer Franken oder Dollar geflohenen Anleger nun zurückkehren.

Schreckensszenario: Das Platzen der Währungsunion

Ein Platzen der Währungsunion ist immer noch möglich. Sozialpolitische Unruhen, eine sich verschärfende Rezession und steigende Arbeitslosigkeit könnten die Politiker zur Umkehr zwingen. Schließlich stehen im September 1998 in der Bundesrepublik Wahlen an – und der Euro ist nicht gerade ein Wahlkampfschlager.

Je später die Währungsunion platzt, desto größer dürfte der Schaden sein. Der Vertrauensverlust an den Finanzmärkten wäre mit jedem Monat, den der Januar 1999 näherrückt, größer.

Platzt die Währungsunion, dürfte es unmittelbar zu einer Aufwertung der D-Mark kommen. Die Anleger werden aus den schwachen EU-Währungen zurück in die D-Mark flüchten. Die D-Mark ist die Ankerwährung Europas. Die Währungen der ehemaligen Kandidaten für die Währungsunion dagegen verlieren den Euro-Bonus sofort. Das Vertrauen in die Anstrengung, die Stabilitätskriterien von Maastricht zu erfüllen, wäre wie weggeblasen. Die Zinsen der betroffenen Länder steigen. Allerdings würden sich die Zinsen vermutlich langfristig wieder annähern.

Eine andere Wirkung des Scheiterns der Währungsunion könnte sogar fatal sein: Der Maastricht-Vertrag hat die EU-Länder in den vergangenen Jahren auf einen rigiden Sparkurs gezwungen. Dies hat die Rezession in vielen Ländern verschärft. Doch nicht allein Maastricht, auch die Krise des Sozialstaates und die hohen Staatsschulden haben die Wende herbeigeführt.

Platzt nun die Währungsunion ist der Zwang zum Sparen nicht mehr vorhanden. Die Staatsschulden steigen wieder, die Zinsen würden explodieren und die Wirtschaft lähmen.

Platzen der Währungsunion: Die Folgen für Anleger

- Wer in Sparbücher oder Festgeld investiert hat, muß keine Auswirkungen fürchten. Unabhängig vom Euro ist dies aber keine empfehlenswerte Anlage.
- Wer als Anleger sein Geld in D-Mark-Zinspapiere investiert hat, kommt gut weg: Die Kurse der Anleihen steigen.
- Wer in Fremdwährungen investierte, muß Verluste hinnehmen. Der Zinsabstand zwischen D-Mark und den fremden Devisen würde größer.
- Am schlimmsten dürfte es Anleger treffen, die in Schweizer Franken geflüchtet sind. Ein Scheitern der Währungsunion würde der Überbewertung des Franken sofort ein Ende setzen. Die Anleger müßten herbe Verluste wegstecken.
- Der Dollar-Anleger dagegen kann auch das Scheitern des Euros gelassen zur Kenntnis nehmen. Die amerikanische Währung bleibt unangefochten die Weltreservewährung Nummer 1.
- Die deutschen Aktien würden stark unter Druck geraten. Eine stärkere D-Mark reduziert die Wettbewerbsfähigkeit der deutschen Unternehmen im Ausland. Sie werden zu weiteren Restrukturierungen und Einsparung gezwungen. Besonders Exportunternehmen müßten geringere Erträge verkraften.
- Europäische Aktien würden steigen, besonders in Frankreich und Italien. Der schwächere Wechselkurs der eigenen Währung sorgt bei den Unternehmen dieser Länder für Gewinnsprünge.

Ein Scheitern der Währungsunion würde den Prozeß der europäischen Integration um Jahre zurückwerfen. Die Osterweiterung der EU würde in Frage gestellt.

Pro und contra Maastricht

Seit Dezember 1991 tobt in Deutschland und ganz Europa die Debatte um die Europäische Währungsunion.

Die Argumente der Befürworter

Die Befürworter von Maastricht haben im wesentlichen neun Argumente:

1. Europa als politische und wirtschaftliche Einheit

Die Europäische Union wird als Friedensordnung für das 21. Jahrhundert gestärkt. Der Euro ist ein Katalysator der politischen Einigung. Durch die gemeinschaftliche Währung werden die europäischen Staaten näher aneinander geführt.

Weltweit entstehen große Wachstumszentren durch Wirtschaftsunion. In Nordamerika haben sich die USA, Kanada und Mexiko zur Freihandelszone NAFTA zusammengeschlossen. Im asiatisch-pazifischen Raum entstehen regionale Wirtschaftsorganisationen wie APEC oder ASEAN.

2. Vollendung des Binnenmarktes

Die Währungsunion vollendet den europäischen Binnenmarkt, der Anfang 1993 gestartet wurde. Die unterschiedlichen Währungen erweisen sich als Handelshemmnis und verhindern die volle Entfaltung der Kraft des Binnenmarktes. Die EU-Länder sind gegenseitig die wichtigsten Handelspartner. Dieser Markt muß nun durch eine gemeinsame Währung vollendet werden, sagen die Euro-Befürworter.

3. Wirtschaftliche Stabilität in Europa

Ein Stabilitätseuropa entsteht. Die Maastrichter Kriterien sorgen für eine bisher nie gesehene Stabilität. Nicht einmal Deutschland kann die Konvergenzkriterien derzeit erfüllen. Die Gefahren einer importierten Inflation sind in einem großen Währungsraum weit geringer als in einem kleinen. Die Unabhängigkeit und Stabilitätsverpflichtung der Europäischen Notenbank ist im Maastrichter Vertrag noch stärker verankert als im Bundesbankgesetz. Das Bundesbankgesetz ist ein einfaches Gesetz, das jederzeit geändert werden kann. Die Unabhängigkeit der Europäischen Zentralbank dagegen wird durch den Maastrichter Vertrag garantiert, der ein völkerrechtlicher Vertrag mit Verfassungsrang ist.

4. Mehr Handel

Eine gemeinsame Währung fördert den Handel zwischen den Mitgliedsstaaten und den Kapitalverkehr. Die Zahlungsbilanzproblematik entfällt: Geriet bislang ein Land in ein außenwirtschaftliches Defizit, wurde die Währung an den Finanzmärkten geschwächt. Importpreise und Inflation stiegen. Dieser Effekt fällt nun weg.

Wenn der Handel erleichtert wird, werden die Märkte größer, viele Monopole und Quasi-Monopole werden beseitigt. Der Wettbewerb intensiviert sich. Davon profitieren die Verbraucher: Die Auswahl wird größer, die Preise sinken, oder die Qualität wird besser – meist sogar beides. In dem größeren Markt können sich die Produzenten stärker spezialisieren. Die Produktion gewinnt mehr Volumen und wird dadurch kostengünstiger.

Allerdings dürfte die Öffnung der Märkte und die intensivere Konkurrenz kurzfristig einige Unternehmen in Schwierigkeiten bringen. Die Arbeitslosigkeit könnte steigen. Doch die Produktivitätssteigerungen sind langfristig viel vorteilhafter. Sie machen die Wirtschaft effizienter und wettbewerbsfähiger. Unter dem Strich werden langfristig mehr Arbeitsplätze geschaffen als vernichtet.

5. Geringere Transaktionskosten

Die Transaktionskosten werden reduziert. Der teure und umständliche Umtausch von Währungen entfällt. Die EU-Kommission schätzt, daß eine einheitliche Währung zwischen 25 und 40 Milliarden DM pro Jahr einspart. Das sind etwa 0,4 Prozent des Bruttoinlandsprodukts der EU. Auch im Export- und Importgeschäft mit Staaten außerhalb der EU dürften die Kosten sinken. Der Euro wird auch im Ausland als Fakturierungswährung dienen, also als Währung, in der die Rechnungen im internationalen Wirtschaftsverkehr ausgestellt werden. Besonders kleine und mittlere Unternehmen sollen von den geringeren Transaktionskosten profitieren. Der Verbraucher kann sich immerhin im Europa-Urlaub den Geldumtausch und die Gebühren dafür sparen.

6. Wachstumsimpuls

Der Wegfall des Wechselkursrisikos sorgt für einen Wachstumsimpuls. Stabile Wechselkurse schaffen ein günstigeres Klima für Investitionen, Unternehmen können auf sicherer Grundlage kalkulieren. Die stärkere Integration der Waren- und Kapitalmärkte soll nach Schätzung der EU-Kommission zwei Prozentpunkte mehr Wachstum pro Jahr bringen.

Bisher fällt das Wechselkursrisiko vor allem bei langfristigen Verträgen ins Gewicht. Schwankende Wechselkurse sind ein Handelshemmnis. Die langfristigen Verträge über die Warenlieferung von einem Staat in den anderen sind stets dem Risiko ausgesetzt, daß sich die Kurse der beiden Währungen bis zum Liefertermin ändern.

Wer beispielsweise vor der Pfund-Abwertung 1992 Waren nach Großbritannien verkaufte, hatte plötzlich 20 Prozent weniger als er kalkuliert hatte. Seit Sommer 1992 hätten die Wechselkursschwankungen innerhalb der EU das deutsche Wirtschaftswachstum um rund 0,23 bis 0,5 Prozentpunkte gebremst, so eine Studie der EU. Rund 60 Prozent der deutschen Exporte gehen in die EU.

Gegen das Wechselkursrisiko sichern sich die Firmen heute mit Kurssicherungsgeschäften ab. Das kann über Devisenterminkontrakte geschehen oder auch über die frühzeitige Einzahlung der fälligen Rechnungssumme in der Fremdwährung auf ein Währungskonto.

Die gesamten Kosten für Kurssicherung und Umtausch innerhalb der EU werden von der EU-Kommission auf 0,5 Prozent des Bruttoinlandsprodukts geschätzt. Das sind rund 47 Milliarden DM. Die kleineren EU-Staaten mit einem starken Außenhandel – vor allem die Benelux-Länder – müssen rund ein Prozent des BIP für Umtausch und Kurssicherung aufbringen.

7. Ein größerer Kapitalmarkt

Europa erhält mehr Gewicht an den Weltfinanzmärkten. Der Euro steigt neben Dollar und Yen zur dritten Leitwährung auf. Aus dem bisher bipolaren Weltwährungssystem mit Dollar und Yen soll ein tripolares System mit drei Leitwährungen werden. Europa kann seine Devisenreserven bündeln und somit verringern. Nur mit einer einheitlichen Währung – so wie das Vorbild USA – kann Europa auf Dauer im Weltkonzert mitspielen. Allerdings hat die Funktion als Leitwährung nicht nur Vorteile. Der Euro kann schnell zum Spielball von Devisenspekulanten werden, wenn er als Leichtgewicht gilt.

Neben den Warenmärkten werden auch die Kapitalmärkte stärker integriert. Zwischen den Teilnehmern der Währungsunion entsteht dank der gemeinsamen Währung ein gemeinsamer Kapitalmarkt.

Mit dem Euro entsteht der zweitgrößte Rentenmarkt der Welt. Er liegt in Volumen und Liquidität nur wenig hinter dem amerikanischen Markt zurück.

Die Auswahl für Anleger wird größer. Heute müssen die Käufer von ausländischen Aktien oder Anleihen immer auch das Währungsrisiko in Kauf nehmen. In der Währungsunion entscheiden allein die Zinsen, Bonität oder Qualität eines Unternehmens über die Investition. Das Kapital geht dorthin, wo es den höchsten Ertrag bringt. Der höchste Ertrag kann aber nur gezahlt werden, wenn das Kapital auch am produktivsten eingesetzt wird.

8. Sinkende Zinsen

In der Währungsunion werden die Zinsen sinken. Nur kurzfristig ist wegen des erst noch zu bildenden Vertrauens in den Euro mit steigenden Zinsen zu rechnen. Die Inflation ist geringer und wird auch dauerhaft niedrig bleiben. Wegen der stabilen Wechselkurse fallen die Risikozuschläge für das größere Risiko einzelner Währungen weg. Kapital für Unternehmen wird billiger. Die EU-Kommission rechnet mit einem Sinken des Risikozuschlages auf die Zinsen um einen halben Prozentpunkt. Dank billigerer Kredite lohnen Investitionen eher: Die Wirtschaft könnte fünf bis zehn Prozent höhere Wachstumsraten aufweisen.

Internationale Reservewährungen genießen einen Zinsbonus an den Kapitalmärkten. Die D-Mark stellt heute etwa 14 Prozent der weltweit gehaltenen Devisenreserven der Notenbanken. Das entspricht etwa dem ökonomischen Gewicht Deutschlands in der Weltwirtschaft. Das Gewicht einer Kernwährungsunion ist etwa doppelt so hoch. Der Euro ist zugleich geschützter gegen internationale Großspekulationen als die einzelnen europäischen Währungen im EWS.

9. Vorteile für Deutschland

Die Währungsunion ist für Deutschland vorteilhaft. Die deutsche Wirtschaft wickelt fast zwei Drittel ihres Außenhandels mit EU-Staaten ab. Fast jeder vierte Arbeitsplatz hängt vom Export ab. Deutschland ist die mit Abstand größte Handelsnation in Europa. Deutschland braucht berechenbare Wechselkurse und offene Märkte. Ohne Währungsunion drohen der D-Mark Aufwertungen, die Arbeitsplätze gefährden. Denn auf eine stärkere D-Mark müssen die Unternehmen mit Rationalisierungen reagieren.

Die Befürworter der Währungsunion hoffen zugleich auf eine größere internationale Stabilität. Davon sollen besonders die deutschen Exportunternehmen profitieren. Sie waren lange Zeit betroffen von der Aufwertung der D-Mark. Dadurch wurden ihre Produkte im Ausland immer teurer. Die Unternehmen mußten ihre Kosten drastisch senken und viele Arbeitsplätze abbauen.

Früher konnten die nominalen Aufwertungen der D-Mark schnell wieder wettgemacht werden, da die Inflationsraten im Ausland weit höher waren als in der Bundesrepublik. Doch seit europaweit ein neues Stabilitätsdogma vorherrscht, sind die Inflationsraten allerorten deutlich gesunken. Eine nominale Aufwertung der D-Mark kommt heute praktisch einer realen Aufwertung gleich – und kann nicht mehr durch den Unterschied in den Inflationsraten ausgeglichen werden.

Anfang 1995 flohen die Anleger aus dem Dollar in D-Mark und Yen, als die Mexiko-Krise das Vertrauen in die USA erschütterte. Doch D-Mark und Yen haben nicht genügend Volumen, um eine Rolle als Weltreservewährung zu spielen. Auf die USA entfallen gut 20 Prozent des Weltsozialprodukts, auf Japan neun Prozent und auf Deutschland nur fünf Prozent.

Welche Folgen hat die Abschaffung der Wechselkurse für die Volkswirtschaften?

In der Währungsunion wird die Geldpolitik europäisiert. Der Wechselkurs als Anpassungsinstrument verschwindet. Was passiert nun, wenn der Absatz eines für die Region wichtigen Gutes zurückgeht? Mitarbeiter müssen entlassen werden, Arbeitslosigkeit entsteht, das Land lebt über seine Verhältnisse. Das Leistungsbilanzdefizit wächst. Bisher, also im Zustand vor der Währungsunion, konnte mit einer Abwertung die Wettbewerbsfähigkeit wiedergewonnen werden. Die schwächere eigene Währung machte das Produkt im Export billiger und sorgte damit für mehr Absatz.

Nun müssen die Länder neue Mechanismen anwenden. Leider gibt es nur drei:

- Löhne senken,
- Abwanderung in reichere Regionen,
- Das Leistungsbilanzdefizit wird durch Finanztransfers aus reicheren Ländern ausgeglichen.

Diese Ausgleichssysteme gibt es in allen funktionierenden Währungsunionen – nur in Europa noch nicht. In den USA beispielsweise ist die Mobilität der Arbeitnehmer (also ihre Umzugsbereitschaft) weit größer als in Europa. Wenn sie in ihrer Region keinen Job finden, ziehen sie dorthin, wo es Arbeit gibt. Auch die Löhne sind weit flexibler. Europa dagegen droht vor allem das Instrument der Finanztransfers einzusetzen. Die reichen Länder, also allen voran die Bundesrepublik, werden voraussichtlich die wirtschaftlich schwachen Staaten stützen müssen.

„Im Frühjahr 1995 entwertete eine massive D-Mark-Aufwertung unsere Effizienzsteigerungen quasi über Nacht", so Daimler-Benz-Vorstand Manfred Gentz. Mit dem Euro fallen die unberechenbaren Wechselkursausschläge weg. Bereits eine kleine Währungsunion mit sechs Ländern würde das heimische Währungsgebiet für Daimler-Benz um fast 50 Prozent vergrößern.

Hinter dem Euro würde der größte zusammenhängende Wirtschaftsraum der Welt stehen. Die Europäische Zentralbank könnte mächtiger sein als die Bundesbank. Sie verfügt obendrein über mehr Devisenreserven als die Frankfurter Währungshüter.

10. Vorteile für Verbraucher

Die Verbraucher profitieren von der Währungsunion. Die Preise sind nun über die Grenzen hinweg leicht vergleichbar. Die Preistransparenz sorgt für mehr Wettbewerb. Urlauber sparen die Umtauschkosten. Viele Produkte werden billiger, weil die Kosten für Währungsumtausch und Kurssicherung wegfallen.

Die Argumente der Gegner

Gleich nach der Unterzeichnung des Maastrichter Vertrages meldeten sich in der Bundesrepublik 60 Professoren der Volkswirtschaft zu Wort und sprachen sich in einem Manifest gegen die dritte Stufe der Wirtschafts- und Währungsunion aus. Das sorgte für den Eindruck, daß die Mehrheit der Wirtschaftswissenschaftler gegen den Euro sei. Erst im August 1997 meldete sich eine ähnliche Zahl von Euro-Befürwortern zu Wort.

Den Höhepunkt erreichte der Streit, als die vier Professoren Wilhelm Hankel, Wilhelm Nölling, Karl-Albrecht Schachtschneider und Joachim Starbatty am 12. Januar in Karlsruhe eine Verfassungsbeschwerde einreichten. Sie argumentierten, der Euro habe wegen des mangelnden wirtschaftlichen und sozialen Gleichklangs in Europa derzeit keine Chance, eine stabile Währung zu werden. Sie sahen ein „Bürgerrecht auf Eigentum und Preisstabilität" verletzt. Erwartungsgemäß wurde die Klage aber im März 1998 vom Verfassungsgericht aus juristischen Gründen abgewiesen.

Auch im Ausland hat die Währungsunion viele Gegner – wenn auch meist mit anderen Argumenten ausgestattet. Die wichtigsten Argumente der deutschen Maastricht-Gegner lauten:

1. Der Euro droht instabil zu werden.

Eine einheitliche Währung mehrerer selbständiger Staaten kann nicht so stabil sein wie die D-Mark. „Es ist in der Vergangenheit noch nie gelungen, dauerhaft eine Einheitswährung für eine Gruppe von Ländern zu etablieren, die ihre nationale Souveränität behalten haben", die Wirtschaftswissenschaftlerin Renate Ohr. „Eine funktionierende gemeinsame Währung erfordert zuvor oder gleichzeitig eine politische Einheit." Aus der Europäischen Union droht eine Inflationsgemeinschaft zu werden.

2. Dem Euro fehlt das Vertrauen der Bevölkerung.

Alle Umfragen zeigen in den meisten EU-Ländern eine deutliche Ablehnung des Euro. Eine Währung aber braucht das Vertrauen der Bevölkerung. Dieses Vertrauen fehlt dem Euro.

3. Die Stabilitätskriterien werden aufgeweicht.

Der feste Termin für den Start der Währungsunion wird die Konvergenzkriterien verwässern, da die Länder alle Hintertürchen im Jahr 1997 genutzt haben. Die Teilnehmerstaaten opfern die wirtschaftliche Stabilität für das Diktat des Termins.

4. Die Euro-Einführung 1999 verschärft die Spannungen in Europa.

Die zu schnelle Einführung der einheitlichen Währung verschärft die wirtschaftlichen und sozialen Unterschiede innerhalb Europas. Eine erfolgreiche Wirtschafts- und Währungsunion erfordert eine Angleichung der Wirtschaftsstrukturen der Teilnehmerländer über Jahre hinweg. Wer nur zu einem Stichtag die Kriterien erfüllt, hat noch nichts bewiesen.

5. Eine gemeinsame Geldpolitik ist noch nicht möglich.

Eine erfolgreiche einheitliche Geldpolitik ist wegen der wirtschaftlichen und sozialen Unterschiede innerhalb der Währungsunion gar nicht möglich. Eine Geld- und Währungspolitik kann nur in Verbindung mit der

Wirtschafts- und Finanzpolitik sowie dem Verhalten der Gewerkschaften und Arbeitgeber bei Lohnverhandlungen erfolgreich sein. Doch dieser Bereich wird im Maastrichter Vertrag nicht berührt. Die Finanz- und Haushaltspolitik ist das einzige Steuerungsinstrument, das bei den nationalen Regierungen verbleibt. Die Versuchung ist daher groß, sich zu verschulden, denn wenn Zinsen und Inflation steigen, betrifft dies den ganzen Währungsraum. Die Sanktionen, die der Maastrichter Vertrag gegen „übermäßige Defizite" vorsieht, reichen nicht aus, um eine Stabilitätspolitik der einzelnen Länder zu garantieren.

6. Der Euro führt zu einem ruinösen Standortwettbewerb.

Schon heute tobt die Standortdebatte in der Bundesrepublik. Mit Beginn der Währungsunion dürfte sie sich noch verschärfen. Der Konkurrenzkampf um das Kapital wird zunehmen. Die Unternehmen sind heute mobil: Sie investieren dort, wo ihre Märkte sind und sie die besten Bedingungen finden. Wichtige Faktoren sind neben Infrastruktur und Arbeitskräften die Löhne, Steuern und Abgaben.

Mit der Währungsunion könnte sich auch der Wettbewerb um unsere reichen Mitbürger verschärfen. Schon heute ziehen Tennisspieler, Formel-1-Stars oder Showmaster ins benachbarte Ausland. Auch Unternehmer wie Karl Friedrich Flick oder Manager wie Ex-AMB-Chef Helmut Gies ziehen ein Dasein als Steuerflüchtling den hohen deutschen Abgaben vor.

Für die Unternehmen fällt bei der Wahl des Standorts das Kriterium Wechselkurs innerhalb der Währungsunion künftig weg. Es drohen keine Abwertungen mehr, die die Rechnung erheblich durcheinander bringen können. Die reine Kostenrechnung rückt nun ins Zentrum.

Die Steuern für Unternehmen dürften also langfristig sinken, da jede Regierung Neuansiedlungen die besten Bedingungen bieten will. Auch in Deutschland wurde die Körperschaftsteuer für Unternehmen bereits von 53 auf 45 Prozent gesenkt. Neuansiedlungen werden Subventionen erhalten – sei es billiges Grundstück oder Steuerbefreiung auf Zeit. Wer sich als Finanzplatz etablieren will, verzichtet auf die Zinsbesteuerung.

Die Steuern für Arbeitnehmer dagegen dürften zum Ausgleich eher weiter steigen: Irgendwoher muß der Staat schließlich sein Geld bekommen.

7. In der Währungsunion drohen hohe Finanztransfers.

Die Teilnehmerstaaten geben im Euro-Verbund währungspolitische Flexibilität auf. Die Staaten können nicht mehr über den Wechselkurs Exporte fördern oder importierte Inflation bremsen. Für die wirtschaftlich schwächeren Länder führt der Verlust dieses Instrumentes zu einer schärferen Konkurrenz durch die stärkeren Länder. Da sie weniger produktiv und wettbewerbsfähig sind, steigt die Arbeitslosigkeit. Tiefgreifende soziale Spannungen können nur durch hohe Transferzahlungen – also einen EU-Finanzausgleich – vermieden werden.

8. Europa ist noch nicht reif für die Währungsunion.

Es gibt gar keinen Grund, unbedingt eine Währungsunion einzuführen. Europa ist wirtschaftlich, sozial und in seinen Interessen noch längst nicht integriert. Die schwächeren Länder werden Wettbewerbsnachteile hinnehmen müssen. Das Instrument der Abwertung entfällt. Die Löhne in diesen Ländern werden aber schneller steigen als die Produktivität.

Die regionalen Unterschiede innerhalb der Europäischen Union sind immer noch groß. Die einzelnen Länder und sogar die Regionen innerhalb der Länder entwickeln sich sehr unterschiedlich. Heute sind Lebensstandard, Produktivität und Löhne ungleich.

Im Norden der EU finden sich die großen wohlhabenden Ballungszentren. Dieses Gebiet reicht von Norditalien über das Rheinland und Nordost-Frankreich bis nach Süd-England. Diese traditionellen Zentren werden im EU-Deutsch „Banane" genannt.

Die neuen Wachstumszentren finden sich in dem Gebiet von der Toskana über die italienische Riviera und französische Côte d'Azur bis in den Nordosten Spaniens. Wegen seiner Klimas und der Nähe zum Mittelmeer wird diese Wachstumsregion „Sonnengürtel" genannt.

Um diese beiden Wachstumszonen herum findet sich die „Peripherie". Dort sind die Wachstumsraten geringer. Besonders problematisch sind die Regionen im Süden der EU. In Südspanien, Süditalien, Portugal und

Griechenland dominiert die Landwirtschaft, die Industrialisierung läßt noch auf sich warten. Zu den Hoffnungsregionen zählt Irland, das in den vergangenen Jahren mit Wachstumsraten von sieben Prozent deutlich aufholen konnte.

Nach einer Untersuchung der Dresdner Bank hätte bei einer kleinen Währungsunion mit Frankreich, Deutschland, Belgien, Niederlande, Österreich, Luxemburg und Dänemark der größte Einkommensunterschied zwischen Dänemark und den Niederlanden bestanden. Die Relation wäre aber lediglich 1,3 zu 1. Das entspricht dem Unterschied zwischen manchen benachbarten Bundesländern. Bereits mit Irland als zusätzlichem Teilnehmerland, beträgt die Spanne 2 zu 1. Mit den südeuropäischen Ländern vergrößert sich das Gefälle auf fast 4 zu 1.

Die Wohlstandsunterschiede dürften sich in der Währungsunion noch vergrößern. Von der einheitlichen Währung profitieren zuerst die großen Ballungszentren im Norden: Sie bieten die Infrastruktur, qualifizierte Arbeitskräfte, Märkte mit großer Kaufkraft und die Anbindung an gutpositionierte Produktionsunternehmen und Dienstleister.

Die „Peripherie" dagegen droht in die Armut zu versinken – unabhängig davon, ob das Land zu den Mitgliedern der Währungsunion gehört oder nicht. Wer nicht dabei ist, dem drohen Abwertung der eigenen Währung und eine Kapitalflucht der Anleger. Die Zinssätze dürften deutlich steigen, was das Wirtschaftswachstum noch weiter bremst.

Längst hat sich schon heute die Wirtschaftsentwicklung in der EU geteilt. Das Wirtschaftswachstum der Kernländer Frankreich, Deutschland, Benelux, Österreich und Dänemark läuft weitgehend parallel. Die Wirtschaft dieser Länder ist untereinander eng verflochten. Die Entwicklung der Peripherie dagegen kann ganz anders verlaufen.

Entscheidend wird sein, ob die Währungsunion langfristig auch das Wachstum in den wirtschaftlich schwächeren Ländern fördern kann. Die Erfahrung mit dem gemeinsamen Binnenmarkt seit Anfang 1993 macht Mut: Die „Kohäsionsländer" Irland, Spanien, Portugal und Griechenland erhalten Gelder aus dem Kohäsionsfonds, einen Finanztopf, der das Zusammenwachsen innerhalb der EU fördern soll, vor allem um Infrastrukturprojekte zu finanzieren. Diese Unterstützungszahlungen laufen allerdings mit dem Beginn der Währungsunion 1999 aus. Doch ohne einen neuen Kohäsionsfonds dürfte die Einheit der EU nicht aufrechtzuerhalten sein.

9. Die D-Mark ist heute schon stark genug.

Die D-Mark genießt schon heute den Vorteil einer internationalen Anlagewährung, die daher niedrige Zinsen hat. 80 Prozent des deutschen Exports und 55 Prozent der Importe werden in D-Mark fakturiert.

Der Euro wird die Rolle des Dollar als internationale Leitwährung nicht angreifen können, solange ihm die Stabilität und das Vertrauen fehlen. Hinter dem Euro steht keine homogene Staatengemeinschaft.

10. Der Euro kostet viele Milliarden.

Die Umstellung auf Euro ist mit hohen Kosten verbunden. Dies sorgt für einen Preisschub, der das Wirtschaftswachstum drückt. In Deutschland werden die steigenden Zinsen ebenfalls das Wachstum belasten. Die Arbeitslosigkeit wird sich also eher noch verstärken.

Der Maastrichter Vertrag wurde von der Bundesrepublik in einigen Punkten schlampig ausgehandelt. Nicht gesehen wurde offenbar, daß die Einführung des Euro auch den Bundesbankgewinn reduzieren wird. Wie viele Milliarden es sein werden, ist noch unklar. Die Schätzungen reichen von 25 bis zu mehr als 100 Milliarden DM allein in den ersten Jahren der Währungsunion.

Der Grund für den geringeren Gewinn: Mit Beginn der Währungsunion müssen die Überschüsse der nationalen Notenbanken an die Europäische Zentralbank weitergegeben werden. Dieser Betrag wird später unter den Mitgliedsstaaten nach Bevölkerungszahl und Wirtschaftsleistung geteilt. Die Deutschen schneiden dabei besonders schlecht ab: Sie erhalten weit weniger als sie einzahlen.

Derzeit profitiert die Bundesbank von dem hohen Bargeldumlauf der D-Mark. Sie ist als Parallelwährung in Osteuropa und Rußland sehr beliebt und als internationale Reservewährung geschätzt. Rund ein Drittel des gesamten Bargeldumlaufs in der EU entfällt auf D-Mark.

Zweite Gewinnquelle sind die Mindestreserven, die die deutschen Geschäftsbanken bei ihr zinslos unterhalten müssen. Außerdem gibt die Notenbank den Geschäftsbanken Kredit. Sie erhält dafür verzinsliche Wertpapiere. Der Zinsertrag daraus ist um so höher, je größer das Volumen der Wertpapiere ist und je höher ihre Renditen sind. Ein schwacher Trost: Auch Italien und Spanien werden jeweils mehr als sieben Milliarden DM verlieren.

Allerdings läßt der Maastrichter Vertrag eine Übergangslösung über fünf Jahre zu. 1999 müssen die Notenbank nur 40 Prozent ihrer Geldschöpfungsgewinne an die EZB übertragen. In den Jahren danach erhöht sich dieser Anteil jährlich um zwölf Prozentpunkte. Im Jahr 2004 erreicht er 100 Prozent. Wird diese Möglichkeit genutzt, verringert sich der entgangene Gewinn auf 17,5 Milliarden DM.

Die Ausnutzung der Maastrichter Spielräume muß der EZB-Rat mit einer qualifizierten Mehrheit beschließen. Bei dieser Abstimmung haben die Direktoriumsmitglieder kein Stimmrecht. Die Stimmen der Notenbankgouverneure werden nach EZB-Kapitalanteilen gewogen. Dies verbessert die Chancen der Bundesbank, deren Anteil hoch ist.

Nach dem Start der Währungsunion

Der Vertrag von Maastricht regelt detailliert den Start der Währungsunion: Er beschreibt, welche Bedingungen die Teilnehmerländer erfüllen müssen und wie der Übergang zu bewerkstelligen ist. Doch die Zeit nach der Währungsunion läßt er aus. Das sorgt für viele Unsicherheiten.

Der Euro-Finanzausgleich: Rasantes Ausgabenwachstum

Die Europäische Union braucht wie jeder föderal organisierte Staat ein System des Finanzausgleichs. Der Finanzausgleich mildert die größten

Differenzen in der Wirtschaftskraft und im Lebensstandard der Länder. Er verhindert politische und soziale Spannungen.

Schon heute hat die EU ein Transfersystem. Es gibt eine Reihe von Finanztöpfen bei Entwicklungs-, Struktur- und Regionalfonds. Allerdings entspricht dieses System noch nicht dem deutschen Finanzausgleich:

- In Deutschland soll der Finanzausgleich „einheitliche Lebensverhältnisse schaffen. In der EU dagegen sollen die Fonds lediglich den „Zusammenhalt" (Kohäsion) fördern. Der Umfang des Finanzausgleichs ist weit geringer.
- In Deutschland dürfen die Empfängerländer über die Mittel frei verfügen. Die Mittel aus den EU-Fonds dagegen müssen bestimmten Aufgaben zugute kommen. Die Empfängerländer müssen bestimmte Anforderungen erfüllen, um die Gelder zu bekommen. Vor allem aber müssen sie sich mit eigenen Geldern in den geförderten Projekten engagieren. Damit will die Kommission vermeiden, daß die Länder lediglich soviel Geld wie möglich kassieren ohne auf eine effiziente Verwendung zu achten.

Die Europäische Union in Brüssel hat nur geringe eigene Einnahmen. Über praktisch alle größeren Summen müssen die Mitgliedsländer im Ministerrat entscheiden. Diese Einnahmesituation dürfte sich nicht grundlegend ändern. Eventuell könnte der EU ein Teil der Mehrwertsteuer zukommen.

Doch wenn die EU mehr eigene Gelder bekommt, müßte die Haushaltskontrolle drastisch verschärft werden. Die Eurokraten zählen nämlich nicht zu den sparsamsten Verwaltern der Welt. Zwischen 1980 und 1996 haben sich die Ausgaben der EU verfünffacht. Deutschland ist der größte Nettozahler: 1996 zahlten die Bundesbürger 45 Milliarden DM an Brüssel; das sind rund 28 Prozent des gesamten EU-Haushaltes von gut 160 Milliarden DM. Von diesem Geld erhält die Bundesrepublik nur rund 19 Milliarden DM zurück. Der Großteil der EU-Ausgaben geht für die Landwirtschaft, Strukturpolitik und die Unterstützung der ärmeren EU-Mitglieder drauf.

Wofür Europa Geld ausgibt **Der Haushalt der Europäischen Union 1996** (Angaben in Prozent)	
Agrarpolitik	47,8
Strukturmaßnahmen und Regionalpolitik	34,0
Außen- und Sicherheitspolitik	6,6
Verwaltung	4,8
Forschung und Entwicklung	3,7
Ausgleichszahlungen	1,0
Sonstige	2,1

Quelle: EU-Kommission

Die Osterweiterung der EU

Nach dem Euro steht der EU gleich die nächste historische Aufgabe bevor: Sie muß die Osterweiterung vollziehen. In dem sogenannten Europa-Abkommen hat sich die EU verpflichtet, Zypern, aber auch einige osteuropäische Staaten in die Union aufzunehmen. Die ersten Osteuropäer – vermutlich Polen, Tschechien und Ungarn – sollen schon bald nach dem Jahr 2000 integriert werden. Doch vorher muß die Gemeinschaft reformiert werden: Mit den osteuropäischen Ländern wird die Agrarpolitik unbezahlbar.

Künftiges Stabilitätsverhalten: Ohne Gewähr

Eine Währungsunion lebt – wie jede andere Verbindung – vom guten Willen der Partner. Besonders gefährlich ist die Verschuldung: Ein Staat könnte sich hoch verschulden. Diese Schuldenlast würde er nicht allein tragen, sondern auch alle anderen Mitgliedsländer der Währungsunion. Denn Inflation und Zinsen steigen im gesamten Währungsraum, der Euro gerät gegenüber den anderen Weltwährungen unter Druck. Alle Folgen sind für den einzelnen geringer als wenn er auf sich allein gestellt wäre. Solange sich die anderen Partner solide verhalten, schlägt das Fehlverhalten einzelner nicht so schnell durch. Dadurch steigt die Versuchung für nationale Regierungen, ihren Wählern zu Lasten anderer Wohltaten zukommen zu lassen.

Wie also sichert sich die Währungsunion das Stabilitätsverhalten seiner Mitglieder nach dem Start 1999 ab?

Der Vertrag von Maastricht sieht drei Mittel vor:

- No-Bail-Out-Klausel. Staatschulden sind allein Sache der Mitgliedsländer. Weder die Europäische Union noch die einzelnen Staaten dürfen für die Schulden anderer EU-Staaten aufkommen (No-Bail-Out-Klausel). Dies steht in Artikel 104b, Absatz 1, des Maastricht-Vertrages. Allerdings schränkt der vorhergehende Artikel 103 diese Klausel bereits ein: Wenn ein Land „aufgrund außergewöhnlicher Ereignisse, die sich seiner Kontrolle entziehen, von Schwierigkeiten betroffen oder von gravierenden Schwierigkeiten bedroht" ist, müssen ihm die anderen Länder beistehen. Welche Fälle dies sind, bleibt unklar. Bei Naturkatastrophen oder Krieg dürfte die Situation eindeutig sein. Wie aber ist es bei einem sprunghaften Anstieg der Zinsen und daraus folgenden Zahlungsschwierigkeiten? Artikel 2 des Maastricht-Vertrages definiert die Währungsunion ausdrücklich als Solidargemeinschaft.
- Keine Kredite von der EZB. Die Europäische Zentralbank und die nationalen Notenbanken dürfen den EU-Staaten keine Kredite einräumen. Dies würde die Inflation anheizen.
- Sanktionen. Ländern, die nach Beginn der Währungsunion die Defizitgrenze von drei Prozent überschreiten, drohen nach dem Maastrichter Vertrag Sanktionen. Das kann öffentlicher Druck durch die Kommission sein, aber auch eine Geldbuße „in angemessener Höhe".

Der „Stabilitäts- und Wachstumspakt": Zwangsmechanismen

Der Bonner Regierung waren die Formulierungen des Maastricht-Vertrags zu wenig aussagekräftig. Ein Land, das ein zu hohes Defizit fährt, mußte lediglich mit einem Rüffel rechnen. Erst nach mehreren Ermahnungen wären Sanktionen möglich gewesen.

Daher wurde eine zusätzliche Übereinkunft getroffen: der „Stabilitäts- und Wachstumspakt", der vom deutschen Finanzminister im Frühjahr 1996 vorgelegt wurde. Im Dezember 1996 einigten sich die Finanzminister der EU in Dublin auf diesen Pakt. Vor allem Frankreich war zunächst dagegen.

Der Stabilitätspakt konkretisiert den Artikel 104c des Maastrichter Vertrages zur „Überwachung der Haushaltslage in den Mitgliedsstaaten". Er beschleunigt das Sanktionsverfahren, wenn ein Euro-Land ein übermäßiges Haushaltsdefizit aufweist. Nach dem Maastrichter Vertrag hätte sich dieses Verfahren über vier Jahre erstreckt, der Stabilitätspakt verkürzt es auf ein Jahr und verstärkt gleichzeitig die Kontrolle der Haushaltspolitik durch Rat und Kommission.

Der Stabilitätspakt untersagt den EU-Staaten praktisch, öffentliche Ausgaben durch Kredite zu finanzieren. Die Länder sind verpflichtet, bei normal laufender Konjunktur fast ausgeglichene Staatshaushalte zu verabschieden, damit sie auch bei leichten konjunkturellen Einbrüchen die Drei-Prozent-Grenze nicht überschreiten.

Die Staatshaushalte unterstehen der Kontrolle durch die Brüsseler EU-Kommission. Sobald ein Haushaltsdefizit von mehr als drei Prozent droht, kommt eine Warnung aus Brüssel. Bei normal laufender Konjunktur soll sogar eine Obergrenze von nur einem Prozent des BIP gelten. Der Gesamtschuldenstand soll also unter die Maastricht-Grenze von 60 Prozent sinken.

Wird die Drei-Prozent-Grenze überschritten, leitet die Brüsseler Kommission automatisch ein Prüfverfahren ein. Dem betroffenen Land droht ein Strafverfahren:

- Das Land geht nur dann garantiert straffrei aus, wenn eine Rezession der Grund ist, die das Bruttoinlandsprodukt real um zwei Prozent oder mehr schrumpfen läßt.
- Sinkt das BIP real um 0,75 Prozent oder mehr, kann der Rat auf ein Strafverfahren verzichten.
- Wenn das BIP nicht real um mindestens 0,75 Prozent gesunken ist, muß die nationale Regierung binnen vier Monaten Maßnahmen ergreifen, um das Defizit im folgenden Jahr unter drei Prozent zu bringen. Mildernde Umstände gelten aber, wenn ein Ereignis vorliegt, das sich dem unmittelbaren Einfluß des Landes entzieht, beispielsweise eine Naturkatastrophe oder eine schwere Rezession, die als Rückgang des realen Bruttoinlandsproduktes um mindestens zwei Prozent im Jahresdurchschnitt definiert wird.

Kann das Land diese Umstände nicht geltend machen, drohen Sanktionen: Das Land muß bei der Europäischen Zentralbank eine unverzinsliche Einlage von bis zu 0,5 Prozent des BIP leisten. Für die Bundesrepublik wären dies knapp 20 Milliarden DM. Für jeden angefangenen Prozentpunkt oberhalb von drei Prozent sind 0,25 Prozent des BIP als „Stabilitätseinlage" fällig. Das Land muß dann innerhalb von zwei Jahren das Defizit unter drei Prozent drücken, sonst wird die Einlage als Geldbuße kassiert.

Um eine „Stabilitätseinlage" einzufordern, genügt eine Zwei-Drittel-Mehrheit der Euro-Teilnehmer. Das betroffene Land selbst hat kein Stimmrecht.

Ob die Sanktionen aber tatsächlich realistisch sind, erscheint fraglich. Gerät ein Land in Schwierigkeiten, dürften die anderen Unionsländer zu Hilfsaktionen gezwungen sein. Daher liegen die Zinsen möglicher Beitrittskandidaten an den Finanzmärkten derzeit nur wenig unter denen der ersten Adressen. Besser wäre vermutlich ein Verfahren nach dem Muster des Internationalen Währungsfonds IWF: Der Fonds entsendet bei einer Wirtschaftskrise eine Expertengruppe, die einen Katalog von Sanierungsmaßnahmen ausarbeitet. Der Kreditnehmer muß diesen Katalog erst akzeptieren, bevor der Fonds Gelder zur Verfügung stellt.

Ergänzend zum Stabilitätspakt könnte ein Stabilitätsrat der zuständigen Wirtschafts- und Finanzminister der Teilnehmerländer die Grundlage bilden, um die nationalen Finanzpolitiken zu koordinieren. Er wird vor allem von Frankreich gefordert. Skeptiker sehen darin einen Versuch, der EZB eine starke Institution entgegenzusetzen – mit dem Ziel, die Macht der Notenbank zu beschränken. Der Stabilitätsrat könnte sich schnell zu einer Art Aufsichtsrat der EZB entwickeln. Juergen B. Donges, Mitglied des Sachverständigenrates: „Wir brauchen kein zusätzliches Gremium auf europäischer Ebene. Es gibt bereits genügend Zusammenarbeit in wirtschaftspolitischen Angelegenheiten im Ministerrat."

Besonders Bundesbanker erinnern gerne an den deutsch-französischen Wirtschafts- und Finanzrat, der auf französisches Drängen 1988 gegründet wurde. Dort saßen Wirtschafts- und Finanzminister sowie die beiden Notenbankpräsidenten. Nach dem Vertragstext sollte der Rat die Geldpolitik „examiner" (prüfen), im deutschen Text dagegen hieß es nur „erörtern".

Das Ende der Geldpolitik?

Bisher ist die nationale Geldpolitik eines der wichtigsten Souveränitätsrechte der Staaten. Jedes Land kann die Geldpolitik betreiben, die ihm angemessen erscheint. Die Geldpolitik unterstützt im Regelfall die Wirtschaftspolitik der nationalen Regierungen. Die nationale Notenbank hat das exklusive Recht, Geldscheine herauszugeben.

Ein stabiler Geldwert ist eine wichtige Voraussetzung für das Wirtschaftswachstum. Die Wirtschaft bleibt stabil, die Menschen und Unternehmen müssen nicht dauernd neue Preise zur Kenntnis nehmen und ihre eigenen Preise erhöhen.

Geldpolitik ist die Steuerung der Geldmenge, die in einer Volkswirtschaft in Umlauf ist. Dadurch wird gleichzeitig die Preisentwicklung beeinflußt. Je mehr Geld in einer Wirtschaft in Umlauf ist, desto größer ist die Gefahr von Inflation. Ist dagegen der Geldumlauf zu gering, droht eine

Wachstumsschwächung. Die Geldmenge soll idealerweise kontinuierlich mit der Wirtschaft wachsen. Damit können zusätzliche Produkte gekauft, Dienstleistungen bezahlt und Investitionen getätigt werden. Die Bundesbank legt jährlich einen Zielkorridor für das Wachstum der Geldmenge fest. Die Geldpolitik wird im wesentlich über die Menge an Zentralbankgeld gesteuert, die die Zentralbank den Geschäftsbanken zur Verfügung stellt.

Doch hat die Geldpolitik überhaupt noch die Rolle, die ihr im öffentlichen Bewußtsein zugesprochen wird?

Früher war der Zusammenhang einfach: „Lieber fünf Prozent Inflation als fünf Prozent Arbeitslosigkeit", brachte es Bundeskanzler Helmut Schmidt einmal auf den Punkt. Die Idee: Wenn die Bundesbank ein wenig mehr Inflation zuläßt, sinkt die Arbeitslosigkeit. Das funktioniert weil die Preise zwar steigen, aber die Löhne der Arbeitnehmer gleich bleiben. Die Reallöhne sinken also, die Unternehmen stellen mehr Arbeiter ein.

Doch dieser Zusammenhang ist seit jeher umstritten. Die Gewerkschaften merken den Betrug nämlich schnell: Sie fordern in Zeiten höherer Inflation zum Ausgleich höhere Löhne. Ihre Klientel merkt es sofort, wenn das Geld in der Tasche immer weniger wert wird. Daher sorgt eine höhere Inflation eher für härtere Lohnverhandlungen mit nachteiligen Folgen wie Streiks oder Demonstrationen. Unter dem Strich bleibt die Arbeitslosigkeit konstant, nur die Inflation hat sich erhöht.

Nach dieser Erfahrung aus den siebziger Jahren schwenkten die meisten Notenbanken auf einen strikten Stabilitätskurs um: Sie bekämpfen die Inflation, wo sie nur können. Die neue Inflations-Doktrin hat dazu geführt, daß die meisten europäischen Staaten eine Politik des harten Geldes fahren. Seit Jahren sinken die Inflationsraten. Gegenüber dem Stand 1990 haben sie sich mehr als halbiert. Selbst Griechenland gelang die Halbierung seiner extrem hohen Inflationsrate.

Die Glaubwürdigkeit der Notenbanken

Die nationalen Notenbanken haben in den Währungskrisen der vergangenen Jahre – EWS und Mexiko – viel von ihrer Macht und ihrem Mythos eingebüßt. Die internationalen Währungsspekulanten haben sie in die Knie gezwungen. Die Notenbanken haben zwar noch Macht, aber sie sind nicht mehr ohne Gegenspieler: Hilflos mußten sie ansehen, wie Dollar und Pfund machten, was der Markt wollte. Täglich werden Devisengeschäfte von rund zwei Billionen Mark weltweit getätigt. Da half selbst die Plünderung der eigenen Devisenreserven nicht mehr.

Die Wechselkurse werden von Angebot und Nachfrage bestimmt. Wenn viele Anleger Dollar kaufen, steigt der Kurs der US-Währung. Werden gleichzeitig D-Mark-Bestände verkauft, sinkt der Kurs der deutschen Devise. Die D-Mark wird also abgewertet.

Früher wurde der Wechselkurs zwischen zwei Währungen von fundamentalen wirtschaftlichen Faktoren bestimmt. Dahinter stand die relative Wettbewerbsfähigkeit der jeweiligen Volkswirtschaft. Wenn deutsche Unternehmen viele Waren im Ausland absetzten, erhielten sie dafür Fremdwährungen, die sie daheim in D-Mark umtauschten. Die Nachfrage nach D-Mark stieg also, Fremdwährungen wurden verkauft. Umgekehrt sorgten Investitionen im Ausland für Kapitalabflüsse: Die Unternehmen tauschten D-Mark in Fremdwährungen.

Heute werden die Wechselkurse von Erwartungen bestimmt. Wie wird die Wirtschaft in den nächsten Jahren wachsen? Wird die Inflation zunehmen? Aber auch die Marktpsychologie spielt eine Rolle: Jeder Marktteilnehmer schaut immer auch auf die anderen Marktteilnehmer, um sich an ihnen zu orientieren. So entstehen Trends und Übertreibungen an den Märkten, die lange Zeit anhalten können.

Die Geldanlage hat sich dramatisch internationalisiert. Der Anleger hat heute die freie Auswahl in der Wahl des Landes, in dem er sein Kapital anlegen will. Die Stabilität der Wirtschaft spielt dabei eine wichtige Rolle: Droht eine Abwertung der Währung, verlangt der Anleger eine Risikoprämie. Eine falsche Wirtschaftspolitik wird von den Märkten sofort bestraft. Da die Börse stets die Zukunft bewertet, sind die Erwartungen wichtig. Wie glaubwürdig ist die Notenbank und ihre Politik? Diese Glaubwürdigkeit zu erarbeiten, dauert Jahrzehnte, sie zu verspielen, nur wenige Minuten.

„Er witterte unter jedem Stein die Inflation", sagte einmal frustriert ein amerikanischer Finanzpolitiker über den ehemaligen Bundesbankpräsidenten Helmut Schlesinger. Es ist nicht leicht, mit der Bundesbank zu verhandeln. Sie hat in fast fünfzig Jahren einen Mythos geschaffen, den Mythos, die beste Zentralbank der Welt zu sein. Sie gilt als diejenige Notenbank, die die Inflation am entschiedensten bekämpft. Damit will sie den deutschen Wohlstand sichern: Die niedrige Inflation sorgt für niedrige Zinsen, Staat und Unternehmen können billig Kredit bekommen, um damit Investitionen zu finanzieren. Diese Investitionen fördern das Wirtschaftswachstum.

Alle Akteure in der Wirtschaft – vom Unternehmer bis zum Anleger – vertrauen auf die Bundesbank: Sie rechnen damit, daß sie ihr langfristiges Ziel – eine Inflationsrate von zwei bis drei Prozent – erreicht. Also kalkulieren sie in ihren Verträgen mit dieser Preissteigerungsrate. Die Erwartungen wiederum stabilisieren das Preisniveau. Der Prozeß der Preisstabilität stabilisiert sich also selbst.

Die Unterschiede im Grad der Unabhängigkeit der Notenbanken sind groß. Die Deutsche Bundesbank ist von der Regierung weitgehend unabhängig, die Bank von England dagegen verstand sich stets als verlängerter Arm der Regierung. Erst der neue Premierminister Tony Blair gewährte der englischen Zentralbank eine weitergehende Unabhängigkeit. In der Währungsunion soll die gemeinsame Europäische Zentralbank in Frankfurt die Geldpolitik steuern.

Konjunkturpolitik: Zwang zur Gemeinsamkeit

Die Währungsunion erzwingt noch eine weitere Gemeinsamkeit: Ihre Mitglieder müssen eine gemeinsame Konjunkturpolitik betreiben. Sollte ein Land in die Rezession geraten, während alle anderen weiter solide wachsen, würde es sonst zu großen Spannungen kommen.

Bestes Beispiel ist der deutsche Einheitsboom. Der Großteil Europas steckte in der Rezession, als die Wiedervereinigung in Deutschland einen Nachfrageboom auslöste. Der schuldenfinanzierte Wachstumsboom trieb die Preise. Die Bundesbank versuchte durch Zinserhöhungen zu bremsen und löste damit die erste EWS-Krise aus. Die anderen Notenbanken mußten wider besseres Wissen ebenfalls die Zinsen erhöhen und damit ihre Konjunktur noch weiter schwächen.

In der Währungsunion fällt das Instrument der Wechselkursanpassung weg. Noch ist unklar, wie die EU auf externe oder interne Schocks reagieren will. Die Steuerung der Wirtschaft über den Staatshaushalt ist nur noch begrenzt möglich: Die Aufnahme von Schulden zur Finanzierung von Investitionen ist praktisch verboten, denn die meisten Länder liegen schon heute oberhalb des Maastricht-Kriteriums. Doch diese Konjunkturprogramme kommen schon heute nur noch zum Teil der eigenen Wirtschaft zugute. Alle Europäer kaufen auch Importwaren und fördern damit die Wirtschaft in anderen Ländern. Dadurch verpufft die Wirkung zusätzlicher Nachfrage schnell. Die Bürger bleiben lediglich auf den höheren Schulden sitzen und müssen Steuererhöhungen hinnehmen.

Der Fahrplan zur Währungsunion

Am 1. Juli 1990 konnten die Bürger der DDR endlich die lang ersehnte D-Mark bekommen: Sparguthaben bis zu 2.000 DM pro Kopf wurden eins zu eins umgetauscht, größere Summen zwei zu eins. Für zwei Ost-Mark (Spitzname Alu-Mark) gab es also eine westdeutsche D-Mark.

Was kaum jemand bemerkte: Am gleichen Tag wurde auch das Ende der D-Mark eingeläutet. Die 1. Stufe des Delors-Plans begann. Dieser Plan – benannt nach dem Chef der Europäischen Kommission in Brüssel, Jacques Delors – war der Fahrplan zur europäischen Währungsunion. Die einheitliche Euro-Währung sollte in drei Stufen eingeführt werden:

Stufe 1: Harmonisierung (1. Juli 1990 bis Ende 1993)

Die erste Stufe war lediglich eine Konvergenzphase, also eine Phase zur ersten Annäherung:

- Die Mitgliedsstaaten der Europäischen Gemeinschaft sollten ihre Finanz-, Wirtschafts- und Geldpolitik enger aufeinander abstimmen. Die Zusammenarbeit der Zentralbanken wurde intensiviert.

  Die Staaten sollten eine größere Annäherung ihrer Volkswirtschaften erreichen (Konvergenz). Alle Staaten mußten Programme über mehrere Jahre vorlegen, wie sie diese Konvergenz erreichen wollen. Damit auch die schwächeren Länder den Anschluß nicht verpassen, wurde ein „Kohäsionsfonds" eingerichtet. Seine Gelder sollen die wirtschaftliche und soziale Integration Europas fördern. Von 1988 bis 1992 konnte der Strukturfonds 67 Milliarden ECU investieren, bis 1999 kann er über weitere 176 Milliarden ECU verfügen.

- Der Kapitalverkehr zwischen den Gemeinschaftsstaaten wurde völlig liberalisiert. Für alle Dienstleistungen im Bank-, Finanz- und Versicherungswesen galt nun die vollständige Freizügigkeit. Dies war der zentrale Punkt der ersten Stufe. Das Kapital kann sich nun innerhalb der EU frei von nationalen Kontrollen und Regulierungen bewegen. Für die weniger entwickelten Mitglieder Griechenland, Spanien, Portugal und Irland galten befristete Übergangsregelungen.

- Alle EG-Währungen sollten in das Europäische Währungssystem (EWS) aufgenommen werden.

Die Harmonisierungsphase war jedoch kein voller Erfolg. Die Konvergenz der Haushaltspolitik innerhalb der EU-Länder scheiterte: Die Staatsverschuldung nahm deutlich zu. Und auch das Ziel der EWS-Teilnahme mußte rasch aufgegeben werden: Im Herbst 1992 geriet das EWS in eine tiefe Krise. Großbritannien und Italien verließen den Wechselkursverbund. 1993 stand das EWS kurz vor dem Zusammenbruch.

Stufe 2: Einübung (1. Januar 1994 bis Ende 1998)

Automatismus hat seine Vorteile: Es gibt keine Diskussion, sondern die nächste Stufe beginnt einfach. Am 1. Januar 1994 startete die zweite Phase des Delors-Plans. Es ist die Einübungsphase für die spätere Währungsunion: Nun sollten die nationalen Notenbanken darauf vorbereitet werden, künftig eine gemeinsame Geldpolitik zu betreiben. Bis zur Stufe 3 müssen alle EU-Staaten die Währungspolitik – vor allem die Wechselkurse – „als eine Angelegenheit von gemeinsamem Interesse" betrachten (Artikel 109 Maastricht).

In Frankfurt wurde der Vorläufer einer Europäischen Zentralbank gegründet – das Europäische Währungsinstitut (EWI). Es ersetzte den „Ausschuß der Präsidenten der Zentralbanken". Geführt wurde die Zentralbank, die bereits 300 Beamte zählt, von einem Rat aus einem Präsidenten – derzeit der Niederländer Wim Duisenberg – und den Chefs der bisherigen nationalen Notenbanken, von denen ein Notenbank-Chef zum Vizepräsidenten bestellt wurde. Die Mitglieder des EWI-Rates handeln in eigener Verantwortung und sind nicht an Weisungen ihrer nationalen Regierungen gebunden.

Gleichzeitig wurden die Gewichte der nationalen Währungen in der Kunstwährung „ECU“ (European Currency Unit) festgeschrieben. Daher konnten die Währungen der am 1. Januar 1995 neu beigetretenen EU-Mitglieder nicht in den ECU aufgenommen werden.

Das EWI sollte die Voraussetzungen für den Übergang zur dritten Stufe schaffen:

- die Zusammenarbeit zwischen den nationalen Notenbanken fördern,
- die Geldpolitik der Mitgliedsstaaten koordinieren,
- die Vorarbeiten leisten für die Errichtung des Europäischen Systems der Zentralbanken und für die Schaffung der einheitlichen Währung.

Gleichzeitig überwacht es das Europäische Währungssystem und übernimmt die Aufgaben des Europäschen Fonds für währungspolitische Zusammenarbeit. Alljährlich veröffentlicht das EWI einen Bericht über den Stand der Erfüllung der Maastricht-Kriterien.

Im Vorfeld wurde heftig über die Autonomie der Zentralbank gestritten. In Frankreich und Italien beispielsweise ist die nationale Notenbank wenig souverän. Doch zur Vorbereitung auf die Währungsunion mußte die Unabhängigkeit der Banken gegenüber den jeweiligen Regierungen gestärkt werden. Dies gelang auch mit Ausnahme Großbritanniens, das erst nach dem Regierungswechsel zu Tony Blair eine größere Autonomie gewährte.

Das EWI bereitet bereits seit längerem die dritte Stufe der Währungsunion vor:

- Mit Beginn der dritten Stufe 1999 müssen alle wirtschaftlichen Statistiken vereinheitlicht werden. Die Daten innerhalb der Währungsunion müssen vergleichbar sein. Das Verfahren zur Überwachung der Wirtschafts- und Haushaltspolitik wird damit verbessert. Es orientiert sich bereits an den wirtschaftlichen Kriterien für solide Haushalte und Preisstabilität, die für die Endstufe festgeschrieben sind, jetzt jedoch noch nicht zwingend sind. Grundlage sind die jährlich von der EU-

Kommission vorgeschlagenen und vom Rat und Regierungschef gebilligten wirtschaftspolitischen Leitlinien. Gemessen werden die einzelnen Regierungen an den vorgelegten und ebenfalls vom Rat genehmigten Konvergenzprogrammen, mit denen sie die Annäherung an die wirtschaftlichen Kriterien für die Endphase erreichen wollen.

- Zu Beginn des Jahres 1999 wird ein System für grenzüberschreitende Überweisungen benötigt. Das EWI arbeitet an TARGET, das „Transeuropäische Automatische Echtzeit-Bruttoüberweisungs-System". Die Überweisungen von Euro-Land zu Euro-Land sollen künftig am gleichen Tag erfolgen.
- Das neue Bargeld wird vorbereitet.
- Die notwendigen rechtlichen Umsetzungsvorschriften werden erarbeitet.

Mit der Entscheidung der Staats- und Regierungschefs über die Teilnehmerländer im Mai 1998 wurde aus dem EWI die Europäische Zentralbank (EZB). In der Zwischenphase bis zum 1. Januar 1999 müssen die Zentralbanker die letzten Details zur Geldmengensteuerung beschließen, die endgültige Form der Banknoten und auch den Starttermin für die Einführung des Euro-Bargeldes.

Die Europäische Zentralbank (EZB): Schicksalsfrage Geldpolitik

Die Deutsche Bundesbank wird mit dem Start der Währungsunion am 1. Januar 1999 nicht abgeschafft. Sie wird Teil des Europäischen Systems der Zentralbanken (ESZB). Dies stuft sie von der obersten Währungshüterin zum ausführenden Organ der neuen Europäischen Zentralbank (EZB) herab. Ihre Bedeutung entspricht dann der einer heutigen Landeszentralbank in der Bundesrepublik. Die Aufgaben beschränken sich darauf, die von der EZB beschlossene Geldpolitik durchzuführen, den Devisenhandel abzuwickeln, die Wirtschaft mit Bargeld zu versorgen, den reibungslos funktionierenden Zahlungsverkehr zu sichern, volkswirtschaftliche Analysen und Statistiken für die Entscheidungen im EZB-Rat zu erstellen und Maßnahmen der Bankenaufsicht umzusetzen. De facto ist die Bundesbank aber nicht mehr die oberste Währungshüterin.

Eine der bangesten Fragen der Euro-Skeptiker betrifft daher die künftige europäische Geldpolitik: Wird die EZB, die ab 1. Januar 1999 verantwortlich für die Geldpolitik sein wird, so stabilitätsorientiert sein wie die Bundesbank?

Der Maastricht-Vertrag läßt keinen Zweifel: Sie wird. Die EZB ist nach dem Vorbild der Deutschen Bundesbank modelliert. Artikel 105 verpflichtet sie auf das Ziel der Preisstabilität.

Artikel 105 des Maastrichter Vertrags schreibt die Aufgabe des „Europäischen Systems der Zentralbanken" (ESZB) fest: „die Geldpolitik der Gemeinschaft festzulegen und auszuführen, die offiziellen Währungsreserven der Mitgliedsstaaten zu halten und zu verwalten und das reibungslose Funktionieren der Zahlungssysteme zu fördern." In Artikel 106 heißt es: „Das ESZB besteht aus der EZB und den nationalen Zentralbanken."

Mit Beginn der Währungsunion verlieren die nationalen Notenbanken ihre geldpolitische Unabhängigkeit. Sie werden Teil des ESZB und müssen sich nach den Weisungen der EZB richten.

Kapital der EZB

Das Kapital der EZB soll fünf Milliarden ECU betragen. Zeichner und Inhaber des Kapitals sind die nationalen Notenbanken. Der Anteil, der auf die einzelne Notenbank entfällt, wird so berechnet: 50 Prozent des Anteils an der Bevölkerung der EG im vorletzten Jahr vor Einrichtung des ESZB plus 50 Prozent des Anteils am Bruttoinlandsprodukt zu Marktpreisen in den fünf Jahren vor dem vorletzten Jahr vor Einrichtung des ESZB.

Nach dem gleichen Schlüssel bekommt die EZB Währungsreserven im Wert von 50 Milliarden ECU. Der deutsche Beitrag beträgt rund 11,5 Milliarden ECU; das entspricht rund 23 Prozent Anteil an Wirtschaftskraft und Bevölkerung. Damit verbleiben der Bundesbank noch Reserven von rund 65 Milliarden DM. Über diesen Bestand kann sie weiterhin selbst disponieren, allerdings nur im Einklang mit den Zielen der EZB.

Der Nettogewinn der EZB wird so verteilt: Bis zu 20 Prozent werden einem allgemeinen Reservefonds zugeführt, bis dieser 100 Prozent des Kapitals erreicht hat. Der Rest geht entsprechend den jeweiligen Anteilen an die nationalen Notenbanken.

Organisation der EZB

Die EZB ist auf Drängen der Deutschen nach dem Muster der Deutschen Bundesbank aufgebaut worden. Sie ist also föderal organisiert. Oberstes Entscheidungsorgan der Währungsunion wird der EZB-Rat. Er legt die Geldpolitik der Gemeinschaft fest, die Leitzinssätze und entscheidet über die Zuteilung von Zentralbankgeld. „Die EZB hat das ausschließliche Recht, die Ausgabe von Banknoten innerhalb der Gemeinschaft zu genehmigen... Die von der EZB und den nationalen Zentralbanken ausgegebenen Banknoten sind die einzigen Banknoten, die in der Gemeinschaft als gesetzliches Zahlungsmittel gelten." Die Mitgliedsstaaten behalten nur das Recht zur Ausgabe von Münzen. Der Umfang dieser Ausgaben muß aber von der EZB genehmigt werden. Der EZB-Rat besteht aus den Mitgliedern des EZB-Direktoriums und den Präsidenten der nationalen Notenbanken, also Bundesbank, Banque de France und so weiter.

Das Direktorium setzt sich zusammen aus sechs Mitgliedern: Präsident, Vizepräsidenten und vier weiteren Mitgliedern. Der Präsident ist der Vorsitzende des EZB-Rates. Das Direktorium ist für die Umsetzung der Geldpolitik verantwortlich. Die sechs Direktoren müssen Staatsangehörige der EG-Mitgliedsstaaten sein und in Banken- und Währungsfragen anerkannte Persönlichkeiten. Ihre Amtszeit beträgt acht Jahre; eine Wiederwahl ist nicht möglich. Damit soll verhindert werden, daß sie in der Hoffnung auf die Wiederwahl den Politikern zu Gefallen sind. Sie werden von den Staats- und Regierungschefs ausgewählt. Das Verfahren der Ernennung läuft so:

- Der Ecofin-Rat der EU, also die Wirtschafts- und Finanzminister, hören den EZB-Rat und das Europäische Parlament an.
- Der Ecofin-Rat empfiehlt den Regierungen die Mitglieder des Direktoriums.
- Die Staats- und Regierungschefs ernennen das Direktorium.

Die Präsidenten der nationalen Notenbanken werden von den nationalen Regierungen ernannt; die Amtszeit beträgt mindestens fünf Jahre.

Unabhängigkeit der EZB

Artikel 107 garantiert die Unabhängigkeit der Euro-Währungshüter: „Weder EZB noch eine nationale Zentralbank noch ein Mitglied ihrer Beschlußorgane dürfen Weisungen von Organen oder Einrichtungen der Gemeinschaft, Regierungen der Mitgliedsstaaten oder anderen Stellen einholen oder entgegennehmen. Die Organe und Einrichtungen der Gemeinschaft sowie die Regierungen der Mitgliedsstaaten verpflichten sich, diesen Grundsatz zu beachten und nicht zu versuchen, die Mitglieder der Beschlußorgane der EZB oder der nationalen Zentralbanken bei der Wahrnehmung ihrer Aufgaben zu beeinflussen."

In der Praxis wird die Unabhängigkeit der Zentralbank natürlich von den Personen im Direktorium abhängen. Allerdings ist auch in der Bundesrepublik festzustellen, daß viele Bundesbanker mit ihrer Aufgabe wachsen. Wer vorher als treuer Parteigänger der Regierung galt, hat sich schon zu einem ihrer strengsten Kritiker gewandelt.

Die politische Unabhängigkeit der Zentralbank ist eine der wichtigsten Voraussetzungen für die Geldwertstabilität. Je abhängiger die Zentralbank von politischen Weisungen ist, desto höher fällt erfahrungsgemäß die Inflationsrate aus. Allerdings ist eine formelle Unabhängigkeit nicht ausreichend. Der EZB-Rat muß erst noch in der Praxis beweisen, daß er wirklich von den Wünschen der Politiker unabhängig ist. Dies kann er nur tun, wenn er sich demonstrativ gegen politischen Druck durchsetzt.

Die geldpolitischen Instrumente der EZB

Die Instrumente der EZB ähneln den Mitteln der Bundesbank. Die Kreditinstitute werden auf zwei Arten mit Liquidität (also Zentralbankgeld) versorgt:

- ständige Fazilitäten, also Zugang der Geschäftsbanken zu Krediten,
- Offenmarktpolitik.

Fazilitäten (Kreditlinien)

Über die ständigen Fazilitäten – praktisch Kreditlinien – haben die Banken jederzeit Zugang zum Zentralbankgeld. Der Zinssatz wird vom Lombardsatz bestimmt. Der Diskontkredit wird voraussichtlich entfallen.

Stichwort Lombard- und Diskontsatz

Der Diskontsatz ist der Zins für den Ankauf noch nicht fälliger Wechsel durch die Deutsche Bundesbank. Die Bundesbank gibt also den Banken einen Kredit. Dieser Diskontsatz ist der Zinssatz für den Zeitraum zwischen Ankauf und Einlösung des Wechsels.

Der Lombardsatz ist der Zins für den Kredit, den die Banken gegen Verpfändung von Wertpapieren, Waren oder Edelmetallen erhalten. Er liegt in der Regel ein Prozentpunkt über dem Diskontsatz.

Mit den Zinssätzen versucht die Bundesbank, den Zins am Markt zu steuern, die Inflation niedrig zu halten und die Konjunktur zu stützen oder (in Überhitzungsphasen) zu bremsen.

Offenmarktpolitik

Wie heute schon in der Bundesrepublik und den meisten europäischen Partnerstaaten wird die Offenmarktpolitik das wichtigere Instrument sein. So nennt man die Liquiditätssteuerung durch Wertpapierpensionsgeschäfte, die sich gewöhnlich am Tagesgeldsatz orientieren. Mit diesen

Stichwort Offenmarktpolitik

Mit der Offenmarktpolitik kann die Deutsche Bundesbank die Geldpolitik feinsteuern: Die Geldmenge am Kapitalmarkt wird durch An- oder Verkauf von Wertpapieren vergrößert oder verringert. Wenn die Bundesbank mehr Geld in den Markt schleusen will, kauft sie Wertpapiere und gibt dafür Bargeld her. Will sie die Geldmenge reduzieren, verkauft sie Wertpapiere und kassiert dafür Bargeld.

regelmäßig begebenen Krediten kann die Zentralbank den Geldmarkt steuern: Sie kann Volumen und Zinsen verändern. Das Hauptrefinanzierungsgeschäft soll eine Laufzeit von zwei Wochen haben. Dies entspricht der heutigen Laufzeit in der Bundesrepublik.

Mindestreserve

Umstritten ist die Mindestreserve, jene Quote der Einlagen, die die Geschäftsbanken unverzinst bei der Bundesbank halten müssen. Die Banken kritisieren die hohe Belastung durch die Mindestreserve, die zudem die Wettbewerbsfähigkeit mit ausländischen Banken schmälert. Die Bundesbank möchte an ihr aber wegen der geldpolitischen Wirksamkeit festhalten: Über eine Erhöhung oder Senkung der Mindestreserve läßt sich die Geldmenge effektiv erhöhen oder reduzieren. Ein Kompromiß könnte darin liegen, die Mindestreserve künftig zu verzinsen.

Fazit

Die Europäische Zentralbank hat keine leichte Aufgabe vor sich. Mißtrauisch werden Bevölkerung und Finanzmärkte die ersten geldpolitischen Schritte beäugen. Die Euro-Banker müssen sich erst noch Vertrauen erarbeiten. Immerhin hat die EZB schon einen symbolischen Akt in

Richtung Stabilität vollzogen: Sie hat ihren Sitz in Frankfurt genommen, dem Sitz der Deutschen Bundesbank.

Um das Vertrauen möglichst schnell zu schaffen, dürfte sich die EZB selbst ein Inflationsziel setzen, vermutlich zwischen zwei und drei Prozent. Statt des Geldmengenwachstums, wie es die Bundesbank tut, wird sie sich wahrscheinlich an der Inflationsrate orientieren: Dieses Konzept haben die Bank von England und die neuseeländische Zentralbank bereits erfolgreich verwirklicht. Am Inflationsziel kann sich auch die EZB fortan messen lassen. Erreicht sie es, ist das Vertrauen der Märkte schnell da.

Eine große Gefahr ist die fehlende außenwirtschaftliche Kompetenz der EZB. Für die Wechselkurspolitik der Euro-Währungsunion und dem Rest der Welt – also vor allem Dollar und Yen – ist der Ministerrat zuständig. Wenn dort die Mehrheit für einen schwachen Euro plädiert, kann der Ministerrat die EZB zu Interventionen auf dem Devisenmarkt zwingen. Doch damit wird die Geldmenge ausgeweitet, die Importpreise steigen, und die Inflation könnte zunehmen.

Stufe 3: Die Währungsunion (1. Januar 1999 bis 1. Juli 2002)

Die dritte Stufe wird unter deutscher Ratspräsidentschaft gestartet. Sie soll am 1. Januar 1999 beginnen. Sie läuft in zwei Phasen ab:

Phase 1: Der Euro als Buchgeld (1999 bis spätestens Ende 2001)

Die Wechselkurse der Teilnehmerstaaten werden unwiderruflich festgeschrieben. Grundlage sind die tatsächlichen Wechselkurse an den Finanzmärkten, konkret: entweder die Kurse am 31. Dezember 1998 oder aber die durchschnittlichen Kurse in den sechs, zwölf oder 24 Monaten davor. Die Umrechnungskurse werden durch einstimmigen Beschluß festgelegt. Der ECU wird im Verhältnis 1 zu 1 in Euro umgetauscht.

Im Maastrichter Vertrag ist festgelegt, daß der Euro-Wert jeder Währung dem aktuellen ECU-Wechselkurs entsprechen muß. Damit soll vermieden werden, daß die Euro-Teilnehmer vor dem Stichtag noch schnell ihre Währung abwerten. Auch Deutschland hätte die Festschreibung der Kurse zu einer „kalten" Abwertung der D-Mark nutzen können. Dies kann dadurch geschehen, daß die Politiker keine krummen Kurse möchten, also 1,95643 DM für einen Euro. Wird der Euro auf 2 DM hochgeschrieben, werden damit D-Mark und alle D-Mark-Guthaben abgewertet.

Der EU-Bürger merkt im praktischen Alltag zunächst noch nichts von der Währungsunion. Die alltäglichen Geschäfte werden in der heimischen Währung abgewickelt: Die Löhne werden weiter in D-Mark gezahlt, Guthaben und Verbindlichkeiten in D-Mark gerechnet. Wer in die Niederlande fährt, muß weiterhin sein Geld in Gulden tauschen. Allerdings ist der Wechselkurs nun endgültig fixiert.

Die Veränderungen finden im Hintergrund statt: Die nationalen Zentralbanken treten ihre Aufgaben an die Europäische Zentralbank ab. Das Europäische Zentralbanksystem (ESZB) wird alle geld- und währungspolitischen Operationen in europäischer Währung abwickeln. Sämtliche Konten bei ihr werden in Euro geführt. Die Geschäftsbanken können nur noch in Euro bei ihr Kredit bekommen. Die Rechnungseinheit ECU verschwindet. Die Europäische Zentralbank übernimmt die Verantwortung für die Geldpolitik, also Zinsen und Geldmenge. Die Bundesbank wird zum ausführenden Organ.

Stichwort Big Bang oder Doppelwährungs-Lösung

Für den Übergang zur gemeinsamen Währung standen zwei Verfahren zur Wahl: Bei „Big Bang" hätte der Euro sofort an einem Termin und vollständig auf einen Schlag die nationalen Währungen ersetzt. Bei einer Doppelwährungslösung werden Euro und nationale Währungen in einem Übergangszeitraum parallel verwendet.

Mit der Einführung des Euro und der Fixierung der Wechselkurse entsteht ein gemeinsamer Kapitalmarkt. Neuemissionen der öffentlichen Hand am Anleihenmarkt, also neue Schuldverschreibungen, werden nur noch in Euro erfolgen.

Die Privatwirtschaft kann wählen, ob sie die neue Währung benutzt oder nicht.

Wichtig für den Weg in die Währungsunion ist, daß die „kritische Masse" von Transaktionen in Euro erreicht wird. Entscheidend sind für die Eurokraten die Interbankenmärkte, also der Handel der Banken untereinander, sowie Geld-, Kapital- und Devisenmärkte. Sie sollen im Binnenverkehr auf die neue europäische Währung umgestellt werden. Sie rechnen untereinander nur noch in Euro ab, alle Clearing-Systeme werden umgestellt. Die D-Mark gibt es nur noch für die Kunden. Die „kritische Masse" garantiert, daß der Entscheid für die Währungsunion nicht mehr zu revidieren ist. Entscheidend ist, daß neue Staatsanleihen nur noch in Euro ausgegeben werden. Die Zinszahlungen erfolgen aber noch in der jeweiligen nationalen Währung.

In der Übergangsphase werden Euro und alte nationale Währungen parallel verwendet. Dies ist nicht ohne Schwierigkeiten. Die Bundesbank hatte daher für einen „delayed big bang" plädiert, einen „verspäteten großen Knall". Nur Zentralbanken und Banken hätten den Euro verwendet, die Banknoten wären auf einen Schlag eingeführt worden. Doch die Verpflichtung zur Währungsunion war den anderen Staaten bei diesem Procedere nicht stark genug.

Der Bürger wird irgendwann in den drei Jahren des Übergangs die ersten Rechnungen in Euro bekommen. Er kann Konten in Euro einrichten und in Euro überweisen. Doch bar bezahlt wird weiter in D-Mark. Die Rechnung in Euro und die Überweisung in D-Mark ist kein Problem: Die Umrechnung besorgen die Banken.

Übrigens: Finanzminister Theo Waigel wollte die dreijährige Übergangsphase ausdrücklich auch als Probezeit für den Euro nutzen. Doch dies dürfte ziemlich unrealistisch sein: Wenn der Euro einmal rollt, ist er nicht mehr zu stoppen.

Der Staat: Hindernis der Euro-Umstellung

Im Grunde ist der öffentliche Sektor das größte existierende praktische Euro-Hindernis: Die großen Unternehmen wollen möglichst früh umstellen, doch die öffentlichen Kassen werden so lange wie möglich warten. Erst Anfang 2002 werden die Finanzämter Steuererklärungen und -zahlungen in Euro annehmen, werden Krankenkasse, Arbeitslosen-, Pflege- und Rentenversicherung die monatlichen Beiträge in Euro akzeptieren. Nur die Schulden wird der Staat gleich auf Euro umstellen.

Die staatliche Bremspolitik bei der Euro-Umstellung ist fatal. Mehr als 50 Prozent des deutschen Bruttosozialproduktes entfallen auf die öffentliche Hand, also Bund, Länder, Gemeinden und Sozialversicherung.

Hinter der Verweigerungshaltung steckt schlicht Kostendenken. Der Staat will sich die Kosten für die Umrechnung ersparen. Er muß in der Übergangsphase nicht zwei Konten gleichzeitig führen. Stattdessen sollen die Unternehmen dafür aufkommen.

Die Parlamente müssen erst noch die gesetzlichen Grundlagen schaffen, damit der Euro überhaupt reibungslos eingeführt werden kann. In allen Gesetzen, in den D-Mark-Beträge stehen, müssen die Beträge durch Euro ersetzt werden. Die Palette reicht von Bußgeld-Katalogen bis zu den Steuerfreibeträgen. Wie der Einzelhandel, so müssen auch die Politiker auf- und abrunden. Die Gefahr ist groß, daß sie die Gelegenheit zu Einnahmesteigerungen nutzen, beispielsweise bei der Festsetzung von Bußgeldern oder anderen absoluten Beträgen.

Phase 2: Das Ende der D-Mark (Anfang 2002 bis Ende Juni 2002)

Das Euro-Bargeld sollen die Bürger spätestens 2002 bekommen. Die Scheine sollen in 500, 200, 100, 50, 20, 10 und 5 Euro gestückelt werden, die Münzen in 2 und 1 Euro sowie 50, 20, 10, 5, 2 und 1 Cent. Der höchste Schein ist also der 500-Euro-Schein, der in etwa dem heutigen 1.000-Mark-Schein entspricht. Der kleinste Schein ist der 5-Euro-Schein, der in etwa soviel wert sein dürfte wie der heutige 10-Mark-Schein. Nur auf die 5-Mark-Münze müssen die Bundesbürger verzichten: Bei 2 Euro – also knapp 4 DM – ist Schluß mit dem Hartgeld. Auch den Pfennig gibt es nicht mehr. Die kleinste Einheit ist das 1-Cent-Stück, das knapp 2 Pfennig wert ist.

Die Euro-Scheine werden keine Persönlichkeiten abbilden, weil eine ausgewogene Auswahl bei 15 Mitgliedsstaaten doch zu schwierig erscheint. Stattdessen zeigen sie Brücken, Tore und Fenster – das soll Verbindung und Offenheit symbolisieren. Natürlich findet sich das EU-Symbol, ein Kreis aus zwölf Sternen, auf jedem Schein sowie wie gewohnt das Kürzel der Europäischen Zentralbank (allerdings in allen Sprachen, als EZB, ECB, BCE, EKT und EKP) und die Unterschrift des Zentralbank-Präsidenten. Noch unklar ist, ob die Länder eine kleine Ecke für ihr Nationalsymbol erhalten.

Der Umtausch der alten gegen die neue Währung soll kostenlos erfolgen. Das alte Geld wird von den Zentralbanken vernichtet. Immerhin rund 10 Milliarden Geldscheine und 70 Milliarden Münzen mit einem Gewicht von 300 000 Tonnen müssen beseitigt werden.

Sobald der Euro real ausgegeben wird, werden auch die öffentlichen Verwaltungen, Finanzämter und die Sozialversicherung diese Währung verwenden. Steuern, Gebühren und Abgaben werden dann nicht mehr in D-Mark, sondern in Euro gezahlt. Renten und Arbeitslosengelder werden in Euro ausbezahlt.

Die Länge der Umtauschphase kann jedes Land selbst festlegen. Spätestens am 30. Juni 2002 aber muß sie beendet sein. Ab 1. Juli ist der Euro das einzige gesetzliche Zahlungsmittel. Dann ist die D-Mark verschwunden. Wer jedoch noch unter der Matratze alte Geldscheine findet, kann diese jederzeit noch in Euro umtauschen. Allerdings ist damit zu rechnen, daß die EU dafür eine Übergangszeit beschließt. Danach werden die alten Noten und Münzen ungültig.

Überblick: Der Fahrplan zur Europäischen Währungsunion

Die Europäische Wirtschafts- und Währungsunion (EWU) wird in drei Stufen umgesetzt:

- Die erste Stufe begann am 1. Juli 1990. Der Kapitalverkehr zwischen den Mitgliedsländern der Europäischen Union (EU) wurde vollständig liberalisiert. Die Kooperation in der Wirtschafts-, Finanz- und Geldpolitik wurde verstärkt.
- Die zweite Stufe läuft seit dem 1. Januar 1994. Sie ist die Vorbereitungsphase für die Währungsunion und klärt die Voraussetzungen. Die Europäische Zentralbank (EZB) und das Europäische System der Zentralbanken (ESZB) werden aufgebaut. Im Mai 1998 hat der Rat der Staats- und Regierungschefs über die Teilnehmerstaaten entschieden.
- In der dritten Stufe wird die Währungsunion umgesetzt. Der Übergang geschieht in drei Phasen:

Die am 1. Januar 1999 beginnende Phase 1 ist eine Übergangsperiode mit einer Höchstdauer von drei Jahren. Mit der Einführung des Euro gilt in der EU nur noch eine Währung – der Euro. Die Wechselkurse zum Euro sind unwiderruflich fixiert. Die nationalen Währungen sind nur noch eine „Denomination“ (Bezeichnung) des Euro.

Phase 2 beginnt spätestens am 1. Januar 2002. Jetzt werden allmählich Euro-Banknoten und -Münzen eingeführt. Spätestens am 1. Juli 2002 werden die nationalen Währungen ungültig.

Damit beginnt die Phase 3: Der Euro wird zum einzigen gesetzlichen Zahlungsmittel.

Die Folgen der Währungsunion für Verbraucher, Arbeitnehmer, Sparer und Versicherte

Geld prägt unseren Alltag. Kaum einmal verlassen wir ohne Portemonnaie das Haus. Wenn sich das Geld ändert, ändert sich auch der Alltag – und wenn es nur beim Preisvergleich im Supermarkt ist.

Die Europäische Währungsunion geht an keinem Bürger spurlos vorbei. Jeder ist als Verbraucher oder Arbeitnehmer betroffen – oder auch als Sparer und Versicherter. Wie Sie am besten auf die Euro-Chancen und -Risiken reagieren, finden Sie in diesem Teil. Hier wird konkret beschrieben, welche Folgen der Euro hat, wie Sie sich schützen und wie Sie Chancen nutzen können. Gleichzeitig finden Sie im Abschnitt zur Geldanlage auch einige grundsätzliche Informationen zu Anlagestrategien und Anlageformen wie Anleihen, Aktien, Immobilien oder Gold. Diese Informationen helfen Ihnen, auch unabhängig vom Euro Ihr Geld besser anzulegen.

Verbraucher: Europaweiter Preisvergleich wird möglich

Der Euro bringt vielen eine Reihe von Vorteilen, versprechen die Politiker. Vor allem nützt er den Unternehmen. Die großen multinationalen Konzerne und Exportunternehmen sparen die Kosten für Devisentransaktionen und die Absicherung von Wechselkursrisiken. Die gemeinsame Währung schafft vergleichbare Preise und eine sichere Kalkulationsgrundlage.

Für Verbraucher bringt der Euro im unmittelbaren Alltag wenig. Urlauber sparen Zeit und Kosten, da das Geldwechseln im Ausland wegfällt. Überweisungen innerhalb der Währungsunion werden schneller und billiger. Anleger können schon heute international anlegen.

Zunächst werden die Bürger der Währungsunion eher verwirrt sein. Sie werden einige Zeit brauchen, bis sie sich an das neue Geld und die neuen Preise gewöhnt haben. Das alte Preisgefühl geht verloren: Der billige Liter Milch kostet nun nicht mehr 99 Pfennig, sondern vielleicht 0,55 Euro. Und die Brötchen beim Bäcker sind nicht mehr für 45 Pfennig, sondern für 24 Cent zu haben. Selbst die Bild-Zeitung kostet nicht mehr 0,80 DM, sondern vielleicht 40 Cent. Und auch der Spiegel ist nicht mehr für 5 DM, sondern 2,60 Euro zu kaufen. Der Taschenrechner dürfte in der Übergangsphase ein ständiger Begleiter beim Einkauf werden.

Die Vorteile einer Währungsunion für den Verbraucher sind eher langfristig: Der europaweite Preisvergleich wird einfacher. Medien wie das Internet können dabei helfen. Sollte der Verbraucher wirklich die Preise intensiver vergleichen, dürfte dies den Wettbewerb innerhalb der Währungsunion intensivieren. Die Preise würden sinken, die Qualität besser. Auf diesen Prozeß hoffen die Eurokraten.

Sie verweisen darauf, daß schon heute die EG-Reimportwagen unter Autokäufern Furore machen: Immerhin ist ein funknagelneuer VW Polo in Italien fast 40 Prozent billiger als in Deutschland. Und das bei nur minimalen technischen Abweichungen. Doch Transport, Sprachgrenzen und der Zoll machen den Autokauf in Italien recht mühsam – und die Kosten kaum abschätzbar. Meist bleiben nur rund 20 Prozent Preisvorteil übrig.

Das wird sich mit dem Euro ändern. Preise grenzüberschreitend zu vergleichen wird in der Währungsunion kinderleicht. Wechselkursschwankungen und Umtauschgebühren entfallen. Der Verbraucher kann direkt vergleichen, was ihn der Wagen beim Kauf über den Mailänder Händler kosten würde. Vor allem in grenznahen Regionen dürfte der Blick über die Grenze bald Routine werden. Doch auch andernorts fällt der Vergleich leichter: Das Internet wird dafür sorgen, daß der richtige Händler und sein Preis schnell ausfindig gemacht wird.

Auch die Händler selbst werden den größeren Markt rasch nutzen. Spezialisierte Händler werden ihre Dienste per Anzeige feilbieten, Versandhändler aus dem Ausland endlich die Landesgrenze überschreiten.

Bisher machen die deutschen Konzerne Quelle, Otto, Neckermann und Co. erst drei Prozent ihres Umsatzes mit dem Ausland.

Auch einige überlebte Steuern dürften in Deutschland fallen. Dazu gehört beispielsweise die Schaumweinsteuer, die nur noch von Deutsch-

Was sich für Verbraucher ändert

Ab 1. Januar 1999

- Die Preise von Waren und Dienstleistungen werden nach und nach doppelt angegeben – in Euro und in D-Mark. Das sorgt im Inland für Verwirrung, auf Auslandsreisen aber wird der Preisvergleich (in Euro) erleichtert.
- Die Überweisungszeiten und Kosten für den grenzüberschreitenden Zahlungsverkehr innerhalb der Währungsunion sinken.
- Erste Euro-Finanzdienstleistungen werden angeboten.

Fazit: Insgesamt sind die Änderungen minimal. Die D-Mark bleibt gesetzliches Zahlungsmittel. Alle Verträge, Darlehen und Hypotheken werden vermutlich in der Praxis weiter vornehmlich in D-Mark geschlossen.

Ab 1. Januar 2002

- Die nationalen Währungen werden durch neue Euro-Münzen und -Banknoten ersetzt. Die Übergangsphase, in der beide Währungen parallel laufen, dauert voraussichtlich sechs Monate.
- Bankkonten, Löhne, Gehälter und Renten werden in Euro ausbezahlt.
- Einzelhandelsgeschäfte nehmen beide Währungen an.
- Alle D-Mark-Beträge werden in Euro umgerechnet. Dies betrifft auch alte Verträge. Die sonstigen Vertragsbedingungen bleiben gleich.

Fazit: Nun wird der Euro Alltag. Die Deutschen müssen sich auch ganz praktisch von der D-Mark verabschieden.

land und Österreich kassiert wird. In Deutschland kassiert der Fiskus von jeder Flasche 2 DM – egal ob Billig-Schaumwein oder Edel-Champagner.

Umtausch: Eigenes Gesetz notwendig

Erst vom 1. Januar 2002 an wird es kompliziert. Die praktischen Fragen des Umtausches sind noch nicht restlos geklärt. Auf dem Gehaltszettel tauchen statt 5.000 DM brutto auf einmal nur noch 2631,58 Euro auf. Doch auch die Miete sinkt von 1.500 DM auf 789,47 Euro. Der Wert des Geldes also bleibt, doch die Psychologie muß sich ändern. Die Bundesbürger müssen sich an neue Preise gewöhnen.

Schon ab 1. Januar 1999 laufen diese Preise praktisch hinter der D-Mark mit. In den ersten drei Jahren gilt ein Nebeneinander von nationaler Währung und Euro: Bar bezahlt wird allerorten (mangels Euro-Noten) in der alten nationalen Währung, gerechnet wird intern bei den Banken schon in Euro. Ein eigenes Umstellungsgesetz dürfte die Details der Umrechnung zum 1. Januar 1999 regeln.

In dieser Übergangsphase gelten zwei Prinzipien:

- No prohibition – kein Verbot
- No compulsion – kein Zwang

bei Einführung und Verwendung des Euro.

Jeder darf also schon ab dem 1. Januar 1999 in Euro rechnen, in Euro Geld überweisen oder in Euro Verträge schließen. Der Staat darf die Euro-Vorreiter nicht behindern. Wichtigste Auswirkung: Unternehmen können bereits den Euro verwenden, beispielsweise in Verträgen mit Abnehmern oder Lieferanten und in der Bilanzierung.

Umgekehrt darf jedoch niemand gezwungen werden, den Euro zu verwenden. Auch das Unternehmen darf seine Abnehmer und Lieferanten nicht zu Verträgen in Euro zwingen. Alle Beteiligten müssen sich über die Verwendung des Euro verständigen.

Umstellung der laufenden Verträge: Freiwilligkeit bis 2002

Alle Verträge, die über Ende 2001 hinaus laufen, müssen im Laufe der Übergangsphase ab 1999 auf Euro umgestellt werden. Dies erfordert übrigens nicht unbedingt einen formalen Vorgang, sondern meist lediglich eine kurze Information. Eine Rechtsverordnung könnte festlegen, daß überall dort, wo D-Mark-Beträge stehen, währungsrechtlich nun Euro-Summen gemeint sind.

Niemand darf dazu jedoch vor dem 1. Januar 2002 gezwungen werden: Bis dahin ist der Übergang auf den Euro freiwillig. Nur wenn die Betroffenen zustimmen, beispielsweise weil sie Vorteile durch die Umstellung haben, kann der Vertrag auf Euro umgestellt werden.

Nur wer Staatsanleihen kaufen will, hat keine Wahl: Der Staat, also Bund, Länder und Kommunen, wird neue Schulden ab 1999 nur noch in Euro aufnehmen. Anleihen, Finanzierungsschätze oder Schatzbriefe werden nur noch in Euro verkauft. Auch alle bestehenden Schulden werden wahrscheinlich früh auf Euro umgestellt. Wer Bundesschatzbriefe oder Bundesanleihen besitzt, deren Laufzeit über 1999 hinausreicht, muß die Umstellung akzeptieren. Allerdings verbirgt sich dahinter kein Wertverlust, sondern nur eine andere Rechengröße.

Als oberstes Prinzip gilt die Vertragskontinuität: Alle bestehenden Verträge bleiben im Grundsatz unverändert, die fixierten Regelungen gelten weiter. Niemand muß hinnehmen, daß ein Vertragspartner die Umstellung auf Euro nutzt, um geschlossene Verträge nachzubessern. Das einzige, was sich ändern darf, ist die Rechnungseinheit. Wird beispielsweise ein Mietvertrag umgestellt, dann ändert sich nur die Miethöhe, aber nicht andere Klauseln über Untervermietung, Gartennutzung oder Kündigungsfrist. Bei Kreditverträgen bleibt der Zinssatz ebenso bestehen wie bei Anleihen. Alle Guthaben und Verbindlichkeiten bleiben also in der Substanz unverändert.

Schwierig könnten lediglich Verträge mit Partnern außerhalb der EU werden. Dort gelten die EU-Gesetze, daß die Umstellung nur die Währung betrifft, nicht mehr. Hier sollte daher bei langfristigen Verträgen künftig ausdrücklich festgeschrieben werden, wie der Vertrag (falls er über 2001 hinausläuft) auf Euro umgestellt wird, welches der Umrechnungskurs sein wird (zum Beispiel der offiziell festgestellte Umrechnungskurs) und daß alle Vertragsklauseln unverändert bestehen bleiben.

Praktische Fragen für Verbraucher

1. Was mache ich mit meinem Bargeld?

Alte D-Mark-Scheine und Münzen werden von den Banken und Sparkassen kostenlos umgetauscht. Sie werden Mitte 2002 als Zahlungsmittel ungültig. Vermutlich ab Januar 2002 können sie für eine bestimmte Frist zum festen Kurs in Euro umgetauscht werden. Nach Ablauf dieser Frist muß der Verbraucher, wenn er beispielsweise noch unter der Matratze oder sonstwo Geld findet, sich direkt an die Zentralbank wenden. Die alten Scheine aufzuheben, lohnt nicht. Ihr Sammlerwert ist gering.

2. Wie werden Mietverträge umgestellt?

Nehmen wir einen Fall aus der Praxis: Wie wird ein Mietvertrag umgestellt? Bis zum Ende der Umstellungsphase Mitte 2002 müssen nämlich auch alle Mietverträge umgestellt werden. Schon ab 1999 können sich Mieter und Vermieter auf die Euro-Umstellung einigen. Doch in der Praxis wird mit der Umstellung auf Euro gewartet, bis auch die Nebenkosten in Euro abgerechnet werden können. Die öffentlichen Unternehmen werden nämlich erst Anfang 2002 in Euro abrechnen. Wer den Mietvertrag vorher umstellt, müßte mit zwei unterschiedlichen Rechnungseinheiten arbeiten. Diesen Aufwand sollten sich Mieter und Vermieter sparen.

Die Umstellung ist gebührenfrei für den Mieter. Es handelt sich für den Vermieter um Verwaltungskosten, die er grundsätzlich nicht auf den Mieter umlegen darf.

Beispiel: Die monatliche Kaltmiete beiträgt 1.550 DM.

1.550 DM	Kaltmiete
781,40754 Euro	Umrechnung (bei einem Kurs von 1 Euro = 1,9836 DM)
781,41	gerundete neue Miete

3. Wie werden Girokonten umgestellt?

Die Banken sind zunächst die Hauptbetroffenen der Euro-Einführung. Bei ihnen beginnt der Prozeß der Umstellung. Sie müssen ihre computergestützten Systeme umstellen, die Geldautomaten neu bestücken und ihre Kunden informieren. Insgesamt wird die Aktion Euro die Banken einen zweistelligen Milliardenbetrag kosten.

Die Banken müssen schon ab 1. Januar 1999 in Euro und D-Mark gleichzeitig rechnen. Die Kunden dürfen ab diesem Zeitpunkt ihre Konten in Euro führen, Überweisungen in Euro vornehmen und bereits in Euro sparen. Sie können aber auch bei der D-Mark bleiben.

Die Banken werden daher ab Januar 1999 Kontoführung und Überweisung in Euro anbieten. Als Marketing-Instrument erwägen einige Häuser, die Kontoführung in Euro mit geringeren Gebühren zu belasten.

Wer sein Konto in Euro führen will, wird vermutlich lediglich einen einfachen Umstellungsantrag ausfüllen müssen. Die Kontonummer bleibt bestehen. Danach werden alle Überweisungen und Abbuchungen in Euro erfolgen. Voraussichtlich werden in der Übergangsphase die Beträge in zwei Währungen ausgewiesen: Euro und nationale Devise. Eventuell wird nicht jeder einzelne Posten, sondern nur der Kontensaldo in D-Mark und Euro ausgewiesen. Das spart den Banken Kosten und Rundungsprobleme.

Der Kunde muß sich aber in der Praxis entscheiden, ob er sein Konto in D-Mark oder Euro führen will. Wegen der Rundungseffekte ist es nicht möglich, ein Konto gleichzeitig in Euro und D-Mark zu führen. Die Beträge in Euro und D-Mark würden in vielen Fällen geringfügig voneinander abweichen.

Tip: Private Konten sollten erst am Ende der Übergangsphase umgestellt werden. Erst zu diesem Zeitpunkt wird die Mehrzahl der Transaktionen in Euro laufen.

Nur beim bargeldlosen Zahlungsverkehr (Überweisungen, Daueraufträge) hat der Kunde die Wahl: Er kann bereits in Euro vonstatten gehen. Schecks können in Euro ausgestellt werden. Unabhängig von der Rechnungseinheit auf dem Konto können die Überweisungen trotzdem wahlweise in D-Mark oder Euro erfolgen. Der Grund: Die Banken untereinander wickeln den Auftrag in jedem Fall in Euro ab. Sie rechnen D-Mark-Beträge jeweils in Euro um. Damit es bei der Umrechnung keine Probleme gibt, wird jedoch im Hintergrund stets der D-Mark-Betrag mitberechnet. Wenn also während der Überweisung ein Tausch der Währung stattfindet, wird Absender und Empfänger auch der Betrag in der anderen Währung mitgeteilt. Dieses System heißt im Banker-Deutsch „Zwei-Betragsfeld-Konzept“. Es verhindert, daß es zu großen Rundungsdifferenzen kommt.

Tip: Wer einen Teil des Jahres im Ausland verbringt, könnte aus einer frühen Umstellung wegen der Ersparnis der Umtauschgebühren Vorteile ziehen. Eventuell sollte er ein Zweitkonto in Euro einrichten. Unternehmen dagegen werden auf eine möglichst frühe Umstellung drängen: Die Abwicklung des Geldverkehrs mit Kunden und Lieferanten aus dem Ausland ist über ein Euro-Konto wesentlich einfacher und kostengünstiger.

4. Wie werden Guthaben und Kredite umgestellt?

Auch Sparbücher, Festgelder, Wertpapierdepots und Darlehen können bereits während der Übergangszeit auf Euro umgestellt werden – wenn der Kunde dies möchte. Zum 30. Juni 2002 ist die Umstellung dann obligatorisch. Diese Prozedur ist problemlos: Nur der Betrag ändert sich, Konditionen und Substanz bleiben gleich.

Es ist sogar möglich, daß Nennbetrag und Zinszahlungen in anderer Währung lauten. Der Kreditnehmer kann dann sein Darlehen in Euro führen, seine Raten aber weiterhin in D-Mark zahlen. Und der Bund wird zwar seine Schulden auf Euro umstellen, die Zinszahlungen erhält der Kunde aber je nach Wunsch in Euro oder D-Mark.

5. Was wird aus schwarzen Konten?

Der Vorsitzende der CDU-Sozialausschüsse, Rainer Eppelmann, hatte eine Idee, die für große Unruhe sorgte: Nur steuerlich deklarierte Gelder sollten in Euro umgetauscht werden, lautete sein Vorschlag.

Manchen Steuerflüchtling brachte der Euro damit ganz unerwartete Sorge: Was wird aus seinen D-Mark-Konten im Ausland? Vor Quellensteuer und Zinsabschlagsteuer haben viele Bundesbürger ihr Kapital ins Ausland gebracht. Nun liegen die Konten in Luxemburg, in der Schweiz oder Liechtenstein. Diese Gelder müssen ebenfalls bis spätestens Mitte 2002 in Euro umgestellt werden.

Beunruhigend für die Schwarzgeld-Inhaber war vor allem die Erinnerung an die deutsch-deutsche Währungsunion: Die Kontoinhaber mußten damals Anträge stellen, um die Guthaben zum 1. Juli 1990 von DDR-Mark auf West-Mark umzurechnen. Damit sollte verhindert werden, daß sich allzu viele Nicht-Ostdeutsche an dem günstigen Tauschkurs bereichern. Auf dem freien Markt war die DDR-Mark nur ein Siebtel der West-Mark wert. Umgetauscht aber wurde aus politischen Gründen im Verhältnis zwei DDR-Mark für eine West-Mark.

Nun könnten die Finanzminister der EU die Gelegenheit der Euro-Einführung nutzen, um alle Schwarzgelder aufzudecken. Der Bürger müßte für jedes Guthaben einen Antrag stellen. Die Anträge würden gesammelt und registriert. Nur wer sein Geld deklariert, bekommt Euro ausbezahlt. Alle anderen Gelder werden wertlos.

Doch schwarze Gelder werden schwarz bleiben. Der Verwaltungsaufwand einer kontrollierten Umstellung ist viel zu groß. Die Banken in der EU werden sich mit Händen und Füßen wehren, denn sie müßten einen Großteil der Kosten übernehmen. Außerdem könnten die Schwarzgelder vor dem Termin in andere Währungen wie beispielsweise Dollar getauscht werden. Und auf den freien Kapitalmärkten kann jeder sein Geld in ein anderes Land überweisen und dort in Euro oder andere Währungen umstellen lassen. Staaten außerhalb der EU werden in jedem Fall D-Mark problemlos in Euro umstellen.

Sogar innerhalb der EU zeigten sich einige Staaten schon großzügig: Belgien hat sich bereits als Zuflucht für Steuerflüchtlinge profiliert. Der Umtausch in Euro werde ohne Nachfrage abgewickelt, hat die Regierung versprochen.

6. Kostet mich die Umstellung Gebühren?

Die Euro-Umstellung kostet Geld, viel Geld. Die deutschen Großbanken rechnen mit dreistelligen Millionenbeträgen. Natürlich sind in dieser Summe auch ohnehin fällige EDV-Modernisierungen enthalten, beispielsweise für neue Rechner, neue Programme und die notwendige Umstellung auf das Jahr 2000, die viele Programme vor Probleme stellt: Sie verwechseln das Jahr 2000 mit dem Jahr 1900 – und beginnen unser Jahrhundert wieder von vorne.

Dürfen die Banken Umstellungsgebühren erheben? Die Juristen meinen nein. Für die Umstellung darf bei laufenden Verträgen nach dem Bürgerlichen Gesetzbuch (BGB) nur dann eine Gebühr verlangt werden, wenn ein Partner seine Pflichten verletzt. Dies tut der Kunde aber bei der Euro-Umstellung nicht.

7. Was ändert sich bei Auslandsüberweisungen?

Wer eine Überweisung aus dem Ausland erhält, hat bislang allen Grund sich zu ärgern: Die Bank knöpft ihm überhöhte Gebühren ab, das Geld braucht eine Ewigkeit, bis es auf dem Konto des Empfänger gutgeschrieben ist. Eine Untersuchung im Auftrag der EU-Kommission ergab im Oktober 1994, daß bei Überweisungen von 100 ECU durchschnittlich 25,4 ECU Gebühren anfielen. In 36 Prozent der Fälle kassierten die beteiligten Banken sogar gleich doppelt – vom Empfänger ebenso wie vom Auftraggeber. Dies geschah sogar, wenn der Auftraggeber ausdrücklich wünschte, alle Gebühren zu übernehmen. Im Durchschnitt brauchten die Überweisungen 4,8 Arbeitstage. Allerdings schwankten die Überweisungszeiten zwischen einem Tag und drei Wochen. Drei der 1000 Testüberweisungen waren auch nach 16 Wochen noch nicht angekommen.

Nun soll eine EU-Richtlinie den Wildwuchs beseitigen: Grenzüberschreitende Überweisungen müssen in fünf Tagen abgewickelt werden. Erhält ein Institut die Zahlung muß der Empfänger den Betrag innerhalb eines Werktages gutgeschrieben bekommen. Damit soll eine Überweisung nach sechs Tagen beim Empfänger sein. Für jeden Tag Verzögerung kann der Empfänger eine Zinsgutschrift verlangen.

8. Was bringt der Wegfall des Geldumtausches im Ausland?

Als praktischer Vorteil der Währungsunion wird gerne zitiert, daß der Verbraucher nun beim Urlaub innerhalb Europa den teuren Umtausch spart. Privatpersonen müssen bisher für den Urlaub in Frankreich oder Italien ihre heimische D-Mark in Franc oder Lira tauschen. Die Banken verdienen am Unterschied zwischen An- und Verkaufskurs sowie zusätzlichen Gebühren.

Nach einer Berechnung der EU-Kommission hat eine Privatperson, die mit 1.000 DM zu einer Reise durch alle 15 EU-Staaten aufbricht und an jeder Grenze ihr Geld in die Landeswährung umtauscht, am Ende der Reise ohne je etwas gekauft zu haben nur noch 500 DM übrig. Verdient haben allein die Banken.

Allerdings ist dieses Beispiel reichlich realitätsfremd: Die Zahlung per Kreditkarte oder das Geldziehen über die EC-Karte am Geldautomaten ist sehr viel günstiger. Doch immerhin: Jährlich geben die Bundesbürger rund 45 Milliarden DM in EU-Ländern aus. Schon eine Umtauschgebühr von 2,5 Prozent ergibt 1,125 Milliarden DM Kosten, die künftig gespart werden.

9. Drohen versteckte Preiserhöhungen durch die Umrechnung?

Es ist nicht ganz einfach, ein Marmeladenglas, das bisher 1,49 DM kostet, in Euro umzurechnen. Angenommen, ein Euro entspricht 1,9836 DM, dann müßte die Marmelade künftig 0,75 Euro kosten. Das dürfte wohl kaum ein Hersteller oder Einzelhändler anbieten. Was tun? Soll er den Preis auf die psychologisch wichtige Schwelle von 0,69 Euro drükken? Oder doch lieber 0,79 Euro nehmen? Vermutlich wird er lieber die günstige Gelegenheit nutzen und den Preis ein wenig erhöhen.

0,04 Euro ist nicht viel Geld, werden Sie vielleicht sagen. Doch immerhin ist dies eine Preiserhöhung von 5,3 Prozent. Falls jeder Produzent und Dienstleister so agiert, könnte der Euro für einen kräftigen Preisschub sorgen. Zu rechtfertigen wäre der Preisaufschlag leicht: Schließlich kostet die Umstellung der Preise Geld.

Nur unverdrossene Euro-Protagonisten rechnen bereits in der ersten Umstellungsphase mit sinkenden Preisen. Die EU-Kommission beispielsweise verweist auf den intensiven Wettbewerb. Viele Unternehmen könnten gezielt mit der Abrundung werben. Das Motto: „Wir rechnen ehrlich." Umgekehrt laufen Euro-Möchtegernprofiteure Gefahr, von den Medien an den Pranger gestellt zu werden.

Richtig ins Geld gehen kann die Umrechnung auch bei größeren Summen.

Beispiel Hypothekendarlehen:

Ein Bauherr hat Schulden von 400.000 DM, die auf Euro umgestellt werden. Der Umtauschkurs beträgt 1,85674. Die Devisenmärkte rechnen gewöhnlich auf drei und mehr Stellen hinter dem Komma. Das macht bei exakter Umrechnung 215 431,34 Euro. Wird dagegen nach der zweiten Stelle hinter dem Komma aufgerundet, beträgt der Umtauschkurs 1,86. Seine Schulden belaufen sich auf 215 053,76 Euro – ein Unterschied von rund 378 Euro oder 700 DM.

Einige Experten fordern sogar, daß im Finanzsektor – also bei Banken, Versicherungen und Fonds – mit sieben oder acht Stellen hinter dem Komma gerechnet werden müsse.

Daher werden wohl rechtliche Vorschriften notwendig sein, wie D-Mark-Guthaben und -Verbindlichkeiten in Euro umgerechnet werden. Nur so kann garantiert werden, daß überall nach den gleichen Regeln verfahren wird. Bisher steht nur fest, daß kaufmännisch auf den nächsten Cent-Betrag gerundet wird. Bei einer Summe von der Mitte – also 5 – wird bereits aufgerundet. Aus 2,995 Euro werden also genau 3 Euro.

10. Wie wird der Gang in den Supermarkt aussehen?

Besonders schwierig wird der Gang in den Supermarkt ab Anfang 2002. Der Verbraucher muß sich an neue Preise gewöhnen, die Einzelhändler müssen wahrscheinlich in zwei Währungen abrechnen. Die großen Supermärkte und Kaufhäuser werden wohl unterschiedliche Kassen für D-Mark und Euro einrichten. Kleine Läden müssen vielleicht zwei Kassiermaschinen an einer Kasse aufstellen. Die Frage lautet nicht mehr „Zahlen Sie bar oder mit Kreditkarte?", sondern „Zahlen Sie in Mark oder Euro?"

Die Preise an den Regalen werden in Euro und D-Mark lauten. Die doppelte Preisauszeichnung dämpft übrigens die Neigung zu versteckten Preiserhöhungen zunächst beträchtlich. Wahrscheinlich werden die alten Schwellenpreise in D-Mark zunächst beibehalten. Der Euro-Betrag dagegen ist krumm. Erst nach der vollständigen Umstellung auf Euro dürften die Preise in Bewegung geraten.

Die Kassenbons lauten ab 1. Januar 2002 auf die neue Währung. Wenn es gesetzlich vorgeschrieben sein sollte, beide Währungen auszuweisen, wird der Kunde zwei Bons bekommen: Einen Bon in Euro, den anderen in D-Mark.

Die Kosten für den Handel werden sich auf einen zweistelligen Milliardenbetrag belaufen. Die Einzelhändler plädieren daher für die Umstellung auf einen Schlag, den „Big Bang". Je länger die Übergangsphase dauere, desto teurer werde sie. Und die Kosten müsse letztlich der Kunde tragen.

11. Wie werden die öffentlichen Unternehmen reagieren?

Die öffentlichen Energieversorger, Post, Telekom, Stadtwerke und der öffentliche Personennahverkehr werden voraussichtlich erst am Ende der Übergangszeit auf Euro umstellen. Diese Betriebe werden sich den Aufwand der doppelten Kontenführung sparen. Paradoxerweise ist bei ihnen die Gefahr besonders groß, daß sie den Euro zu Preiserhöhungen nutzen. Zwar könnten sie problemlos die Gebühren in krummen Beträgen einziehen. Doch da sie keinen Wettbewerb zu fürchten brauchen, nutzen sie vermutlich die Chance zu Preiserhöhungen. Was wird wohl beispielsweise aus der 1,10-Mark-Briefmarke? 55 oder 60 Cent?

12. Sind die neuen Euro-Banknoten leichter zu fälschen?

Vermutlich nicht, auch wenn findige Betrüger es ausnutzen wollen, daß die Bürger den Umgang mit dem neuen Geld noch nicht gewohnt sind. Fälschungen werden nicht so schnell erkannt. Doch das Europäische Währungsinstitut (EWI) strebt den höchsten Sicherheitsstandard an. Dazu gehört ein Sicherheitsfaden, lichtreflektierende Folien und einige Besonderheiten beim Druck. Die Öffentlichkeit wird rechtzeitig informiert, woran die Echtheit des neuen Geldes am besten zu erkennen ist.

13. Was passiert, wenn ich aus Versehen Euro und D-Mark verwechsle?

In der Übergangsphase könnten Betrüger versuchen, den Verbraucher mit der Verwechslung der Währungen übers Ohr zu hauen. Das funktioniert so, wie heute bei Kreditkarten: Statt D-Mark wird einfach Euro auf die Rechnung oder in den Vertrag geschrieben. Wer nicht genau hinsieht, der unterschreibt – und ist schon gefangen.

In der Übergangszeit dürfen Verträge in D-Mark und Euro geschlossen. Dies werden vermutlich vor allem Drückerkolonnen bei Haustürgeschäften nutzen. Der Gesetzgeber sollte dafür sorgen, daß bei solchen eindeutigen Verwechslungen der Kunde ein einfach durchzusetzendes Rücktrittsrecht hat.

14. Wie werden die Automaten umgestellt?

Geldautomaten

Alle 130 000 Geldautomaten in Deutschland sind heute auf die nationale Währung eingestellt. Ob sie tatsächlich von einem Tag auf den anderen umzustellen sein werden, ist fraglich. Vermutlich werden die Hersteller die sechsmonatige Phase brauchen, in der Euro und nationale Währung parallel laufen, um die Automaten mit den neuen Geldscheinen zu füttern.

Und was wird wohl aus den immer zahlreicher werdenden Geldautomaten, die Devisen umtauschen? Nun, sie werden wohl nur noch für

Touristen, die von außerhalb der Währungsunion kommen, interessant sein.

Telefonzellen

Keine Umstellungsprobleme sieht die Deutsche Telekom. Die Telefonzellen können schon heute mehrere Sorten Münzen erkennen, warum also nicht auch noch ein paar Cent und Euro? Wer telefoniert, kann also in der Übergangsphase in beiden Währungen zahlen. Telefoniert er mit Karte ist die Umstellung problemlos.

Münzautomaten

Ob Bahnfahrkarte, Zigaretten, Kondome oder Kaugummis – mehr als drei Millionen Münzautomaten stehen in der Bundesrepublik. Sie müssen im ersten Halbjahr 2002 umgestellt werden. Nach und nach werden sie auf Euro umgestellt. Eine Annahme von zwei Währungen gleichzeitig ist nicht möglich. Die Kosten werden auf mehr als eine halbe Milliarde Mark geschätzt.

Die Umstellung ist aber gar nicht so schwierig. Fast alle Automaten werden bereits heute schon international verkauft. Sie sind daher relativ leicht auf unterschiedliche Münzen oder Scheine umzurüsten. Bei den neueren elektronischen Apparaten ist dies noch leichter als bei den alten mechanischen Geräten.

Arbeitnehmer: Licht und Schatten

Mobilität: Die Beschäftigten ziehen öfter um

Die Währungsunion macht die Arbeitnehmer mobiler. Über kurz oder lang wird es viel selbstverständlicher werden, von einem Land ins andere zu ziehen. Löhne und Preise sind direkt vergleichbar: Wenn in einem Land höhere Löhne gezahlt werden, gibt dies den Beschäftigten anderorts zu denken und erhöht den Anreiz zum Umzug. Oder in einem Land gibt es nicht genügend Arbeitsplätze: Auch dann bietet sich der Umzug innerhalb der Währungsunion an.

Allerdings sind die Hindernisse psychologischer, kultureller und sprachlicher Natur immer noch groß:

- Die Fremdsprachenkenntnisse der Europäer lassen immer noch zu wünschen übrig. Nur Englisch ist weit verbreitet, nicht aber Französisch, Deutsch oder Italienisch.
- Die Kultur der einzelnen Länder ist sehr unterschiedlich. Wer von Deutschland nach Italien zieht, muß jedenfalls mehr Toleranz mitbringen, als wenn er von Hamburg nach München geht.
- Die Europäer ziehen – vor allem im Vergleich mit den USA – wenig um. Vor allem Langzeitarbeitslose sind wenig mobil. Sie scheinen sich in ihr Schicksal zu ergeben.

Ob die Währungsunion aber tatsächlich so mobil wird, wie es im Vertrag geplant ist und auch ökonomisch sinnvoll wäre, ist fraglich. Die Integration der europäischen Arbeitsmärkte sorgt bislang eher für Unruhe. Bestes Beispiel ist die deutsche Bauindustrie: In den vergangenen Jahren kamen Tausende von Bauarbeitern aus Großbritannien, Irland und Portugal und begannen im Auftrag von Unternehmen aus ihren Ländern zu arbeiten. Ihre Löhne sind deutlich niedriger als die Stundensätze der deutschen Kollegen. Viele deutsche Bauarbeiter verloren ihren Arbeitsplatz.

Die Bundesregierung verabschiedete daraufhin ein „Entsendegesetz“. Alle „entsandten“ EU-Ausländer müssen auf deutschen Baustellen zumindest die Minimallöhne bekommen. Damit werden die ausländischen Firmen um ihren Kostenvorteil gebracht, Bauen in Deutschland bleibt teuer.

Das Entsendegesetz ist ökonomisch höchst fragwürdig. Es läßt Zweifel aufkommen, ob die Arbeitskräfte in der Währungsunion künftig tatsächlich frei wandern dürfen. Ein gesetzlicher Schutz von Branchen torpediert die Vorteile des Binnenmarktes. Die Zeche zahlt der Verbraucher.

Wirtschaftsleistung in Europa: Gesunde Annäherung
(Bruttoinlandsprodukt je Einwohner 1996 nach Kaufkraftparität; EU-Durchschnitt = 100)

Luxemburg	171
Dänemark	116
Belgien	112
Österreich	111
Deutschland	110
Niederlande	108
Frankreich	107
Italien	102
Schweden	100
Irland	99
Großbritannien	97
Finnland	97
Spanien	77
Portugal	66
Griechenland	66

Quelle: Eurostat

Löhne: Abstriche drohen

Die Flexibilität der Arbeitskräfte im Binnenmarkt bedroht das hohe deutsche Lohnniveau. Auch Branchen, die bisher relativ abgeschirmt vom internationalen Wettbewerb waren, bekommen nun Preis- und Lohndruck zu spüren. Der Euro verstärkt den Wettbewerb. Er hält die Gewinne der Unternehmen in Grenzen, und die meist niedrigeren ausländischen Löhne drücken die deutschen Arbeitsentgelte.

Die Lohnpolitik in der Euro-Union wird für die deutschen Gewerkschaften schwieriger. Lohnsteigerungen müssen noch stärker als bisher durch eine höhere Produktivität finanziert werden. Sonst wird lediglich die Inflation angeheizt. Dies gilt auch für die anderen Teilnehmer an der Währungsunion.

Früher konnten zu große Lohnerhöhungen im Export durch Abwertungen der Währung ausgeglichen werden. Die Inflation im Inland aber blieb und wurde noch verstärkt, da nach der Abwertung Importe teurer wurden.

Auch bei wirtschaftlichen Krisen kann nicht mehr über eine Abwertung der Währung reagiert werden; stattdessen müssen Löhne und Kosten gesenkt werden.

Mit den größeren Arbeitsmärkten verliert auch die nationale Tarifpolitik an Bedeutung. Dieser Prozeß hat aber schon längst begonnen: Die Lohnverhandlungen werden stärker in die einzelnen Betriebe verlagert. Nur florierende Unternehmen können großzügige Lohnerhöhungen gewähren. Bei Unternehmen in der Krise müssen die Mitarbeiter vermutlich sogar auf Lohnerhöhungen verzichten oder sogar Lohnkürzungen hinnehmen. Solange allerdings an der Währungsunion nur die Kernländer teilnehmen, halten sich die Lohnunterschiede in Grenzen. Michael Geuenich, Vorstandsmitglied des Deutschen Gewerkschaftsbundes: „Wir rechnen nicht damit, daß wegen der Währungsunion die Löhne in Deutschland stärker unter Druck geraten werden."

Allerdings gibt es auch eine Gegenbewegung – jedoch eine bedenkliche. Große Lohnunterschiede werden in der Währungsunion nicht dauerhaft zu halten sein. Die ärmeren EU-Länder werden neidvoll auf die hohen Löhne der wohlhabenden Nationen blicken und einen Ausgleich verlangen. Doch wohin Lohnsteigerung oberhalb der Produktivität führen, zeigt das Beispiel der neuen Bundesländer: Das drastische Heraufschrauben der Löhne sorgte für eine Rekordarbeitslosigkeit. Die Kosten wurden auf den reicheren Westen überwälzt: Er mußte durch Sozialleistungen, Subventionen und Arbeitslosenunterstützung die Zeche zahlen. Der gleiche Vorgang würde auch in der Währungsunion drohen.

Arbeitslosigkeit in der EU: Deutschland im Mittelfeld (Angaben in Prozent)	
Spanien	20,9
Finnland	15,9
Frankreich	12,5
Italien	12,4
Irland	10,9
Schweden	10,8
Deutschland	9,6
Belgien	9,6
Großbritannien	7,0
Portugal	6,9
Dänemark	6,3
Niederlande	5,9
Österreich	4,4
Luxemburg	3,7

Quelle: Eurostat, Sommer 1997

Praktische Fragen für Arbeitnehmer

1. Wann werden die Löhne in Euro gezahlt?

Die Banken und Finanzmärkte werden schon ab 1. Januar 1999 intern in Euro rechnen. Der Arbeitnehmer aber wird seinen Lohn wohl erst ab 1. Januar 2002 in Euro ausbezahlt bekommen. Vorher gibt es schließlich noch gar keine Scheine, die er ausgeben könnte. Besonders fortschrittliche Unternehmen dürften ihren Mitarbeitern schon vorher Gehaltszettel in doppelter Währung aushändigen – damit sich der Arbeitnehmer schon einmal an die niedrigeren Ziffern in Euro gewöhnen kann. Die Unternehmen müssen nämlich bis Anfang 2002 mit den Sozialversicherungen in D-Mark abrechnen.

2. Gefährdet der Euro Arbeitsplätze?

Vermutlich nicht. Der Euro kann sogar Wachstum und Beschäftigung fördern, da der einheitliche Binnenmarkt die europäischen Unternehmen international wettbewerbsfähiger macht. Es gibt allerdings keinen direkten Zusammenhang zwischen dem Euro und dem Arbeitsmarkt. Neue Arbeitsplätze hängen von der Wettbewerbs- und Innovationskraft der Unternehmen ab. Der Euro schafft einen größeren einheitlichen Markt und damit zusätzliche Chancen für Unternehmen – und auf lange Sicht vielleicht neue Arbeitsplätze.

Der Euro nimmt dem Standort Deutschland aber auch den Vorteil der stabilen Währung. Früher schreckte mancher zurück, bevor er tatsächlich in Frankreich investierte. Der chronisch schwache Franc bedrohte den langfristigen Wert der Investition.

Steuern und Sozialversicherung: Harmonisierung in Europa

Eine der Sorgen der Bundesbürger ist, ob der Euro weitere Steuererhöhungen bringen wird. Die deutsche Einheit und die leeren Versprechungen der Regierung haben ihre Spuren hinterlassen. Doch diesmal ist die Angst der Deutschen unbegründet. Anders als bei der deutsch-deutschen Einheit schließen sich wirtschaftlich gesunde Länder zusammen. Kurzfristig wird es daher keine Steuererhöhungen wegen des Euros geben.

Anders könnte die langfristige Entwicklung aussehen: Noch ungelöst ist das Problem, wie Ungleichgewichte in der wirtschaftlichen Entwicklung ausgeglichen werden. Sollte Deutschland als schon bisher größter Nettozahler auch hier den Löwenanteil der Subventionen tragen müssen, sind Steuererhöhungen notwendig.

Die größten praktischen Auswirkungen dürfte die Währungsunion jedoch zunächst auf die Harmonisierung der Steuern haben. Einige kleinere Steuern – etwa die Schaumweinsteuer – dürften wegfallen, andere Steuern – etwa die Mehrwertsteuer – werden vermutlich erhöht. Schließlich ist diese Steuer in Deutschland im EU-Vergleich noch relativ niedrig.

Besteuerung von Kapitalanlagen: Große Unterschiede

Die Besteuerung von Zinsen und Dividenden ist in der Europäischen Union höchst unterschiedlich geregelt. Wie besteuert wird, ob es Rückerstattungen gibt oder sogar Freibeträge – all dies liegt im Ermessen der nationalen Staaten.

Die unterschiedliche Besteuerung der Kapitalanlagen dürfte in der Währungsunion nicht lange aufrechtzuerhalten sein. Entscheidend für die Anleger ist nicht die Bruttorendite – also die Rendite vor Steuern –, sondern die Nettorendite, also die Rendite nach Abzug der Steuern. Die Unterschiede in der Besteuerung führen daher zu Kapitalzu- oder abflüssen, und dies beeinflußt unmittelbar die Zinsen.

Große Steuerunterschiede würden die Integration des Finanzmarktes massiv behindern. Vermutlich werden die Steuern auf Kapitaleinkünfte im Durchschnitt der EU-Mitgliedsstaaten sogar sinken, da ein Wettbewerb um das Kapital einsetzt.

Zinssteuern: Luxemburger Freiheit

Zinsen bleiben in Luxemburg, den Niederlanden und Dänemark steuerfrei. Deutschland kassiert 30 Prozent Zinsabschlagsteuer plus Solidaritätszuschlag, also 32,25 Prozent.

In Frankreich, Österreich, Großbritannien, Irland und Italien werden Zinseinnahmen von Ausländern zwar besteuert, sie können die Summe aber später wieder zurückbekommen. In Belgien, Spanien und Portugal bekommen sie nur einen Teil der Steuern wieder zurück.

Quellensteuern in der EU

Länder	Inländer (in Prozent)	Ausländer	Erstattungs-möglichkeit
Belgien	13,4/25,75	13,4/25,75	teilweise
Dänemark	– (Kontroll-mitteilung	frei	
Deutschland	30	frei (Nachweis)	
Finnland	20–25	frei (Nachweis)	
Frankreich	10	15/0	ja
Großbritannien	25	25	ja
Irland	27	27	ja
Italien	12,5/6,5	12,5/6,5	ja
Luxemburg	–	–	–
Niederlande	– (Kontroll-mitteilung	–	
Österreich	22	22	ja
Portugal	0–25	10–15	teilweise
Schweden	keine Quellensteuer		
Spanien	25	25	teilweise

Quelle: Commerzbank

Dividenden: Ärgerliche Doppelbesteuerung

Das größte Problem der Aktienanlage in anderen EU-Ländern ist, daß die Dividendeneinnahmen oft doppelt besteuert werden. Die Gewinnausschüttungen werden zunächst am Unternehmenssitz besteuert, und dann noch einmal am Wohnsitz des Steuerpflichtigen. Wer doppelt zur Kasse gebeten wird, für den lohnt sich das Engagement oft nicht mehr.

Die EU-Staaten haben deshalb untereinander sogenannte Doppelbesteuerungsabkommen geschlossen, um die doppelte Besteuerung zu vermeiden. Dennoch sind Anleger, die deutsche Aktien besitzen, besser gestellt: Ausländische Werte sind zweimal einer Besteuerung unterworfen, im Ausland und in der Bundesrepublik, für deutsche Aktien dagegen gilt das „Vollanrechnungssystem". Ein Aktionär bekommt in seiner persönlichen Einkommensteuererklärung die vom Unternehmen auf die ausgeschütteten Gewinne gezahlten Steuern angerechnet. Damit zahlt er nur die Steuern nach seinem individuellen Einkommensteuersatz.

Andere Länder wie die Niederlande und Luxemburg dagegen bevorzugen das „klassische System". Der Aktionär kann die vom Unternehmen bereits gezahlten Steuern nicht geltend machen. Bei den Teilanrechnungssystemen in Frankreich, Großbritannien, Irland und Dänemark dagegen werden die Unternehmenssteuern immerhin teilweise auf die Einkommensteuer der Aktionäre angerechnet.

Gesetzliche und betriebliche Renten: Kein Grund zur Sorge

Unbesorgt können die gesetzlich Rentenversicherten dem Euro entgegensehen: Sie bleiben dank des Umlageverfahrens ungeschoren. Denn die gesetzliche Rentenversicherung sammelt kein Kapital an, sondern finanziert die Rentenzahlung praktisch sofort aus den einlaufenden Beiträgen. Die künftigen Euro-Renten werden also aus einlaufenden Euro-Beiträgen bezahlt. Das Umlageverfahren sorgt dafür, daß keine Risiken durch die Währungsunion entstehen. Die Rentenversicherer müssen lediglich die Kosten der Umstellung finanzieren.

Nach 1999 bleibt zunächst alles beim alten: Die deutschen Rentner erhalten ihre Zahlungen in D-Mark. Erst ab 1. Januar 2002 stellt die Sozialversicherung auf Euro um. Die Rente wird nach dem festgelegten Umtauschkurs umgerechnet.

Vorteile bringt der Euro für alle Rentner, die im Währungsunions-Ausland leben: Sie kommen künftig direkt in Euro und zu günstigeren Bankspesen an ihr Geld.

Unbesorgt können auch die Betriebsrentner dem Euro entgegensehen: Die Substanz ihrer Rente bleibt erhalten. Die Wirkung der Währungsunion ist je nach Form der Betriebsrente verschieden:

- Direktversicherung: Mittelständische Unternehmen wählen meist die Direktversicherung, also eine Lebensversicherung, deren Prämien entweder direkt vom Arbeitgeber oder vom Arbeitnehmer per Gehaltsumwandlung gezahlt wird. Dahinter verbirgt sich eine ganz normale Kapitallebensversicherung. Die Police wird wie eine übliche Lebensversicherungs-Police umgestellt. Nähere Informationen finden Sie im Kapitel über Lebensversicherungen.

- Pensions- und Unterstützungskasse: Die laufenden Renten werden vermutlich zum 1. Januar 2002 auf Euro umgestellt. Auch die Betriebsrentner müssen keine Verluste durch die Euro-Einführung befürchten.

Praktische Fragen für Steuerzahler und Sozialversicherte

1. Ist der Euro schuld an Steuererhöhungen und der Streichung sozialer Leistungen?

Seit 1991 werden die deutschen Steuerzahler geschröpft wie selten zuvor. Die Sozialleistungen werden zu gleicher Zeit immer stärker gekürzt, Stadtbüchereien und Schwimmbäder schließen. Für die höheren Steuern erhält der Bürger also immer weniger Leistungen. Oft werden die Maastricht-Kriterien für die Sparpakete in Europa verantwortlich gemacht. Doch dies ist nur ein Teil der Antwort.

Richtig ist, daß Maastricht verhindert, daß die Regierungen die Konjunktur über Ausgabenprogramme ankurbeln. Maastricht zwingt zum Sparen. Die Haushaltskürzung wirkt kurzfristig als Konjunkturbremse und verstärkt damit die Rezession. Langfristig jedoch hat ein gesunder Haushalt wirtschaftliche Vorteile. Maastricht bremst die Ausgabenwut der Regierungen. Daß Maastricht vielleicht zu einem ungünstigen Zeitpunkt kam, nämlich mitten in der Rezession, steht auf einem anderen Blatt.

2. Was kostet der Druck des neuen Geldes?

Die Bürger müssen die Zeche zahlen. In ganz Europa werden sechs Milliarden Banknoten ersetzt, allein in Deutschland 2,6 Milliarden. Jeder Deutsche hat durchschnittlich 31 Scheine in der Tasche oder zu Hause – insgesamt mit einem Nennwert von rund 250 Milliarden DM. Hinzu kommen 46 Milliarden Münzen in Deutschland.

Es ist jedoch erstaunlich billig, Banknoten zu drucken oder Münzen zu prägen. Der Druck eines Geldscheines kostet rund 18 Pfennig, die Herstellung eines Marktstückes nur gut zwei Pfennig. Nur die Prägung des 1-Pfennig-Stückes ist ein Verlustgeschäft, doch der wird ja durch den Euro abgeschafft. Die kleinste Münze ist das Cent-Stück, und das ist bereits kostendeckende zwei Pfennig wert.

Unternehmen: Übergang mit Problemen

Fallbeispiel Siemens: Ein Multi bereitet sich vor

Freitagnachmittag um 17 Uhr ist für die meisten Siemens-Mitarbeiter die Welt längst in Ordnung. Doch statt zu Hause bei ihren Familien zu sein, trafen sich um diese Zeit vier Herren in einem Konferenzraum am Wittelsbacher Platz in München. Nur Kaffee und die Kekse auf dem Tisch deuteten darauf hin, daß es sich nicht um einen frühen Skatabend, sondern um ein dienstliches Treffen handelt.

Über Wochen diskutierten die vier Siemensianer im Frühjahr 1995 ein großes Thema, das damals noch Zukunftsmusik war – der Euro: Kommt er, oder kommt er nicht? Wie weich wird er sein? Wie werden sich die Teilnehmerstaaten verhalten? „Wir hatten Stammtisch-Niveau", erinnert sich Hannes Sill, damals Leiter der Abteilung „Grundsätze/Projekte" in der Zentralabteilung Finanzen.

Eines Abends platzte dem damaligen Finanz-Experten und Treasurer Heinz-Joachim Neubürger, heute Finanzvorstand, der Kragen: „Selbst wenn wir noch Zweifel haben, die Banken haben keine." Dr. Sebastian Brachert aus der Rechtsabteilung und Bernd Vogt, der die Konzernbilanz erstellt, stimmten zu: Sie saßen nicht in Bonn, sondern in München. „Unsere Frage war nicht ob, sondern wann und wie", so Sill.

Von da an ging es ans Eingemachte. „Die Abende wurden länger", sagt Hannes Sill: „Nur wenn einer zu Hause Zoff hatte, sind wir um 18 Uhr wieder aufgebrochen."

Der Verzicht der Familien hat sich gelohnt: Heute ist Siemens vermutlich von allen deutschen Unternehmen am besten auf die Einführung des Euro am 1. Januar 1999 vorbereitet. Der Termin der internen Umstellung auf Euro steht fest, sieben Arbeitsgruppen mit mehr als 50 Mitgliedern brüten über den Euro-Folgen. Der Euro ist für Siemens mehr als nur ein technisches Umstellungsproblem: Die Siemens-Manager stellen ihre bisherigen Strategien und Standorte in Frage.

Zunächst sammelte das Euro-Quartett um Hannes Sill die offenen Fragen: Wieviele Gesetze müssen geändert werden, weil D-Mark durch Euro ersetzt wird? Wie werden die geraden D-Mark-Beträge in Euro umgerechnet? Und die wichtigste Frage: Müssen wir nicht alle Bücher doppelt führen?

Im Mai 1996 dann der erste öffentliche Auftritt: Die „Turnhalle", wie der große Sitzungssaal im Siemens-Hauptgebäude spöttisch genannt wird, füllt sich mit mehr als 60 Teilnehmern aus den damals 17 Bereichen und zwei Auslandsgesellschaften. Um 9.30 Uhr eröffnet Neubürger die Sitzung: Mehr als zwei Stunden lang marschiert er durch die Vielzahl von Themen, die die Euro-Diskussionsrunde entdeckt hat. „Den meisten Teilnehmern gingen erstmals die Folgen des Euro auf", sagt Sill. Selbst die

Abteilung Zentrale Unternehmensplanung hatte sich zum Thema Euro noch keine großen Gedanken gemacht.

Um die Dringlichkeit klar zu machen, war die Entscheidung für den Umstellungstermin bereits gefallen: „Wir steigen so früh wie möglich um, um das neue Denken möglichst rasch ins Unternehmen zu tragen", so Sill. Am 30. September 1999 endet das erste Bilanzjahr nach Einführung des Euro – und damit zugleich die Ära der D-Mark bei Siemens. Ab dem 1. Oktober 1999 – nur neun Monate nach Beginn der dreijährigen Übergangsphase zum Euro – rechnet Siemens nur noch in der europäischen Einheitswährung.

Damit prescht der Münchener Multi weit vor. Nach den Beschlüssen des EU-Gipfels von Madrid können die Unternehmen mit Beginn der dritten Stufe Anfang 1999 den Euro verwenden, sie müssen aber nicht. Es gelten die Grundsätze „No prohibition" (kein Verbot) und „No compulsion" (kein Zwang). Erst im Jahr 2002 wird der Euro Pflicht.

Mit der Umstellung zum ersten Bilanzstichtag vermeidet Siemens das aufwendige Führen von getrennten Konten: „Eine Doppel-Welt ist zu teuer", sagt Sill. Ein Rumpfgeschäftsjahr kam nicht in Frage, weil die Kosten hoch und die Werte nicht vergleichbar sind. Doch schon ab 1. Januar 1999 müsse Siemens damit rechnen, daß Kunden eine Abrechnung in Euro wünschen. Im Sommer werden alle Lieferanten und Kunden eine Mitteilung erhalten, daß Siemens am 1. Oktober 1999 auf den Euro umstellt. Die Kunden können ab diesem Datum wählen, ob sie die Rechnung in D-Mark oder Euro haben wollen.

Seit Anfang 1997 ist die Fahrt in Richtung Euro noch beschleunigt worden: „Nur noch 400 Arbeitstage bis zur Euro-Einführung", rechnete Michael Sen, Mitarbeiter in der Finanz-Abteilung, vor. Hannes Sill wurde zum „Leiter des Projekts zur Umsetzung des Europäischen Währungsunion" befördert, kurz „Mister Euro" genannt. Als Euro-Paten fungieren die Vorstände Karl-Hermann Baumann und Jürgen Radomski. Sieben Arbeitsgruppen werden gegründet: Treasury & Zahlungsverkehr, Steuern & Recht, Geschäftsverkehr & Einkauf, Rechnungslegung & Controlling, Personal, Datenverarbeitung – und Strategie.

In einem Rundschreiben forderte der Vorstand die 16 Geschäftsbereiche auf, Euro-Beauftragte zu benennen. Eine Aufgabe, die viele noch zu leicht nehmen, so Sill: „Die Euro-Verantwortlichen und die Teilnehmer der Arbeitsgruppen sind zu rechnungswesen-lastig. Wichtiger wäre eine ausgeprägte Geschäftsnähe." Aber dies sei wohl ein Spiegelbild der Vorstellungen, worauf es beim Euro ankommt. Immer noch sähen zu viele die Umstellung als reine organisatorische Leistung.

Der Euro betrifft beinahe alle Bereiche von Siemens. Die Steuer- und Rechts-Experten müssen die Auswirkungen auf bestehende Verträge klären, die Finanzabteilung die Umstellung des Aktiennennwertes von derzeit 5 DM auf Euro. Die EDV-Arbeitsgruppe muß durch eine Betroffenheitsanalyse feststellen, welche Bereiche von der Euro-Einführung tangiert sind. „Im Prinzip ist es jedes Verfahren, in dem ein Wertfeld vorkommt", sagt Sill. Mit der internen Umstellung auf Euro muß die ganze Daten-Historie umgestellt werden, so als wäre eine Anleihe vor fünf Jahren schon in Euro gekauft worden. Selbst die Personalabteilung ist betroffen: Wann werden die 283 000 europäischen Mitarbeiter informiert? Wann bekommen sie die neue Lohn- und Gehaltstabelle? Auch die Abstimmung mit Finanzamt und Sozialversicherung muß klappen.

Die interessantesten Auswirkungen des Euro aber werden in der Arbeitsgruppe Strategie diskutiert: Wie verändert der Euro den Wettbewerb? Was bedeutet er für die Standortwahl? Und welche Potentiale bietet er für den Konzern?

Europa ist der wichtigste Markt für Siemens. Mehr als zwei Drittel des Umsatzes von 94,2 Milliarden DM stammen aus den europäischen Ländern. Vom Bruttoergebnis 1995/96 in Höhe von 3,2 Milliarden DM kommen 1,7 Milliarden DM aus Deutschland und 0,9 Milliarden DM aus dem übrigen Europa. Europa ist auch der Schwerpunkt der Fertigung.

Für das Unternehmen Siemens hat der Euro zunächst einen negativen Effekt: Die europäische Währung sorgt für Preistransparenz. Kosten und Preise lassen sich nun europaweit direkt vergleichen, unterschiedliche Preisstragien lassen sich kaum noch weiter durchhalten. Das boomende Internet erleichtert den Kunden den Vergleich noch. Auch kleine Preisunterschiede können mit dem Euro problemlos ausgenutzt werden. Das in Deutschland traditionell hohe Preisniveau wird auf Dauer nicht zu halten sein. „Der Wettbewerb um den Kunden wird schärfer", sagt Sill: „Schließlich landen alle bei den niedrigsten Preisen."

Doch dem höheren Wettbewerbsdruck stehen eine Reihe von Vorteilen gegenüber:

- Neue Produkte: Besonders in der Übergangszeit der dritten Stufe kann Siemens neue Produkte plazieren. Handel, Banken, Versicherungen, Industrie und Dienstleister müssen auf Euro umstellen. Siemens will Hard- und Software sowie Dienstleistungen liefern.
- Transaktionen werden leichter, schneller und kostengünstiger. Kurssicherungen und Wechselkursaufwendungen fallen weg. Kalkulation, Planung und interne Berichterstattung sind einfacher und sicherer, da feste Wechselkurse gelten und das Zinsniveau in der EWU relativ einheitlich werden dürfte. Der Aufwand für interne Benchmark-Analysen ist geringer.
- Sourcing (Beschaffungsseite): Was Siemens als Verkäufer so große Sorgen macht, kann das Unternehmen als Einkäufer nutzen. Währungsbedingte Handelsbarrieren fallen weg. Siemens kann verstärkt außerhalb Deutschlands einkaufen. Für die Lieferanten steigt der Wettbewerbsdruck. Auf der Kapitalseite wird die Konkurrenz der Banken zunehmen. Siemens bekommt Kapital zu besseren Konditionen. Der Euro schafft den zweitgrößten Rentenmarkt und den drittgrößten Aktienmarkt der Welt. Das erhöht das Interesse internationaler Großanleger und ermöglicht Siemens einen besseren Zugang zu den globalen Kapitalmärkten. Und selbst beim Personal steigt die Auswahl, da sich langsam ein europäischer Arbeitsmarkt bilden wird.
- Standort: Die Unterschiede zwischen den Ländern bei den Faktorkosten, Marktnähe und Steuern können genutzt werden. Bestimmte regionale Unterschiede werden künftig durch Subventionen ausgeglichen. Dies kann neue Standorte attraktiv machen.
- Interne Organisation: „Ab 1999 können wir Synergieeffekte nutzen, die vorher wegen der Währungsunsicherheiten nicht möglich waren",

sagt Sill. Nun könnten Vertriebsgesellschaften, aber auch das Vermietungsgeschäft europaweit zusammengefaßt werden.

Die Kosten für die Umstellung werden einem zweistelligen Millionenbetrag verschlingen: „Exakte Zahlen kann niemand in Europa nennen", so Sill. Viele Unternehmen würden die reinen Umstellungskosten und ohnehin fällige Investitionen vermischen, beispielsweise wenn die EDV überaltert ist.

Das größte Hindernis der Euro-Einführung bei Siemens ist ironischerweise längst nicht mehr intern zu finden. Es sind die deutschen Behörden: Sie bestehen darauf, bis zum 1. Januar 2002 alle Steuerklärungen und Sozialversicherungsbeiträge in D-Mark zu bekommen. Andere Länder sind weit flexibler: Belgien und Niederlande werden von 1999 an Steuererklärungen in Euro akzeptieren. Die Niederlande werden im Steuerbescheid sogar alle Posten in Gulden und Euro angeben.

Kommt er, oder kommt er nicht? Sill, der gerade sein 30jähriges Siemens-Jubiläum feierte, kann über die immer wieder aufflammende Diskussion nur lächeln. Er glaubte von Anfang an fest an die Einführung des Euro – selbst im Privaten. Anfang 1996 kaufte Sill eine Wohnung für seinen Sohn im Münchener Stadtteil Laim. In den Darlehensvertrag ließ er den Passus aufnehmen, daß sich der Zins bei Einführung des Euro nicht ändert. „Die Banker waren total verwirrt und haben sich tagelang mit der Zentrale abgestimmt", grinst Euro-Optimist Sill. „So als ob der Euro ein irres Risiko darstellt."

Umstellungserfordernisse der Unternehmen

Was für Siemens gilt, muß in kleinerem Maßstab auch ein Mittelständler beachten. Viele Unternehmen haben sich noch nicht ausreichend Gedanken gemacht, was mit dem Euro auf sie zukommt, klagen Unternehmensberater und der Bundesverband der Deutschen Industrie. Und der Euro wird schnell kommen: Die meisten Großunternehmen stellen so früh wie möglich um. Sie erwarten dann auch von ihren Lieferanten Preise und Rechnungen in Euro. Die multinationalen Unternehmen wollen

Vorteile der Euro-Einführung für Unternehmen

- Kostenersparnisse, da Transaktions- und Wechselkurskosten wegfallen
- Verlagerung der Wertschöpfung an neue Standorte
- höhere Preistransparenz sorgt für neue Potentiale im Einkauf von Gütern und Dienstleistung, in der Kapitalbeschaffung und -anlage sowie dem Arbeitsmarkt
- Erschließung neuer Märkte
- neue Geschäftsmöglichkeiten durch Produktinnovationen
- neues Design der Prozesse mit dem Ziel höherer Produktivität

auch ihre Lohn- und Gehaltskonten so schnell wie möglich auf Euro umstellen.

Der Trost: Die Unternehmen werden die größten Nutznießer der Umstellung auf den Euro sein. Der Wegfall von Währungsrisiken und Transaktionskosten spart ihnen viel Geld. Allein Ford Europa kosten die 14 verschiedenen europäischen Währungen jährlich 400 Millionen Dollar.

Die Systematik der Euro-Umstellung hat beispielsweise die Unternehmensberatung Gemini Consulting erarbeitet. Die wichtigsten Fragen, vor die jedes Unternehmen gestellt ist, sind die Wahl des Umstellungstermins, die Organisation der technischen Umstellung und die Art der Reaktion auf den Euro. Zwar kann kein Unternehmen der Euro-Umstellung entgehen, doch es kann unterschiedliche Ziele damit verknüpfen:

- Untere Zielebene: Die technische Umstellung erfolgt möglichst aufwandsarm.
- Mittlere Zielebene: Das Unternehmen nutzt die Vorteile aus der Währungsunion.
- Oberste Zielebene: Das Unternehmen realisiert die Chancen, die sich aus der Währungsunion ergeben.

Technische Umstellung: Großbaustelle EDV

Die wichtigste Baustelle ist die Datenverarbeitung. Ohne Computer läuft in der heutigen Wirtschaft nicht mehr viel. In den Programmen muß die D-Mark durch Euro ersetzt werden. Und weil häufig nicht alle Computerprogramme zeitgleich umgestellt werden können, muß dafür gesorgt werden, daß sie D-Mark in Euro umwandeln können.

Die Unternehmen müssen zwei technische Umstellungen vornehmen:

- Sie müssen Rechnungswesen, Lohnbuchhaltung, Kostenrechnung, Unternehmensbilanzen, Steuerwesen und Preise auf den Euro umstellen. Sie müssen neue Prospekte und Kataloge drucken, neue Preislisten und Formulare drucken. Automaten und Kassen müssen eurobereit gemacht werden. Gelegentlich ist sogar noch eine Schulung der Mitarbeiter nötig.
- Sie müssen ab 1. Januar 2002 bereit sein, Euro-Münzen und Banknoten als Zahlungsmittel zu akzeptieren. Die doppelte Preisauszeichnung, Kassenhaltung oder sogar Buchführung kann für Probleme sorgen.

Was sich mit dem Euro für Unternehmen ändert

- Verträge, Rechnungen und EDV-Systeme müssen auf Euro umgestellt werden. Alle Zahlungen müssen spätestens ab 1. Juli 2002 in Euro erfolgen.
- Die Preise müssen in Euro umgerechnet werden. Hier kann wegen der krummen Kurse der psychologisch richtige Preis schwierig zu finden sein.
- Bei allen langfristigen Verträgen müssen die Vertragspartner über die Umstellung und ihre Folgen informiert werden.
- Ab 1. Januar 2002 müssen Abrechnungen und Bilanzen in Euro erstellt werden. Auch die Finanzbehörden rechnen dann nur noch in Euro.
- Die Mitarbeiter müssen über den Euro informiert werden. Löhne und Gehälter werden ab 1. Januar 2002 in Euro ausbezahlt.

Umstellungstermin: Frühstarter oder Trittbrettfahrer

Die zentrale Entscheidung betrifft den Umstellungstermin: Alle Unternehmen müssen zwischen dem 1. Januar 1999 und dem 1. Januar 2002 umstellen. Die große taktische Frage ist, wie das Unternehmen an das Euro-Thema herangehen will: Es kann aggressiv vorgehen, mit dem Ziel, der Erste zu sein und vielleicht sogar neue Standards zu setzen, oder es kann abwarten, die Ersten ihre Fehler machen lassen und beim späteren Einstieg von deren Erfahrungen profitieren. Entscheidend für die Wahl des Weges sind die Unternehmenskultur und -philosophie sowie das Image am Markt.

Um über die Dynamik des Vorgehens zu entscheiden, fragen Sie alle Abteilungen nach ihren Möglichkeiten: Wann ist eine Umstellung sämtlicher Vorgänge von D-Mark auf Euro möglich? Wann ist die Umstellung ökonomisch sinnvoll? Wann entstehen die geringsten Kosten? Welche internen und externen Ressourcen sind notwendig?

Exportorientierte Unternehmen sollten einen möglichst frühen Termin wählen, große Unternehmen ebenfalls. Kleine und mittlere Unternehmen, die hauptsächlich im Inland tätig sind, können sich dagegen bis zum 1. Januar 2002 Zeit lassen.

Bei der Zielformulierung unterscheiden Unternehmen zwischen Euro-„Pflicht" und Euro-„Kür". In jedem Fall sollte das Unternehmen die Minimalziele Kostenminimierung, Fehlervermeidung und effiziente Umstel-

Unternehmensziele bei der Euro-Umstellung

Euro-„Pflicht" (Minimalziele)	Euro-„Kür" (Idealziele)
Kostenminimierung	Kostenneutralität
Fehlervermeidung	Erschließen neuer Ertragspotentiale
effiziente Umstellung	Kundenorientierung

Quelle: Gemini Consulting

lung erreichen. Die Idealziele sind oft nur mit erheblichem Mehraufwand zu verwirklichen:

- Kosten: Wenn es das Unternehmen schafft, die Euro-Umstellung zur Prozeßoptimierung zu nutzen, könnten die Einsparungen die Umstellungskosten ausgleichen.
- Neue Ertragspotentiale: In seiner strategischen Dimension kann der Euro Chancen für das Unternehmen eröffnen, die es zur Erschließung neuer Ertragspotentiale nutzen kann. Das Unternehmen kann Wachstumsfelder identifizieren, eine Expansion forcieren und eventuell das Produktangebot erweitern oder verbessern.
- Kundenorientierung: Statt lediglich eine reibungslose Umstellung anzustreben, sollten Unternehmen versuchen, ihre Kunden in die Analysephase einzubinden. Welche Erwartungen haben sie an das Unternehmen? Und wie gehen sie selbst die Umstellung an? Das Thema Euro kann die Kundenbeziehung stärken und das Unternehmen enger mit seinen Kunden „verzahnen". Beispielsweise könnten beide ihre neuen Euro-Abrechnungssysteme stärker aufeinander abstellen.

Als weitere Ziele können Internationalisierung, Geschäftsausweitung und Sicherung der bisherigen Qualität hinzukommen.

Die größte Sorge der Unternehmen ist, daß sie in der Übergangszeit eine doppelte Buchführung machen müssen. Dies würde viel Geld kosten, vor allem wenn auch Rechnungen doppelt ausgefertigt werden müssen. Vor allem der Einzelhandel wehrt sich gegen die doppelte Preisauszeichnung.

Alle Unternehmen müssen künftig in Euro bilanzieren. Nicht nur Aktien, sondern auch das Stammkapital von Gesellschaften mit beschränkter Haftung (GmbH) muß umgestellt werden. Die Sorge: Die Unternehmen könnten Aktiva und Passiva neu bewerten müssen.

Der Euro für Unternehmen: Welche Fragen gelöst werden müssen

Treasury und Zahlungsverkehr:
- liquidere Kapitalmärkte, besonders für Eigenkapital
- Konzentration bei Banken und Versicherungen

Steuern und Recht:
- Steuerneutralität der Einführung des Euro
- Kommunikation mit der Finanzverwaltung in Euro

Stategie:
- Neubewertung der Standorte
- Produktchancen realisieren
- Folgen für die Preise

Geschäftsverkehr und Einkauf:
- Erstellung von Preislisten
- Informationsaustausch mit Kunden und Lieferanten nach Euro-Einführung

Rechnungslegung und Controlling:
- Eröffnungsbilanz in Euro
- Kunden- und Lieferantenkonten parallel in D-Mark und Euro

Personal:
- Einkommensnachweise in Euro
- Kommunikation mit Sozialversicherungen in Euro

DV:
- Bestandsaufnahme des DV-Systems
- Umstellungskonzept für die notwendigen DV-Anpassungen

Strategische Umstellung: Neue Spielregeln

Auch wirtschaftlich muß sich jedes Unternehmen auf neue Bedingungen einstellen: Der Wechselkurs als Handelsschranke fällt weg, neue Konkurrenten kommen auf den Markt, der Wettbewerb wird intensiver. Die Fragen, die sich Siemens stellt, betreffen auch die Mittelständler. Sie sollten die Chancen des Euro nutzen: Stellen Sie sich mit ihren wichtigen Kunden und Lieferanten frühzeitig auf den Euro ein, sparen Sie Kosten! Wer mit dem Euro früh in neue Auslandsmärkte geht, kann mit neuen Kunden und Lieferanten schon in einer einheitlichen Währung abrechnen.

Viele Unternehmen vernachlässigen die strategischen Aspekte des Euro. Der Euro ist ein entscheidender Baustein für die europäische Integration. Die wichtigsten Fragen sind: Wird es statt verschiedener nationaler Märkte nur noch einen europäischen Binnenmarkt geben? Werden Einkauf und Absatz künftig europaweit denken müssen? Welche Märkte werden sich zuerst auf ganz Europa ausdehnen?

Der Euro wird als Katalysator wirken und viele sich bereits abzeichnende Trends verstärken. Auf vielen Märkten drückt heute ein verschärfter Wettbewerb Preise und Konditionen. Dieser Preisdruck dürfte sich noch verstärken, denn der Euro ermöglicht direkte Preisvergleiche über Landesgrenzen hinweg. Über neue Medien wie das Internet können gewerbliche und private Kunden leicht und kostengünstig Preise vergleichen. Der Euro verändert Distribution, Vertriebswege, Produkte, Innovationsmöglichkeiten und Wachstumsfelder. Damit beeinflußt er Umsätze, Margen und Marktanteil des Unternehmens.

Unter dem Strich wird das Projekt Euro für die Unternehmen hohen Nutzen bringen. Zwar kostet die Vorbereitung auf die Umstellung bis zum Jahr 1998 real 20 Milliarden DM, hat die Bayerische Vereinsbank errechnet. Dies ist die Differenz zwischen dem tatsächlichen und dem ohne die notwendige Haushaltsdisziplin möglichen Wirtschaftswachstum. Durch den Euro wird es aber einen Wachstumsschub geben, der in den ersten zehn Jahren einen Nettogewinn von 70 Milliarden DM bringen wird.

Euro-Folgen für die Unternehmensstrategie

Stärkerer Wettbewerb

Der schützende „Währungspuffer" im Im- und Export fällt weg. Nicht mehr Wechselkurse und ihre Schwankungen, sondern nur noch Produktivitäts- und Kostenunterschiede bestimmen künftig die Wettbewerbsfähigkeit.

Größere Planungssicherheit

Der Wegfall der Wechselkursrisiken macht Planungen sicherer.

Veränderte relative Unternehmensgröße

Ein Unternehmen, das im nationalen Markt ein größerer Player ist, rutscht auf europäischer Ebene in die Liga der mittleren Marktteilnehmer zurück.

Fusionen und strategische Allianzen

Bündnisse werden attraktiver. Viele Branchen dürften sich konsolidieren, da pan-europäische Marken, Dienstleistungen und operative Betriebsabläufe wichtiger werden. Bisher betrachten die europäischen Unternehmen ihre Marken und Betriebsabläufe nicht länderübergreifend. Nur amerikanische und andere internationale Konzerne verfolgen schon seit längerem eine pan-europäische Strategie.

Shareholder Value

Die Strategien zur Steigerung des Unternehmenswertes für Aktionäre werden wichtiger. Unternehmen werden zunehmend auf pan-europäischer Ebene bewertet und verglichen. Die Kriterien und Kennzahlen der Aktienbewertung gleichen sich an. Wegen unterschiedlicher Bilanzierung und Steuergesetzgebung werden jedoch gewisse Unterschiede bleiben.

Rasche Marktkonvergenz

Besonders in den Grenzregionen werden die bisher getrennten Märkte schnell zu einem Markt zusammenwachsen. In den binationalen Regionen verstärkt sich der Preisdruck besonders schnell. Das preisgünstigste Angebot setzt sich durch.

Fortsetzung: Euro-Folgen der Unternehmens-Strategie

Externer Wandel
Die veränderten Umstände werden zum Antrieb für das Unternehmenswachstum. Unternehmen müssen neue Wachstumsfelder frühzeitiger identifizieren und daraus Wettbewerbsvorteile ziehen.

Neue Wettbewerber
Sie kommen aus anderen europäischen Ländern, aber auch aus nichteuropäischen Ländern.

Quelle: Gemini Consulting

Geldanlage: Wie Sparer und Anleger die Währungsunion nutzen können

Am meisten sorgen sich die Bundesbürger nicht um höhere Verbraucherpreise, höhere Steuern oder niedrigere Löhne, sondern um ihr Geld. Der Euro scheint den Wert der ersparten D-Mark zu gefährden – und keine Angst ist größer als die vor der monetären Apokalypse. Ein Euro, der die D-Mark aufweicht, beschert den Besitzern von Lebensversicherungen und Wertpapieren mit längeren Laufzeiten riesige Verluste. Wenn die Inflationsrate nur um einen Prozentpunkt steigt, bedeutet dies für die Deutschen bei einem Geldvermögen von 4,5 Billionen DM einen Wertverlust von 45 Milliarden DM. Das ist etwa die Summe, die der Euro in der ganzen EU an Kostenersparnissen bringen soll.

Die erste Frage bei allen Diskussionen um den Euro lautet daher: Was soll ich mit meinem Geld machen?

Langfristige Sparziele sind entscheidend

Was oft vergessen wird: Die Antwort auf die Frage nach der richtigen Geldanlage hängt nicht allein von der Einschätzung des Euro ab. Der Euro ist eines sicher nicht: ein Grund zur Panik. Die Wahrscheinlichkeit ist groß, daß der Euro eine stabile Währung wird. Und selbst wenn es zu einer Weichwährungsunion kommt, dürften die negativen Folgen eher langfristiger Natur sein. Dann hat der Anleger immer noch Zeit zu reagieren. Wer allein wegen der Angst vor dem Euro überhastet Anlageentscheidungen trifft, schadet seinem Geld weit mehr, als es der Euro je könnte.

In Anlageentscheidungen fließen eine Reihe von Faktoren ein:

- Der wichtigste Faktor ist das Anlageziel. Wofür spare ich das Geld? Will ich damit später ein Haus bauen, meine Kinder zur Universität schicken oder meine Altersvorsorge sichern?

- Wie groß ist das persönliche Vermögen? Wie ist es bisher strukturiert? Fast ausschließlich oder überwiegend in Zinspapieren oder Lebensversicherungen?
- Wie groß ist die individuelle Risikobereitschaft? Welches Risiko wollen Sie eingehen?
- Wie lang ist der Anlagezeitraum? Wie lange wollen Sie sich binden?
- Wie ist die steuerliche Situation? Hat der Anleger den Zinsfreibetrag bereits ausgeschöpft?

Die Attraktivität von Anlagen wird von vielen Faktoren bestimmt: Allen voran steht die Konjunktur- und Zinsentwicklung in den wichtigsten Industrieländern, also nicht nur in Deutschland und der EU, sondern auch in USA und Japan. Wichtig sind auch die Entwicklung von Zahlungs- und Handelsbilanz, die Staatsverschuldung, das Wachstum einzelner Schlüsselbranchen oder der Erfolg von politischen Reformen.

Ein Patentrezept für die richtige Anlage, bevor der Euro kommt, gibt es nicht. Jede Anlage hat Vor- und Nachteile, bietet Chancen, aber auch Risiken. Wer auf Nummer Sicher gehen will, legt sein Geld nur noch mittelfristig an und versucht möglichst liquide zu bleiben. Derzeit aber scheint ein harter Euro wahrscheinlicher als ein Weich-Euro.

Nicht einmal der wohl am häufigsten empfohlene Weg, wie Sie als Anleger vom Euro profitieren können, ist absolut sicher. Er lautet: Kaufen Sie Aktien von Unternehmen, denen die Einführung des Euro besonders nutzt. Das sind multinationale Konzerne und Exportwerte. Doch falls die Währungsunion doch noch platzt, muß der Anleger starke Verluste wegstecken.

Geschäfte mit der Euro-Angst

Die Lockangebote finden sich in den Anzeigenteilen so seriöser Blätter wie der „Frankfurter Allgemeinen Zeitung“ gleich neben den Aktienkursen: „Retten Sie Ihr Geld vor dem Euro“ oder „Der Euro kommt – wir helfen weiter". Gerne gebraucht wird das weiße Kreuz auf rotem Grund – der Schweizer Franken soll die allein seligmachende Anlage sein.

Die Währungsunion hat die Kundenfangmethoden der Geldhaie um eine neue Variante erweitert. Sie wollen Anleger dazu bewegen, die angeblich hochgefährdete deutsche Mark von Banken und Versicherungen abzuziehen. Stattdessen werden Schweizer Franken, Diamanten, Dollar, Immobilien, Gold oder auch wertlose Bankgarantien empfohlen. Doch in fast allen Fällen muß der Anleger mit herben Verlusten rechnen – gleich ob in D-Mark oder Euro.

„90 Prozent der Angebote im grauen Kapitalmarkt sind unseriös", klagt Volker Pietsch von der Verbraucherzentrale Berlin. Im Gegensatz zum normalen Kapitalmarkt der Banken, Versicherungen und Fonds ist der graue Markt nicht staatlich reguliert. Gewerbefreiheit gilt hier höher als Verbraucherschutz. Andere Länder sind längst gegen die Anlagebetrüger eingeschritten. Deutschland dagegen gilt weiter als ein Eldorado für Abzocker. In den USA beispielsweise müssen Firmen, die einen Wertzuwachs von mehr als zehn Prozent pro Jahr versprechen, nachweisen, wie sie den Wertzuwachs erreichen wollen.

Langfristige Aussichten der Geldanlage in der Währungsunion

Langfristig sorgt der Euro für einen großen europäischen Kapitalmarkt. Das Wechselkursrisiko, das bisher die einzelnen nationalen Märkte gegeneinander abschottete, wird nicht mehr vorhanden sein. Bisher sind nur 15 Prozent der Kapitalanlagen der deutschen Banken, Versicherungen und Investmentfonds in den EU-Ländern außerhalb Deutschlands angelegt. Diese Quote wird deutlich steigen.

Unternehmen und Staaten werden sich zu günstigeren Konditionen mit Kapital ausstatten können. Der Anleger hat eine größere Auswahl: Zinsen, Kursgewinne und Renditen können europaweit ohne das Wechselkursrisiko betrachtet werden.

Der Anleger kann die beste Aktie in ganz Europa kaufen. Früher hat ihn vielleicht das Währungsrisiko davon Abstand nehmen lassen. Anfang 1995 beispielsweise verlor der französische Franc rund fünf Prozent seines Wertes und machte damit alle Kursgewinne zunichte. Bisher werden meist die verschiedenen Aktien eines Landes verglichen, künftig werden es die Aktien verschiedener Länder einer Branche sein. So wird beispielsweise ein italienischer Maschinenbauer auf einmal attraktiv, falls der Anleger auf einen Aufschwung dieser Branche setzt. Das Wechselkursrisiko durch die Lira fällt weg. Auch die Kosten der Geldanlage im Ausland werden geringer. Der Marktwert aller börsennotierten Aktien in Deutschland, Frankreich, den Benelux-Staaten, Österreich und Dänemark macht fast 2,5 Billionen DM aus.

Auch auf dem Rentenmarkt sorgt der größere Kapitalmarkt für Veränderungen: Statt der Wechselkurse wird die Qualität des Schuldners deutlich an Bedeutung gewinnen. Bisher mußten Anleger stets zuerst das Währungsrisiko beachten, falls sie außerhalb des D-Mark-Raumes investieren wollten. In Deutschland entfällt der größte Anteil am Rentenmarkt auf die öffentliche Hand.

Künftig muß der Staat mit den Schuldnern anderer Länder konkurrieren. Wer hoch verschuldet ist, wird höhere Zinsen zahlen müssen. Beispiel: Belgien wird von den internationalen Rating-Agenturen, die die Bonität – also die Wahrscheinlichkeit, daß der Anleihenbetrag am Ende der Laufzeit zurückgezahlt wird – bewerten, schlechter bewertet als Deutschland oder Frankreich. Deshalb wird der hochverschuldete belgische Staat künftig etwas mehr Zinsen zahlen müssen als die anderen Länder.

Der europäische Kapitalmarkt dürfte auch die Nachfrage internationaler Anleger anregen. Sie scheuten bisher die zersplitterten Märkte, da die Währungsaussichten so verschieden und das Volumen vieler Anleihen zu gering war. Wer seine Anleihen schnell wieder verkaufen wollte, konnte dies oft nicht.

Ein großer europäischer Finanzmarkt dürfte schnell in die Weltliga der größten Märkte aufsteigen – gleich neben den USA und Japan. Die größere Nachfrage könnte die Zinsen wieder senken.

Sparer: Höhere Zinsen locken

Die Deutschen sind ein unverbesserliches Volk der Sparer. Durchschnittlich sparen sie über zehn Prozent ihres Nettoeinkommens. Das meiste Geld fließt in verzinsliche Anlagen: Vom Festgeld bis zur 30jährigen Anleihe bietet der deutsche Kapitalmarkt alle Möglichkeiten. Mehr als 600 Milliarden DM stecken in festverzinslichen Wertpapieren.

Der große Vorteil der Zinsanlagen: Sie bieten die Gewißheit einer sicheren Rendite. Am Ende der Laufzeit werden sie zu 100 Prozent zurückgezahlt – jedenfalls deutsche Staatsanleihen.

Doch der Schein trügt. Anleihen haben ebenfalls Risiken – und der Euro offenbart sie gleich reihenweise. Der größte Unsicherheitsfaktor ist die künftige Zinsentwicklung. Niemand weiß, wie sich die Zinsen in den nächsten Jahren oder gar über zehn oder 30 Jahre entwickeln werden. Da aber nicht alle Anleger ihre Zinspapiere bis zum Ende der Laufzeit halten wollen, werden die Anleihen an der Börse notiert. Der Kurs richtet sich nach dem Verhältnis von aktuellem Marktzins und dem Zins der Anleihe. Ist der garantierte Zins der Anleihe höher als der Marktzins, liegt der Kurs der Anleihe höher als der Nennwert von 100 Prozent. Der Käufer bezahlt also dafür, daß er höhere Zinsen bekommt. Unter dem Strich – also Kurszuschlag minus Zinsbonus – kommt er etwa auf den Marktzins.

Dieser Mechanismus gilt aber auch umgekehrt: Liegt der Zins am Markt über dem Festzins der Anleihe, notiert das Papier unter dem Nennwert. Wenn der Anleger sein Papier vor dem Ende der Laufzeit verkaufen will, muß er einen Kursverlust hinnehmen.

Das bedeutet: Wenn der Euro instabil wird und für höhere Zinsen sorgt, werden die Besitzer von Anleihen Kursverluste hinnehmen müssen. Diese Kursverluste sind um so größer, je länger die Laufzeit der Anleihe ist.

Anleihenbesitzer müssen daher derzeit vor neuen Käufen genau überlegen, in welcher Währung und mit welcher Laufzeit sie investieren wollen. Entscheidend für die Zinsanlage ist die Entwicklung der künftigen Zinsen im Euro-Verbund. Diese Frage berührt zugleich eines der größten Risiken der Währungsunion.

Was sich für Sparer ändert

Die wichtigste Erkenntnis für Sparer: Die Umstellung auf Euro bedeutet lediglich eine technische Umrechnung der Geldwerte ohne Kaufkraftverluste.

Ab 1. Januar 1999

- Die Transaktionen innerhalb des Finanzsektors werden in Euro vollzogen.
- Bankkunden können Konten in Euro führen oder Überweisungen in Euro tätigen. Vor allem Groß- und Exportunternehmen dürften diesen Service nutzen. Sie sparen so Umtauschgebühren.
- Sparer können noch bis zum Jahr 2002 in D-Mark anlegen.
- Die meisten Mitgliedsstaaten wollen die schon ausgegebenen staatlichen Schuldanleihen mit Beginn der Währungsunion auf Euro umstellen. Neuemissionen öffentlicher Schuldtitel werden nach dem Beschluß des Europäischen Rates von Madrid ohnehin ab 1. Januar 1999 in Euro aufgelegt. Für Anleihen nichtstaatlicher Kreditnehmer wird ebenfalls eine Emission in Euro empfohlen.
- ECU-Anleihen werden eins zu eins in Euro umgestellt.

Ab 1. Januar 2002

- Sparguthaben, Anleihen und Kredite mit einer längeren Zinsbindung werden auf Euro umgestellt. Grundlage ist der festgelegte Umrechnungskurs. Die vereinbarten Zinssätze bleiben gleich. Die Umrechnung der Anleihen soll sich an den beschlossenen Tauschkursen orientieren. Es wird auf den nächsten Cent gerundet.
- Bei Sparbriefen wird das Ende der Laufzeit abgewartet. Der D-Mark-Betrag wird wertgleich in Euro ausbezahlt.
- Zinsen und Tilgung werden nun stets in Euro gezahlt.

Szenario 1: Die Zinsen bleiben relativ stabil

In Hartwährungsländern waren die Zinsen vor dem Start des Euro-Prozesses geringer als in Weichwährungsländern. Anleihen von erstklassigen Adressen in D-Mark brachten noch Mitte 1997 fünf bis sechs Prozent Rendite, Anleihen in französischen Francs liegen zwischen sechs und sieben Prozent, Lira und Peseta bei mehr als acht Prozent. In einer Währungsunion gleichen sich die Zinsen der Teilnehmerstaaten einander an. Die Europäische Zentralbank betreibt eine einheitliche Geldpolitik für alle Länder. Länder mit niedrigen Zinsen verbinden sich also mit Ländern, in denen das Zinsniveau höher liegt. Davon dürften nur die Länder mit hohem Zinsniveau profitieren: Für sie sinken die Zinsen im Vergleich zur Vor-Euro-Zeit. Das neue gemeinsame Zinsniveau dürfte sich oberhalb des Zinsniveaus der Hartwährungsländer einpendeln.

Bleiben die früheren Weichwährungsländer auf Stabilitätskurs, dürfte es zu keinen erheblichen Zinssteigerungen kommen. Der Anleger ist also mit D-Mark-Anleihen gut bedient. Der Zinssatz steigt nur um wenige Zehntel Prozentpunkte, also nicht dramatisch. Laufzeiten von mehr als zehn Jahren sollten dennoch vorerst vermieden werden.

Szenario 2: Die Zinsen steigen dramatisch

Bei der gewählten großen Lösung verbinden sich Niedrigzins- mit früheren Hochzinsländern. Die Zinsen könnten deutlich steigen, wenn die ehemaligen Hochzinsländer nicht auf Stabilitätskurs bleiben. Die Besitzer von D-Mark-Anleihen müßten deutliche Verluste hinnehmen. Doch dagegen kann sich der Anleger mit einfachen Mitteln schützen: Bevorzugen Sie kurz- und mittelfristige Laufzeiten. Streuen Sie das Risiko! Es ist keine ideale Geldanlage, wenn Sie Ihr ganzes Vermögen in D-Mark-Zinspapieren halten. Wer vor Aktien zurückscheut, sollte zumindest einige internationale Rentenpapiere halten – oder einen guten internationalen Rentenfonds kaufen.

Euro-Folgen für Anleger: Größere Auswahl

Die Rentenmärkte werden europaweit verschmelzen, der Wegfall des Währungsrisikos sorgt für einen vielfältigen Euro-Markt. Anlageinstrumente, die bisher einem Land und einer Währung vorbehalten waren, stehen nun allen Ländern der Währungsunion offen. Die in Deutschland vorherrschenden Pfandbriefe und Kommunalobligationen sind in den meisten anderen Ländern Europas unbekannt. In Frankreich und den Niederlanden sind Industrieobligationen, also Anleihen von Unternehmen, weit verbreiteter.

Die Maßstäbe für Rentenanleger werden sich ändern. Das Währungsrisiko spielt keine Rolle mehr. Im Vordergrund steht die Bonität, also die Qualität, des Schuldners. Bisher mußte beispielsweise der italienische Staat schon deshalb höhere Zinsen bieten, weil die Lira über Jahre hinweg dauerhaft an Wert verlor. Mit dem Euro fällt dieses Währungsrisiko weg.

Innerhalb Deutschlands gibt es heute schon Renditeunterschiede zwischen den Emittenten: Anleihen der Bundesländer bringen meist 0,35 Prozentpunkte mehr Rendite, Kommunalobligationen 0,7 Prozentpunkte. Die Renditen der Bundesländer schwanken zwischen wirtschaftlich gesunden Staaten wie Bayern und schwachen Staaten wie dem Saarland oder Bremen um rund einen halben Prozentpunkt. Innerhalb Europas wird mit Renditeunterschieden von rund zwei Prozentpunkten gerechnet.

Die Zinsberechnung: Ende der 30/360-Methode

Mit der Währungsunion wird sich vermutlich die Methode der Zinsberechnung ändern: Auf den Rentenmärkten in der EU werden bisher verschiedene Methoden angewandt. Am verbreitetsten ist die 30/360-Methode, die auch in Deutschland benutzt wird. Zur Vereinfachung der Zinsrechnung wird das Jahr um fünf Tage auf 360 Tage gekürzt. Jeder Monat wird mit 30 Tagen angesetzt, egal ob der Februar mit 28 Tagen oder der August mit 31 Tagen.

Eine von der EU-Kommission eingesetzte Gruppe von Finanzmarktexperten dagegen empfiehlt das sogenannte act/act-Verfahren: Damit werden die Zinsen taggenau berechnet. Dem Jahr wird die tatsächliche Anzahl der Tages zugrundegelegt.

Allerdings könnten die unterschiedlichen Feiertage in den Mitgliedsstaaten die Verwendung des Euro behindern. Die Gruppe empfiehlt daher eine Standarddefinition des Geschäftstages. Vermutlich wird der Handel ganzjährig mit Ausnahme von Weihnachten und Neujahr ablaufen.

Kurzfristige Zinsanlagen: Parkplatz für Risikovermeider

Wer den Erfolg der Währungsunion in Ruhe abwarten will, für den sind kurzfristige Zinsanlagen die beste Wahl. Der Anleger kann über sein Geld jederzeit oder zumindest sehr schnell verfügen. Da der Zins regelmäßig angepaßt wird, drohen auch keine Gefahren durch plötzlich steigende Zinsen.

Fest- und Termingeld: Nur für die eiserne Reserve

Deutsche Sparer sind bekannt dafür, daß sie einen Großteil ihres Geldes in kurzfristigen Zinsanlagen parken. Das ist jedoch eine ungünstige Strategie: Die langfristige Rendite liegt deutlich unter der von Anleihen oder Aktien. Kurzfristige Anlagen sind daher nur für wirklich kurzfristige Gelder geeignet – oder für Gelder, an die der Sparer jederzeit herankommen möchte.

Fest- oder Termingeld ist geeignet für Sparer, die auf Nummer sicher gehen wollen und die Entscheidung über die Teilnehmerstaaten in jedem Fall gelassen abwarten wollen. Die renditeträchtigste Euro-Strategie ist es freilich nicht. Die Zinsen liegen bei nur rund drei Prozent.

Fest- oder Termingelder sind die beste Anlageform für die eiserne Reserve: Jeder Sparer sollte etwa zwei bis drei Nettomonatsgehälter stets flüssig haben. Das dient der Sicherheit für plötzliche teure Überraschungen, die das Leben so bietet. Die Waschmaschine kann kaputt gehen, das Auto einen neuen Motor brauchen oder jemand in Nöten stekken.

Wer sich für 5.000 oder 10.000 DM Liquiditätsreserve entschieden hat, bekommt für Fest- oder Termingeld höhere Zinsen als beim Sparbuch. Und er kann täglich an sein Geld: Der Anlagezeitraum liegt zwischen einem Tag und einem Jahr, üblich sind 30 Tage. Diese Frist verlängert sich automatisch, wenn der Anleger die Summe nicht zwei Tage vor Fälligkeit kündigt. Das Geld bleibt zu dem dann aktuellen Zinssatz auf dem Festgeldkonto liegen.

Je länger die Laufzeit, um so höher ist meistens der Zins. Der Zins steigt mit der Geldsumme, die der Anleger mitbringt. Der Anleger kann aber immer an sein Geld: Notfalls muß er Vorschußzinsen zahlen. Wenn er in börsennotierte Wertpapiere wechselt, ist dies meist ohne Strafzinsen möglich. Das Festgeldkonto ist gebührenfrei.

Die günstigsten Zinsen bieten meist die Direktbanken auf ihren Tagesgeldkonten. Aber auch viele kleinere Banken bieten die gutverzinslichen Abrufkonten an.

Wer eine Kreditkarte besitzt, kann damit nicht nur im In- und Ausland zahlen, sondern auch noch seinen Notgroschen dort halten. Allerdings ist das Angebot oft zum Nachteil der Kunden gestaltet: Die Zinssätze sind teilweise nach der Höhe des Guthabens gestaffelt – und für die ersten 10.000 DM gibt es immer den niedrigsten Satz, auch wenn der Kunde mehr als 100.000 DM auf dem Konto hat. Rechnen Sie daher nach, mit welchem Durchschnittszinssatz das gesamte Guthaben verzinst wird.

Geldmarktfonds: Kurzer Boom

Wer sich mit den mageren Festgeldzinsen nicht zufrieden geben möchte, hat seit August 1994 eine Alternative. Die Bundesregierung ließ Geldmarktfonds zu. Doch nach einem kurzen Boom ließen die Zuflüsse in diese Fonds wieder nach: Bei niedrigen Renditen von 2,5 bis drei Prozent waren viele Anleger enttäuscht.

Die Geldmarktfonds legen in kurzfristige Anleihen und Kredite mit einer Laufzeit von unter einem Jahr an. Die Sammlung der Kurzfristgelder bietet den Anlegern gegenüber dem individuellen Festgeld den Vorteil, daß der Fonds höhere Summen anlegt und daher bessere Konditionen bekommt. Die Rendite entspricht etwa dem Zins für Dreimonatsgeld.

Geldmarktfonds können täglich gekauft und verkauft werden. Während Fonds meist üppige Ausgabeaufschläge kassieren, haben sich die Geldmarktfonds auf laufende Kosten verlagert. Der Anleger kann also bei hauseigenen Fonds der Banken kostenlos kaufen und verkaufen. Die laufende Gebühr beträgt allerdings noch stattliche 0,4 bis 0,8 Prozent jährlich. Erst ab 100.000 DM Anlagevolumen stehen dem Anleger günstigere Fonds offen. Um die Rendite der Fonds zu prüfen, darf sich der Anleger nicht von den Vergangenheitsrenditen täuschen lassen: Entscheidend ist die aktuelle Tages- oder Monatsrendite.

Sparbuch: Kleines Büchlein mit Magerzinsen

Immer noch sind die kleinen Büchlein die beliebteste Anlage der Deutschen: Rund ein Siebtel des gesamten Geldvermögens haben die Bundesbürger auf Sparbüchern liegen. Die Banken freuen sich über die Milliardenbeträge zu Magerzinsen von 1,5 bis drei Prozent. Das ist oft weniger als die Inflationsrate. Im Klartext: Statt mehr, wird das Geld weniger wert.

Das Sparbuch ist euro-sicher. Der Anleger kommt nach der vereinbarten Kündigungsfrist jederzeit an sein Geld. Auf dem Sparbuch sollte allenfalls eine eiserne Reserve lagern, wenn es für Festgeld oder Geldmarktfonds nicht reicht. Der gängige Tip, zwei bis drei Monatsgehälter auf dem Sparbuch zu halten, ist leider kein guter Rat: Es gibt bessere Anlagen für den Notgroschen. Zudem ist die Kündigungsfrist bei Sparbüchern immer noch sehr unflexibel. Der Sparer darf höchstens 3.000 DM monatlich abheben.

Finanzierungsschätze: Zu unflexibel

Finanzierungsschätze eignen sich für Sparer, die ihr Geld für ein oder zwei Jahre anlegen wollen. Empfehlenswert ist dies aber derzeit nicht: Wer so kurzfristig anlegen will, sollte zwischendurch immer an sein Geld kommen können. Eine vorzeitige Rückgabe der Finanzierungsschätze ist nicht möglich. Die Papiere sind bereits abgezinst. Finanzierungsschätze gibt es erst ab 1.000 DM Nennwert. Alle darüberliegenden Beträge müssen durch 1.000 DM teilbar sein. Die Finanzierungsschätze werden jeweils am 20. eines Monats ausgegeben. Wenn die Papiere zwischen zwei Ausgabeterminen erworben werden, fallen Stückzinsen an.

Fazit zu kurzfristigen Anlagen

Wer auf kurzfristige Anlagen zum Warten auf den Euro setzt, sollte den höchsten Zinssatz wählen. Derzeit gewähren Spezialbanken wie die Kölner AKB-Bank oder Direktbanken die höchsten Zinsen. Wer sich nicht vom Euro bedroht fühlt, sollte nicht mehr als drei Netto-Monatsgehälter in Festgeld anlegen. Dies ist eine der Grundregeln der privaten Geldanlage.

Anleihen: Sorgfältige Wahl der Laufzeit

Wer auf Anleihen setzt, muß sorgfältig die Laufzeit wählen. Mittelfristige Anlagen haben eine Laufzeit von drei bis fünf Jahren, ab sechs Jahren spricht man von langfristigen Anleihen. Anleihen sind Schuldverschreibungen der öffentlichen Hand oder privater Unternehmen. Sie gewähren einen festen Zinssatz. Die Zinsen werden meist jährlich gezahlt. Am Ende der vereinbarten Laufzeit wird die Anleihe zum Nennwert von 100 Prozent eingelöst.

Der Anleihenbesitzer muß vor allem das Risiko einer Zinsänderung tragen: Steigen die Zinsen während der Laufzeit, könnte er sein Geld renditeträchtiger anlegen. Die Anleihen, die er besitzt, fallen im Kurs. Dies trifft ihn dann, wenn er sie vorzeitig verkaufen will. Ist der Zins am Markt höher als bei seiner Anleihe, muß der Verkäufer Abschläge akzeptieren.

Dieses Kursrisiko wird von vielen Anleihenbesitzern nicht wahrgenommen. Kein Risiko geht nur ein, wer seine Anleihen bis zum Ende der Laufzeit halten will: Er bekommt auf jeden Fall sein Geld hundertprozentig zurück. Doch ob die Durchhalte-Strategie beim aktuell niedrigen Zinsniveau ratsam ist, erscheint fraglich.

Der Euro wird in jedem Szenario zu höheren Zinsen führen. Die Ursachen:

- Beim Umstellungsprozeß wird es in jedem Fall zu einem Preisschub kommen.
- Die Europäische Zentralbank wird anfangs mit straffem Zügel Geldpolitik betreiben. Sie wird die Zinsen höher schrauben als unbedingt nötig, um ihre Entschlossenheit zu demonstrieren.

Die meisten Prognosen nehmen einen Anstieg der Zinsen um bis zu einem halben Prozentpunkt an. Dadurch sacken die Kurse der Anleihen pro Laufzeitjahr ebenfalls um 0,3 bis 0,5 Prozentpunkte. Bei einer Weichwährungsunion dürften die Zinsen noch stärker steigen.

Anleihenbesitzer erleiden höhere Kursverluste. Bei 0,3 bis 0,5 Prozentpunkte werden es bei Anleihen mit acht Jahren Restlaufzeit rund zwei bis drei Prozent sein. Steigen die Zinsen dagegen um zwei Prozentpunkte, sacken die Kurse gleich um zwölf Prozent. Zum Vergleich: Im Prozeß der deutschen Wiedervereinigung stiegen die Zinsen wegen der wirtschaftlichen Probleme um rund einen Prozentpunkt.

Der Rat: Vorsichtige Anleger wählen sogenannte Kurzläufer. Darunter versteht man Anleihen mit Restlaufzeiten von einigen Monaten bis zu zwei oder drei Jahren. Das Kursrisiko dieser Anleihen ist gering, da sie schon in absehbarer Zeit wieder zu 100 Prozent zurückgezahlt werden. Erhält er sein Geld wieder, ist der Euro da, und er kann in Ruhe sein Geld neu anlegen. Überschaubar ist auch das Risiko von bis zu fünfjährigen Anleihen. Hier sollte der Anleger zwischen dem höheren Zins und dem Risiko sinkender Zinsen abwägen.

Mittel- und langfristige Anlagen: Breite Auswahl

Die Finanzmärkte scheinen den Euro schon vorweggenommen zu haben: Die Rendite zehnjähriger Anleihen ist deutlich höher als bei fünfjährigen Papieren. Das Jahr 1999 scheint bei den Zinsen eine Schwelle zu bedeuten: Laufzeiten über das magische Datum der Euro-Einführung hinaus sind deutlich besser verzinst.

Bundesobligationen: Dauerbrenner aus Bonn

Schon seit Ende 1979 bietet der Bundesfinanzminister für den mittelfristigen Anleger eine fünfjährige Anleihe. Der Zins ist etwas geringer als bei langlaufenden Bundesanleihen. Innerhalb des Ausgabezeitraums wird lediglich der Ausgabekurs an veränderte Zinssituationen angepaßt. Die

Bundesobligationen sind eine Daueremission: Der Anleger kann sie jederzeit gebührenfrei bei Banken und Sparkassen erwerben. Beim Kauf einer laufenden Serie entstehen keine Gebühren. Die Obligationen werden an der Börse gehandelt.

Bundesanleihen: Standard am Markt

Bundesanleihen laufen meist über zehn Jahre. Diese Papiere setzen den Standard am Markt: Ihr Zins wird genau beobachtet und gilt als eine Art Index des Marktes. Bundesanleihen werden regelmäßig ausgegeben, beispielsweise stets um die Jahreswende die traditionelle Silvesteranleihe. Der Anleger sollte auf Neuemissionen achten: Sie können in der Verkaufsfrist von drei Tagen spesenfrei über Kreditinstitute und Landeszentralbanken erworben werden.

Tip: Sparen Sie Spesen mit dem Kauf neuer Anleihen!

Beim Kauf von Anleihen über die Börse fallen Spesen von meist 0,5 Prozent des Kurswertes an. Dieses Geld können Sie sparen, wenn Sie neu ausgegebene Anleihen kaufen. Erkundigen Sie sich bei Ihrer Bank nach den Neuemissionen. Die Bank verkauft Ihnen das Papier entweder direkt aus dem eigenen Bestand oder sie besorgt es vom ausgebenden Kreditinstitut.

Pfandbriefe: Alternative mit besseren Zinsen

Pfandbriefe sind genauso sicher wie Bundesschulden: In diesem Jahrhundert ist noch kein deutscher Pfandbrief ausgefallen. Der Zinsvorteil gegenüber den Bundesanleihen beträgt in der Regel zwischen 0,25 bis 0,4 Prozentpunkte.

Ein Pfandbrief ist ein festverzinsliches Wertpapier, das durch ein „Pfand“ gesichert ist. Das Pfand ist ein verbrieftes Recht an Grund und Boden (Hypothek). Die Pfandbriefe sollen Wohnungen und Gewerbebauten finanzieren. Sie können nur von Realkreditinstituten (privaten Hypothekenbanken und öffentlich-rechtlichen Grundkreditanstalten) ausgegeben werden. Für die Gläubiger bieten sie höchste Sicherheit: Die Papiere sind durch die vorgeschriebene erstklassige Sicherheit der Kreditnehmer gedeckt. Der Wert der ausgegebenen Pfandbriefe muß durch Hypotheken gedeckt sein. Außerdem haften die Banken mit ihrem gesamten Vermögen.

Obligationen: Oft nicht börsennotiert

Obligationen bieten ebenfalls höhere Zinsen als Bundespapiere. Es gibt zwei Typen von Obligationen, also Schuldverschreibungen:

- Die Inhaberschuldverschreibungen geben dem Inhaber des Papiers ein Forderungsrecht gegenüber dem Schuldner; Inhaberschuldverschreibungen werden auch von Banken angeboten, die damit langfristige Kreditgeschäfte finanzieren.
- Die Namensschuldverschreibungen werden dagegen nicht von Privatanlegern, sondern meist von Versicherungen und institutionellen Anlegern gekauft. Diese Papiere werden nicht an der Börse notiert. Daher müssen bei Zinsschwankungen in der Bilanz keine Kursverluste abgeschrieben werden.

Kommunalobligationen sind Schuldverschreibungen, die durch Kommunaldarlehen gedeckt sind. Auch hier ist die Sicherheit bestens: Die öffentlich-rechtliche Körperschaft bürgt für die Rückzahlung mit dem Steueraufkommen. Zudem haftet die ausgebende Bank. Mit den meist vier bis sechs Jahre laufenden Kommunalobligationen werden öffentliche Investitionen wie Straßen oder Kraftwerke finanziert.

Bei Industrieobligationen ist der Schuldner ein Unternehmen. Da Unternehmen schon einmal in Schwierigkeiten geraten können, ist das Bonitätsrisiko höher. Es wird durch einen etwas höheren Zins ausgeglichen. Nachteil dieser Anleihen ist der oft enge Markt: Industrieobligationen können nur mit Verzögerung vorzeitig verkauft werden – es fehlen Käufer.

Was wird aus Tafelgeschäften?

Tafelgeschäfte waren vor einigen Jahren äußerst populär: Die Anleger kauften die Anleihen gegen Cash am Bankschalter, ließen sich das Zertifikat aushändigen, statt es ins Bankdepot zu legen, und packten die Papiere selbst ins Schließfach. Die Zinsscheine wurden ebenfalls persönlich eingelöst – wieder gegen Bares. Und so hinterließen die Zinszahlungen keine Spuren auf dem Konto. Erst die geteilte Zinsabschlagsteuer, die die Zinsen aus Tafelgeschäften mit 35 statt 30 Prozent belegt, machte die Tafelgeschäfte unattraktiv.

Der Euro benachteiligt die Geschäfte über den Banktresen noch weiter. Die Besitzer werden den Umtausch selbst vornehmen müssen – vermutlich sogar auf eigene Kosten. Daher sollten Sie kein weiteres Geld in Tafelgeschäften anlegen.

D-Mark-Auslandsanleihen: Doppelt riskant

Dies sind Anleihen ausländischer Staaten oder ausländischer Unternehmen. Sie werden in D-Mark gehandelt und verzinsen sich je nach Bonität des Emittenten sehr unterschiedlich: Wirtschaftliche schwache Staaten oder Unternehmen zahlen hohe Zinsen, die sicheren supranationalen Institutionen zahlen nur wenig mehr als der Bund.

Der Reiz der D-Mark-Auslandsanleihen ist die Spekulation. Auch vorsichtige Anleger, die vor Aktien zurückschrecken, glauben, mit Anleihen von Staaten wie Argentinien oder der Türkei kaum etwas falsch machen zu können. Ein Staat gehe schließlich nicht pleite.

Der größeren Renditechance steht ein höheres Risiko gegenüber. Immer wieder geraten Unternehmen in Schieflagen und Staaten in Zahlungsschwierigkeiten: Wegen des Ausfallrisikos werden ihre Anleihen mit hohen Abschlägen bedacht. Wenn der Emittent die Wende schafft und Zinsen und Tilgung wieder zahlen kann, winken beträchtliche Kursgewinne. Ein Beispiel: Die D-Mark-Auslandsanleihe der News International von Rupert Murdoch fiel im Januar 1991 auf nur noch 43 DM. Doch dann machte eine erfolgreiche Umschuldungsaktion das Unternehmen wieder liquide; der Kurs stieg fast bis auf 100 DM. Ähnlich war die Kursfahrt bei mexikanischen Anleihen, als die Regierung 1982 die Bedienung (also die Zins- und Tilgungszahlung) einstellte: Die Kurse der Mexiko-Anleihen fielen auf 70 DM, stiegen aber deutlich, nachdem Zins und Tilgung wieder gezahlt wurden.

Mit Blick auf den Euro sollte der Anleger von diesen Papieren die Finger lassen. Zusätzlich zum Risiko der D-Mark auch noch ein Schuldner-Risiko – das ist zuviel.

Nullkupon-Anleihen: Anleihen ohne Zins

Es gibt sogar Anleihen ganz ohne Zinsen. Das Hauptmerkmal der Nullkupon-Anleihen oder Zerobonds ist, daß der Emittent auf die jährliche Ausschüttung von Zinsen verzichtet. Stattdessen werden die Nullkupon-Anleihen zu einem niedrigen Kurs verkauft und am Ende der Laufzeit zum Nominalwert – also 100 Prozent – eingelöst. Die Differenz zwischen diesem Preis und dem Rückzahlungswert stellt den Ertrag des Anlegers dar. Der Anleger erwirbt beispielsweise eine Nullkupon-Anleihe zu 30 Prozent, er erhält keine Zinsen, aber nach 30 Jahren wird die Anleihe zu 100 Prozent zurückgezahlt. Die Differenz von 70 Prozent ist der Ersatz für die Zinsen; das Anlegerkapital hat sich mehr als verdreifacht. Die Nullkupon-Anleihen funktionieren also wie abgezinste Sparbriefe oder Finanzierungsschätze, nur die Laufzeit ist länger. Bei einer Rendite von sieben Prozent muß eine zehnjährige Anleihe für rund 50,8 Prozent ausgegeben werden.

Zerobonds eignen sich sowohl für konservative als auch für spekulative Anleger. Den konservativen Anleger locken die Steueraspekte: Der Ertrag der Nullkupon-Anleihen muß erst entweder bei Verkauf oder am Ende der Laufzeit versteuert werden. Weil damit die Erträge auf einen späteren Zeitpunkt verschoben werden können, sind Nullkupon-Anleihen vor allem als Altersvorsorge beliebt. Das Laufzeitende wird in den Ruhestand gelegt, wenn das Einkommen und damit der Steuersatz weit niedriger sind. Durch die aufgeschobene Steuerzahlung gewährt das Finanzamt außerdem praktisch einen zinslosen Steuerkredit, der den Zinseszinseffekt verstärkt. Kompliziert ist die Steuerlage bei vorzeitigem Verkauf: Versteuert werden muß lediglich der Zins- und Zinsesanteil; er wird vom Finanzamt aus der Emissionsrendite errechnet. Der Kursgewinn oder -verlust durch eine veränderte Zinssituation bleibt bei Verkauf vor Laufzeitende steuerfrei, sofern die Spekulationsfrist von sechs Monaten überschritten wurde.

Genau diese Kursgewinne interessieren den spekulativen Anleger. Denn Nullkupon-Anleihen haben einen hohen Hebel: Sinken die Zinsen, steigen bekanntlich die Kurse der Anleihen. Diese Kursbewegung ist um so stärker, je geringer die nominale Verzinsung und je länger die Laufzeit der Anleihe ist. Bei Nullkupon-Anleihen ist die Kursbewegung am größten, da der Nominalzins null ist. Außerdem verstärkt der Zinseszinseffekt die Kursbewegung. Wer auf sinkende Zinsen setzt, kann bei einer Nullkupon-Anleihe mit geringem Kapitaleinsatz überdurchschnittliche Gewinne erzielen, da jede Zinsveränderung auf die gesamte Laufzeit der Anleihe wirkt. Das Verhältnis von Kapitaleinsatz und Gewinnchance wird Hebel genannt.

Wer zu null Zinsen über lange Jahre sein Geld weggeben will, sollte unbedingt auf die Bonität des Schuldners achten. Investiert werden sollte nur in erstklassige Adressen, denn nur sie bieten eine Sicherheit, daß die Anleihe in 30 Jahren zurückgezahlt wird.

Wer aggressiv und risikoreich auf den späteren Beitritt von bestimmten Ländern – etwa Griechenland – zur Währungsunion spekulieren will, der kann zu Nullkupon-Anleihen greifen. Allerdings ist das Risiko hoch: Geht die Spekulation nicht auf, verlieren Nullkuponanleihen auch überproportional.

Genußscheine: Ohne Reue?

Gerade in Zeiten niedriger Zinsen werden von vielen Banken immer wieder Genußscheine empfohlen: Seine Anhänger halten diesen Papieren einen „Genuß ohne großes Risiko" zugute. Die Zinsen der Genußscheine sind meist ein bis drei Prozent höher als bei festverzinslichen Wertpapieren. Genußscheine garantieren meist einen Mindestzins. Außerdem ist der Zins an die Dividende gekoppelt, so daß Genußscheininhaber von steigenden Dividenden profitieren.

Doch Vorsicht: Es kann ein Genuß mit Reue werden. Erinnert sei an die Klöckner-Genußscheine: Als der Konzern ins Schlingern geriet, saßen die Genußschein-Besitzer plötzlich auf wertlosen Papieren. Und schlimmer: In den Bedingungen war von einer „Verlustbeteiligung" die Rede. Später wurden die Gläubiger immerhin abgefunden, der Schreck aber blieb. Auch das Vertrauen auf garantiert hohe Zinszahlungen kann bitter enttäuscht werden. Als die Pfleiderer AG 1997 ihre Genußscheine kündigte, d.h. zurückzahlen wollte, stürzte der Kurs sofort ab. Die Anleger waren machtlos, denn die Emissionsbedingungen werden vom Emittenten festgelegt.

Ein wichtiger Unterschied: Bei einer Anleihe kann der Inhaber nur sein Kapital verlieren, der Inhaber eines Genußscheins aber muß auch für Verluste der Gesellschaft geradestehen. Nur unter dieser Bedingung für die Anerkennung wird das Genußschein-Kapital als haftendes Eigenkapital für Banken anerkannt. Die Banken können bis zu 25 Prozent der gesamten haftenden Mittel als Eigenkapitalersatz durch Genußscheine decken. Bei verschärften Eigenkapitalanforderungen kam es zu einem Aufschwung bei den Genußscheinemissionen.

Der Genußschein ist somit eher ein „Zwitter zwischen Aktie und Anleihe". Im Grunde ist das Risiko ungleich verteilt: Der Emittent kann sich Schein und Bedingungen auf den Leib zuschneidern. Der Anleger muß daher ins Kleingedruckte sehen und die Konditionen genau studieren. Auf der Hauptversammlung hat er kein Stimmrecht. Weiterer Nachteil für steuergeplagte Vermögende: Der Besitzer eines Genußscheins bekommt im Gegensatz zum Besitzer einer Aktie keine Steuergutschrift (bei Kapitaleinkünften über der Freigrenze). Wer jedoch unter den Freibeträgen bleibt, kassiert die Ausschüttung brutto für netto.

Wer über dem Freibetrag liegt, kann dafür ein anderes Steuerloch nutzen: Bei Genußscheinen fallen im Gegensatz zu Anleihen keine Stückzinsen bei vorzeitigem Verkauf an. Zwischen zwei Ausschüttungsterminen enthält der Kurs die aufgelaufenen Zinsen. Daher verkaufen steuerempfindliche Anleger die Genußscheine nach der Spekulationsfrist von sechs Monaten, aber noch vor dem Ausschüttungstermin und erhalten den Kursgewinn steuerfrei. Einziges Problem: Bei Genußscheinen kann ein enger Markt den Verkauf erschweren.

Wandelanleihe: Aktienanlage mit Netz

Mit Blick auf den Euro sind Wandelanleihen interessant. Der Anleger kann mit Netz in Aktien investieren. Das ist besonders günstig, wenn – wie derzeit – die Aktienkurse schon deutlich gestiegen sind und ein Rückschlag nicht ausgeschlossen werden kann.

Spätestens wenn die Zinsen niedrig sind, kommt die Zeit der Wandelanleihe. Denn niedrige Zinsen gehen meist mit steigenden Kursen am Aktienmarkt einher. Und die Wandelanleihe bietet die Chance, ohne Risiko dabeizusein.

Die Wandelanleihe (englisch Convertible Bond) ist ein Zwitter zwischen Aktie und Anleihe. Wie eine Anleihe ist sie mit einem festen Zins und einer festen Laufzeit ausgestattet. Während einer festgelegten Wandlungszeit darf die Wandelanleihe jedoch in Aktien umgetauscht werden. So wird aus dem Gläubiger also ein Aktionär des Unternehmens. Der Umtauschschlüssel wird in den Emissionsbedingungen festgelegt. Der Anleger erhält also Zinsen und kann gleichzeitig von den Kurssteigerungen am Aktienmarkt profitieren. Der Kurs der Wandelanleihen wird nicht nur von den Zins-, sondern vor allem von den Aktienkursbewegungen bestimmt. Denn erst der Umtausch macht eine Wandelanleihe für den Anleger lohnend. Der gebotene Zins liegt wegen der Unwandlungsmöglichkeit deutlich unterhalb der Zinsen gewöhnlicher Anleihen: zwei bis drei Prozentpunkte sind üblich. Dafür ist das Risiko des Anlegers bei dieser Spekulation mit Netz begrenzt: Geht sein Kalkül nicht auf, ist ihm nur die höhere Rendite auf dem Rentenmarkt entgangen.

Die Emittenten – fast immer börsennotierte Unternehmen – können sich mit Wandel- und Optionsanleihen vor allem in Börsenhaussen billiges Kapital beschaffen. Im Gegensatz zur Optionsanleihe führt der Anleiheteil der Wandelanleihe kein Eigenleben: Bei einem Umtausch wird die Anleihe aufgelöst. Bei einer Optionsanleihe dagegen läuft sie auch nach Ausübung der Option weiter.

Trotz dieser Vorteile entfällt nur ein Prozent des Handels mit festverzinslichen Anleihen auf Wandelpapiere. Der Nachteil für den Anleger: Der Markt ist nicht sehr liquide, An- und Verkauf können schwierig werden, der Kurs folgt oft nur mit großer Verzögerung den Kursbewegungen der Aktie. Beachten sollte der Anleger auch die Wandelbedingungen. Oft behält sich der Emittent das Recht vor, die Anleihe vorzeitig zu kündigen (Call Option). Dieses Recht wird dem Käufer nur selten gewährt. Wichtiger Prüfpunkt für die Preiswürdigkeit der Wandelanleihe ist die Wandelprämie: Sie gibt die Differenz der Kosten beim Erwerb der Aktie über die Wandelanleihe im Vergleich zum Direktkauf an der Börse an.

Optionsanleihen: Anleihe mit Pfiff

Ebenfalls für Anleger, denen der Mut zur direkten Anlage in Aktien fehlt, eignen sich Optionsanleihen (englisch Warrant Issues). Dies sind Schuldverschreibungen von Aktiengesellschaften, die ähnlich wie Wandelanleihen funktionieren. Allerdings mit einem wichtigen Unterschied: Sie sind abgezinst. An jeder Anleihe hängt ein abtrennbarer Optionsschein (Warrant). Gehandelt werden also drei Formen: die Anleihe mit Optionsschein, die Anleihe ohne Optionsschein (also praktisch als Nullkupon-Anleihe) oder nur der Optionsschein. Wichtig zur Prüfung der Optionsanleihe sind die Kurschancen der Aktie und das Aufgeld beim Optionsschein, also der Betrag, um den der Bezug der Aktie per Optionsschein teurer ist als der direkte Aktienkauf. Optionsanleihen können auch mit Bezugsrechten fremder Aktien, von Edelmetallen oder Devisen verbunden sein (siehe Kapitel „Optionen“).

Nicht börsennotierte Anleihen: Schatz- und Sparbriefe

Bundesschatzbriefe: Populäre „Bundesschätzchen"

Eine kluge Wahl für vorsichtige Anleger sind Bundesschatzbriefe – jedenfalls wenn das Vermögen nicht zu groß ist. Die seit 1969 angebotenen Schatzbriefe bieten neben einer festen Laufzeit jährlich wachsende Zinsen. Die Schatzbriefe werden nicht an der Börse gehandelt: Sie sind also immun gegen Kursverluste durch steigende Zinsen nach der Euro-Einführung. Der Anleger kann die Papiere aber dennoch nach einem Jahr Laufzeit bis zum Höchstbetrag von 10.000 DM je Monat zurückgeben, Ehepaare bis 20.000 DM. Doch das hat seinen Preis: Weil der Zinssatz mit der Laufzeit steigt, ergibt sich allerdings erst mit den Jahren eine gute Rendite. Die Mindestanlage beträgt 100 DM. Die Schatzbriefe gibt es in zwei Formen:

- Typ A: Laufzeit sechs Jahre, jährliche Zinszahlung.
- Typ B: Laufzeit sieben Jahre, Ansammlung der Zinsen bis zum Laufzeitende. Bei Typ B müssen die Zinsen also erst am Ende der Laufzeit versteuert werden.

Sparbriefe: Niedrige Zinsen – und unflexibel

Sie schützen bestens gegen Kursverluste, mag Ihnen Ihr Bankmitarbeiter suggerieren. Da hat er recht, aber Sie haben nichts davon: Sie können Sparbriefe nämlich nicht vorzeitig zurückgeben, sondern müssen bis zum Ende der Laufzeit durchhalten – egal was mit dem Euro passiert. Daher sollten Sie von dieser Anlage Abstand nehmen.

Sparbriefe sind auch in punkto Zins bei den großen Banken nicht allzu günstig. Die meisten Geldinstitute und einige Bausparkassen geben hauseigene Sparbriefe heraus. Die Laufzeiten betragen zwischen einem und zehn Jahren. Je länger die Laufzeit, desto höher sind meist die Zinsen. Kauf, Einlösung am Laufzeitende und Verwahrung kosten meist keine Gebühren. Sie werden schon ab 100 DM angeboten.

Allerdings haben sie deutliche Nachteile: Die Zinsen sind meist geringer als bei den Bundespapieren. Der Sparbrief kann weder vorzeitig zurückgegeben noch über die Börse verkauft werden. Er darf nur beliehen werden. Die Kreditzinsen sind jedoch immer höher als der Habenzins. Besonders wenn der Sparbrief in Zeiten niedriger Zinsen gekauft wurde und das Geld in der Hochzinsphase gebraucht wird, schmerzt der Unterschied. Die einzige Alternative: Sie treten den Sparbrief an eine andere Person ab. Die Bank oder Sparkasse muß allerdings zustimmen – und der Anleger trägt in jedem Fall die Kursverluste, falls der Zins gestiegen ist.

Sparschuldverschreibungen: Rückgabe möglich

Weil auch die Sparkassen einsehen, daß die unflexiblen Sparbriefe immer mehr Kunden abschrecken, bieten sie zunehmend Sparschuldverschreibungen an. Die unter den Namen „Sparobligationen", „Sparkassenobligationen" oder „Inhaberschuldverschreibung" laufenden Papiere haben einen großen Vorteil: Sie können jederzeit an den Aussteller zurückgegeben werden. Wenn das Papier nicht an der Börse gehandelt wird, legt die Bank oder Sparkasse einen „Hauskurs" fest, der sich nach vergleichbaren Papieren an der Börse richtet. Der Mindestanlagebetrag liegt bei 1.000 DM.

Leider sind die Zinsen oft nicht so attraktiv wie vergleichbare Börsenpapiere: Der Anleger sollte wieder vergleichen. Außerdem kann es vorkommen, daß das Institut Gebühren für Erwerb oder Verwahrung berechnen will.

Anleihen mit variablen Zinsen: Mit Floatern auf der sicheren Seite

Lohnend könnte es sein, auf höhere Zinsen nach dem Start der Währungsunion zu setzen: Wer heute bei niedrigen Zinsen Geld lange festlegt, könnte ab 1999 mehr Rendite bekommen. Anleihen mit variablen Zinsen – sogenannte Floater – passen sich höheren Zinsen automatisch an.

Tip: Bundespapiere richtig kaufen

Bundespapiere sind für viele zinsorientierte Anleger das Beste: Der Finanzminister bietet dem privaten Anleger eine reichhaltige Palette jederzeit verfügbarer Papiere. Der Staat ist ein zuverlässiger Schuldner, seine Papiere gelten zusammen mit den am deutschen Markt dominierenden Anleihen von Post oder Bahn, den Ländern und Kommunen als besonders sicher, „mündelsicher" hieß das früher. Die Zinsen der Bundespapiere liegen meist über den Bankangeboten, und die Papiere können spesenfrei gekauft und danach kostenlos bei der Bundesschuldenverwaltung in Bad Homburg gelagert werden.

Käufer können ihre Bank gleich beim Kauf beauftragen, Bundespapiere in das Bundesschuldbuch eintragen zu lassen. Das hat viele Vorteile: Die Eintragung ist – ebenso wie alle weiteren Leistungen – gebührenfrei. Depotgebühren gibt es nicht. Zins- und Tilgungszahlungen gehen automatisch auf das Konto des Anlegers. Die Bundesschuldenverwaltung ist an das gesetzliche Schuldbuchgeheimnis gebunden. Der Anleger kann die Papiere jederzeit verkaufen. Dazu muß er aber einen schriftlichen Auftrag erteilen. Lassen Sie sich übrigens nicht von Ihrem Bankberater davon abbringen. Die Banken versuchen gerne ihren Kunden vor der „furchtbaren Bürokratie" und „dem ganzen Schriftverkehr" zu warnen.

Adresse: Bahnhofstraße 16-18, 61352 Bad Homburg v.d. Höhe, Tel. 06172/108-0, Fax 108-450

Die Konditionen der Wertpapiere des Bundes erhalten Sie bei jeder Bank oder rund um die Uhr beim Informationsdienst für Bundeswertpapiere in Frankfurt:

Tel. 069/77 70 13 oder 069/77 05 71.

Sie finden sich auch in den Börsenteilen der überregionalen und vieler regionaler Zeitungen.

Floater (englisch Floating Rate Notes, kurz FRN oder Floater genannt) bieten viele Vorteile, selbst gegenüber Festgeld oder gar dem Sparbuch. Bei den meisten Anleihen ist der Zins fest, hier nicht. Bei den Floatern wird der Zinssatz regelmäßig an das aktuelle Zinsniveau angepaßt, meist im Abstand von drei bis sechs Monaten. Die Termine der Anpassung stehen vorher fest. Die Meßlatte ist der Frankfurter Marktzins Fibor (Frankfurt interbank offered rate) oder der Londoner Libor (London interbank offered rate; das ist der Zins unter den Banken in London für Geldmarktpapiere in D-Mark bei Laufzeiten von beispielsweise drei oder sechs Monaten). Beide Größen sind Zinsen, für die sich die Banken untereinander Geld leihen. Der vereinbarte Zins eines Floaters ist meistens der Fibor-Satz plus ein fest vereinbarter Aufschlag. Beispiel: Fibor plus 0,25 Prozent.

Die Laufzeit der variabel verzinsten Papiere ist mittel- bis langfristig, doch bei vorzeitigem Verkauf drohen keine größeren Kursverluste. Die Kursschwankungen sind wegen der ständigen Zinsanpassung begrenzt.

Diese Eigenschaft macht die Floater bestens geeignet für Zeiten starker Zinsschwankungen oder Niedrigzinsphasen: Sobald die Zinsen ihren Höhepunkt erreichen, können die Floater gegen Langläufer getauscht werden. Einziges Risiko des Anlegers: Wenn die Zinsen sinken, paßt sich die Rendite des Floaters an. Bei einem festverzinslichen Papier bekäme der Anleger weiter die höheren Zinsen.

Warum aber sind Floater eine Alternative zum Festgeld? Aus zwei Gründen: Erstens bringt ein Floater ein bis zwei Prozentpunkte mehr Zinsen als Festgeld. Für ihn müssen die Banken keine Mindestreserve bei der Bundesbank abliefern. Und zweitens ist schon ab 1.000 DM eine Anlage in Floatern möglich. Bei Festgeld sind es oft 10.000 DM Mindestanlage. Und wie Festgeld ist der Floater jederzeit liquide, vielleicht sogar noch liquider, weil er jederzeit ohne Strafzinsen verkauft werden kann. Allerdings hat er einen Nachteil: Bei Kauf und Verkauf fallen Spesen an, je nach Bank meist 0,5 Prozent. Festgeld dagegen kostet keine Gebühren. Dieser Nachteil fällt aber um so geringer aus, je länger das Geld angelegt werden soll und je größer der Zinsunterschied zwischen Floater und Festgeldanlage ist.

Cap- und Floor-Floater: Mit Boden und Decke

Diese beiden Spielarten des Floater ziehen dem flexiblen Zins eine Unter- oder Obergrenze, also Boden und Decke. Der Cap-Floater begrenzt den Zins auf eine bestimmte Höhe. Dies ist zum Vorteil des Schuldners, der sich so vor horrenden Zinszahlungen schützt. Allerdings muß er dafür dem Käufer der Anleihe unterhalb des Deckels mehr Zinsen zahlen. Der Floor-Floater dagegen ist im Interesse des Anleihe-Käufers. Er begrenzt sein Risiko nach unten, zum Ausgleich muß er oberhalb des Bodens einen Abschlag vom Fibor in Kauf nehmen. Die Grenzen nach oben und unten können beispielsweise bei fünf und zehn Prozent liegen.

Fibor-Konten: Gebührenfrei mit flexiblem Zins

Der Zins auf Fibor-Konten orientiert sich an dem Satz, zu dem sich die deutschen Banken untereinander Geld leihen (Fibor = Frankfurt Interbank Offered Rate). Die Banken ziehen davon aber noch eine Marge ab. Dennoch ist die Verzinsung höher als bei Sparbüchern oder sogar Festgeld. Der Vorteil gegenüber den FRN ist der Wegfall der Gebühren für An- und Verkauf. Der Mindestanlagebetrag liegt zwischen 10.000 und 50.000 DM. Fibor-Konten sind besonders für Zeiten niedriger Zinsen sinnvoll, weil der Anleger dank des flexiblen Zinses an den zu erwartenden Zinssteigerungen teilnimmt.

Fremdwährungsanleihen: Flucht in Franken oder Dollar?

Der Euro legt den Gedanken der Flucht zunächst nahe: Warum nicht aus der D-Mark in Franken oder Dollar gehen? Oder warum eigentlich nicht Franc-Anleihen oder Peseten-Zinspapiere kaufen?

Ja, warum eigentlich nicht? Die Anlage zumindest eines Teils des eigenen Geldes in fremden Währungen ist gerade für Zinsanleger eine gute

Idee. Sie können damit Risiken streuen und bei sorgfältiger Auswahl ihrer Währungen eine höhere Rendite erzielen.

Fremdwährungsanleihen bieten neben höheren laufenden Zinsen idealerweise die Aussicht auf Kursgewinne der Währung. Der Anleger will also doppelt Profit machen. Wichtiges Auswahlkriterium ist die Höhe des Zinsunterschiedes. Und das Szenario des schlechtesten Falles: Wie weit darf die Währung fallen, bevor der Anleger im Vergleich zu D-Mark-Anleihen Verlust macht.

Attraktive Zinsen boten beispielsweise im Herbst 1996 die tschechische Krone oder der südafrikanische Rand. Doch Kronen-Anleger büßten ihre Gewinne nach einem Kursverfall der tschechischen Währung wieder ein. Rand-Anleger dagegen profitierten von einem Kursanstieg.

Allerdings ist der Euro allein kein ausreichender Grund für eine Kapitalflucht in Fremdwährungen. Entscheidend ist vielmehr die bisherige Aufteilung des Vermögens. Mehr als 25 Prozent des Vermögens sollte ohnehin auf keinen Fall in Fremdwährungen investiert werden.

Schweizer Franken: Mythos Fluchtwährung

Der Franken ist das klassische Sinnbild einer Fluchtwährung. Seit 1993 ist der Wechselkurs gegenüber der D-Mark stark gestiegen. Dafür haben nicht zuletzt die Fluchtgelder aus Deutschland gesorgt: Die Deutschen kauften deutlich mehr Schweizer Wertpapiere. Sogar die neuen Selbständigen und Gewerbetreibenden aus der ehemaligen DDR wurden in der Zürcher Bahnhofstraße gesichtet. Allein 1995 stieg der Franken gegenüber der D-Mark um mehr als fünf Prozent. Zwar beträgt die Quellensteuer in der Schweiz 35 Prozent, doch für Franken-Auslandsanleihen gilt sie nicht.

Doch wer in Franken angelegt hat, dürfte in jedem Fall zu den Verlierern der Währungsunion gehören. Der Kapitalmarkt ist klein. Das Volumen des Rentenmarktes beträgt nur ein Viertel des deutschen Marktes. Mehr als die Hälfte der Papiere ist in ausländischer Hand.

Noch bis 1989 hatte die Schweiz ihre Währung praktisch an die D-Mark gekoppelt. Doch dann ließ die Schweizer Notenbank den Franken sinken, um ihrer Exportindustrie zu helfen. Am 6. Dezember 1992 stimmten die Schweizer in einer Volksabstimmung mit Nein zum Europäischen Wirtschaftsraum EWR. Damit entsagten sie dem einheitlichen Wirtschaftsraum für Waren, Personen, Kapital und Dienstleistungen, der die EU plus Norwegen, Island und Liechtenstein umfaßt. Die drei Länder haben das Gemeinschaftsrecht der EU übernommen. Das war zugleich eine Absage an die EU.

Seither stieg der Schweizer Franken schier unaufhaltsam von seinem Tief von 1,08 DM je Franken Anfang 1993 auf mehr als 1,25 DM. Damit erreichte er wieder das Niveau von Anfang der achtziger Jahre. Doch mit Kursen um 1,20 DM ist der Franken an der Kaufkraft gemessen etwa zehn Prozent überbewertet.

Die Schweizer Notenbank versuchte es mit Gegensteuern. Sie senkte den Diskontsatz auf 1,5 Prozent. Die Renditen der Eidgenossen sind äußerst niedrig. Sie bewegen sich um 1,5 bis zwei Prozent. Die langfristigen Zinsen pendeln um vier Prozent. Um den Zinsnachteil gegenüber der D-Mark auszugleichen, müßte der Franken weiter steigen.

Doch danach sieht es nicht aus. Den Anlegern drohen nicht nur erhebliche Kursverluste ihrer Papiere, falls sich die Zinsen erholen. Sie müssen außerdem mit heftigen Währungsverlusten rechnen, falls sich die Währungsunion als stabil erweisen wird. Dann werden die Euro-Flüchtlinge ihre Franken-Anleihen wieder verkaufen und in die höherverzinslichen Euro-Anleihen gehen. Dieser Prozeß dürfte die Schweizer Aktien drükken, denn sie werden verkauft.

Den Schweizern jedenfalls wäre es recht: Ihre Exportunternehmen (allen voran Uhren, Taschenmesser, Käse, Chemie und Pharma, aber auch Werkzeugmaschinen) und die Tourismusindustrie leiden unter dem hohen Kurs des Franken. Und auch die Schweizer Konjunktur spricht nicht gerade für eine starke heimische Währung.

Nur wenn der Franken über Jahre hinweg ständig an Wert gewinnt, kommt eine gute Rendite heraus. Auf zwölf Jahre muß der Wert des Franken um mehr als 20 Prozent steigen.

Tip: Schuldenmachen in Schweizer Franken

Wer auf den Franken setzen will, sollte am besten Schulden in der Schweiz machen. Die Niederlassung des Schweizerischen Bankvereins in Schaffhausen bietet beispielsweise Hypothekenkredite für Bauherren oder Immobilienkäufer gut einem Prozentpunkt günstiger als in D-Mark an. Das Wechselkursrisiko ist begrenzt, da der Franken bereits überbewertet ist. Die Schweizer Notenbank will ihn nicht höher steigen lassen. Bei einem stabilen Euro oder einer Verschiebung würde der Schuldner von einer Abwertung des Franken profitieren.

Dollar: Die Renaissance der US-Währung

Auch ohne Maastricht ist Haushaltsdisziplin möglich. Die Vereinigten Staaten von Amerika haben den Trend umgekehrt: Sie streben einen ausgeglichenen Staatshaushalt an. Damit wollen sie einen fatalen Trend umkehren. Die Verschuldung der USA stieg seit Anfang der achtziger Jahre von 33 auf mehr als 70 Prozent des Bruttosozialproduktes. Washington hat derzeit mehr als fünf Billionen Dollar Schulden angesammelt.

Der Schuldenberg war der Hauptgrund der Dollarschwäche. Die USA haben über ihre Verhältnisse gelebt und mehr konsumiert als produziert. In der Leistungsbilanz ergab sich ein Loch, das über Kreditaufnahme im Ausland gestopft werden mußte. Aus dem größten Gläubiger der Welt wurde der größte Schuldner der Welt. Um ihre Schulden zu bedienen, müssen die USA jährlich viele Milliarden Dollar ins Ausland überweisen. Die Dollar überschwemmen den Markt. Gleichzeitig sank der Anteil der weltweiten Devisenreserven, die in Dollar gehalten werden, seit Anfang der achtziger Jahre von 76 Prozent auf 63 Prozent.

Die Dollarschwäche war auch eine Folge des amerikanisch-japanischen Handelskrieges. Amerikanische Politiker redeten den Dollar bewußt herunter, um die japanischen Exporte zu verteuern und damit zu bremsen.

Der Dollar fiel gegenüber dem Yen binnen weniger Monate um rund 20 Prozent.

Seit Anfang 1996 ist die amerikanische Devise wieder erstarkt. Im Sommer 1997 erreichte sie Kurse von fast 1,90 DM. Damit stand sie so hoch wie seit acht Jahren nicht mehr. Viele Faktoren sprechen für einen weiter stabilen oder sogar steigenden Dollar: Die USA wachsen ohne inflationäre Gefahren. Die Zahl der Arbeitslosen ist sehr niedrig, Lohnerhöhungen halten sich in Grenzen. Die amerikanische Industrie hat sich weltweit wieder wettbewerbsfähig gemacht. Der Export wächst und drückt das Leistungsbilanzdefizit.

Fazit: Wer vor dem Euro in fremde Währung flüchten will, sollte Dollar kaufen. Die Experten gehen allerdings von stabilen bis leicht steigenden Zinsen aus. Daher sind lange Laufzeiten nicht anzuraten.

Der Dollar-Kurs dürfte auch unter einem starken Euro nicht zu sehr leiden, während ein schwacher Euro ihm weiteren Auftrieb geben würde. Allerdings sollte der Anleger beachten, daß der Kurs der US-Devise von vielen Faktoren abhängt – der Euro ist vermutlich nicht einmal der bedeutendste.

ECU: Enttäuschende Kunstwährung

Die europäische Kunstwährung ECU hatte sich Anfang der neunziger Jahre zu einer beliebten Anlagewährung gemausert: Sie war plötzlich zur sechststärksten Emissionswährung bei öffentlichen Anleihen geworden. Viele Staaten und Unternehmen begaben ECU-Anleihen. Der Zins lag bei mehr als zehn Prozent. Doch dann sank der ECU von 2,05 auf 1,86 DM – und die schönen Renditen schmolzen dahin.

Dennoch haben ECU-Anleihen weiter einen Reiz für Anleger: Im ECU enthalten sind auch schwache Währungen. Daher ist der Zins der Anleihen höher als bei D-Mark-Papieren. Der ECU wird eins zu eins in Euro umgestellt.

Leider haben dies vor Ihnen aber schon andere Anleger gemerkt. Die ECU-Anleihen sind daher bereits deutlich gestiegen. Die Renditen sind auf das Niveau der Hartwährungsländer heruntergegangen.

Außerdem muß der Anleger auf Konstruktion und Bedingungen der Anleihe achten. Private, also nicht von den EU-Staaten oder -Institutionen ausgegebene Anleihen definieren häufig den ECU-Währungskorb etwas anders als die offizielle EU-Währung. Die Umstellung eins zu eins muß also nicht immer garantiert sein. Auf Nummer Sicher geht, wer EU-Papiere kauft oder Anleihen, die ausdrücklich in Euro zurückgezahlt werden.

Switch-Anleihen: Der Anleger hat die Währungswahl

Die Marketing-Abteilungen der Banken und Versicherungen lassen sich stets etwas Neues einfallen. So auch im Vorfeld der Währungsunion: Sie bieten Anlegern die Möglichkeit, das bei ihnen deponierte Geld wahlweise in andere Währungen zu tauschen („switchen"). So gibt es eine Reihe von Produkten, die die Rückzahlung in D-Mark (oder Euro) oder Dollar ermöglichen. Kommt es also zur Weichwährungsunion kann der Anleger sein Geld in Dollar bekommen.

Der Haken: Die Verzinsung liegt meist deutlich unter vergleichbaren D-Mark-Anleihen. Die Banken lassen sich ihre Umtauschdienste teuer bezahlen.

Haken II: Der Kurs der anderen Devise ist meist festgelegt. So können es beim Dollar beispielsweise 1,65 oder 1,95 DM sein. Für den Anleger kann der Umtausch eventuell kaum noch lohnen. Und schließlich sind diese Anleihen oft nur schwer vorzeitig zu verkaufen, wenn der Anleger wegen der Marktentwicklung oder einer plötzlichen Notlage wieder aussteigen will.

Die Bonität: Wie gut ist der Schuldner?

Mit der einheitlichen Währung rückt die Qualität der Schuldner stärker ins Licht. Schon heute haben deutsche D-Mark-Staatsanleihen eine höhere Bonität und damit eine niedrigere Rendite als schwedische Staatsanleihen.

Allerdings werden die Unterschiede bei Euro-Staatsanleihen gering sein. Die Kernwährungsstaaten gelten allesamt als solide. Auch die Chance, daß ein Weichwährungsland innerhalb des Euros, einmal nicht mehr seine Schulden bezahlt, dürfte gering sein. Die Zinsen werden sich stark annähern.

Dennoch bleiben Unterschiede von bis zu 0,5 Prozentpunkten. Wie soll der Anleger die Bonität der Emittenten der neuen Euro-Anleihen bewerten? Eine erste Groborientierung bietet das Rating, also die Bonitätsbewertung durch spezialisierte Unternehmen, sogenannte Rating-Agenturen. Der Privatanleger, der nicht spekulieren will, sollte darauf achten, daß das Rating mindestens A beträgt. Doch auch ein gutes Rating ist keine Garantie für die gesamte Laufzeit, denn es kann stets korrigiert werden. So erhielten die Anleihen des amerikanischen Automobilbauers Chrysler von 1987 und 1988 ein Rating BBB (immer noch gute Anleihe) von Standard & Poor's. Dennoch geriet das Unternehmen in Zahlungsschwierigkeiten.

Besonders in den Vereinigten Staaten ist das Rating (Bonitätsbewertung) weit verbreitet. In Deutschland ist die Bonitätsbewertung noch nicht sehr weit entwickelt, und sie muß es auch gar nicht sein. Die Mehrzahl der Anleihen wird von den sicheren Adressen Bund, Land oder Kommunen emittiert. Erst wenn Unternehmen verstärkt auf den Anleihemarkt gehen, wird das Rating auch in Deutschland wichtiger.

Das Rating bewertet vor allem die Finanzlage, das Vermögen und die Qualität des Managements. Bei Ländern werden ähnlich wie beim Maastricht-Kriterium die Staatsfinanzen betrachtet: Entscheidend ist das Verhältnis von Verschuldung und Haushaltssituation im Vergleich zur Wirtschaftskraft.

Wenn die Rating-Einstufung schlecht ausfällt, muß der Schuldner einen Zuschlag auf den Marktzins zahlen. Das Rating wird vom Emittenten beantragt und bezahlt. Die wichtigsten Rating-Agenturen sind Moody's und Standard & Poor's. Daneben gibt es Spezialagenturen für bestimmte Branchen, beispielsweise die auf Banken spezialisierte Londoner IBCA (International Bank Credit Analysis).

Standard & Poor's	Definition	Moody's
AAA AA	höchste Qualität; die Papiere sind praktisch mündelsicher	Aaa Aa
A	hohe Qualität, aber politische oder konjunkturelle Faktoren können die Bedienung gefährden	A
BBB	Bedienung wahrscheinlich, aber etwas konjunkturanfällig	Baa
BB	spekulative Papiere: nur eine gute Konjunktur sichert die Bedienung	Ba
B	geringe Sicherheit	B
CCC	Gefahr, daß Anleihe notleidend wird und nur mit Mühe bedient wird	Caa
CC	größere Gefahr, daß Anleihe notleidend wird	Ca
	geringe Wahrscheinlichkeit, daß Anleihe voll bedient werden kann	C
C	mindestens eine Zinsrate steht bereits aus	
D	notleidend	
+ –	Differenzierungszeichen. Bei Anleihen der Kategorie AA bis B wird so die relative Stärke innerhalb der Stufe angegeben Bei Kategorien Aa bis B: 1 = besser als der Durchschnitt der Kategorie, 2 = Durchschnitt 3 = Kriterium knapp erfüllt	1,2,3

Fazit

Aktien allein sind auch nicht der Königsweg, um vom Euro zu profitieren. Kaufen Sie mindestens 30 Prozent festverzinsliche Anleihen! Bei größeren Vermögen werden sogar bis zu etwa 50 Prozent empfohlen. Weil die Zinsen derzeit in Europa, Japan und den USA im Tief dümpeln, sollten Anleger frische Gelder nicht länger als zwei bis drei Jahre festlegen. Erweist sich der Euro als stabil, kann der Anleger dann in der Anpassungsphase noch umdisponieren. Für D-Mark-Anlagen sind Bundesschatzbriefe eine gute Wahl. Auch Floater, deren Zinssatz sich meist halbjährlich an den Markt anpaßt, sind ein sicherer Depot-Favorit.

Je nach Umfang Ihres Vermögens sind Anlagen in fremden Währungen immer sinnvoll, unabhängig vom Euro. Sie sollten aber nur einen Teil Ihres Vermögens im Ausland anlegen, denn Sie müssen das Wechselkursrisiko tragen. Für Euro-Flüchtlinge bietet sich nur der amerikanische Dollar an. Schweizer Franken sind uninteressant. Der eidgenössische Markt ist zu klein, um größere Summen an Fluchtgeldern verkraften zu können. Die Schweiz dürfte versuchen, unerwünschten Geldzustrom abzublocken, notfalls auch durch Zwangsmaßnahmen.

Die Laufzeit sollten Anleger mittelfristig anlegen, also auf drei bis fünf Jahre. Längere Laufzeiten sind riskant, da die Zinsen in der Währungsunion steigen dürften. Alternativ könnte man die Laufzeiten auch streuen: Man bindet nicht alle Ersparnisse mit einer Fälligkeit, sondern verteilt auf verschiedene Fälligkeiten. Zum Beispiel könnte man sein Vermögen dritteln: ein Drittel auf die zweite Jahreshälfte 1999, ein Drittel auf 2001 und das restliche Drittel auf 2003. Damit wird das Risiko gestreut, der Anleger erhält alle zwei Jahre ein Drittel seines Vermögens zurück und kann damit neu disponieren.

Lebensversicherung: Der Maastricht-Einbruch

Die Vertreter der Lebensversicherungen haben es derzeit schwer. Die Realeinkommen der Bundesbürger sinken, die Steuerreform droht die Renditen zu schmälern – und dann kommt auch noch der Euro, der die Deutschen vor langfristigen Bindungen zurückschrecken läßt.

Der Euro bedroht die Lebensversicherung ganz besonders:

- Eine Lebensversicherung abzuschließen ist für die meisten Bundesbürger eine Sache fürs Leben: Die durchschnittliche Laufzeit der Policen beträgt 27 Jahre. Wer heute D-Mark einzahlt, bekommt also eine Währung zurück, die er noch gar nicht kennt. Die Erinnerung an die Währungsreform 1948 beunruhigt: Die staatliche Rente wurde eins zu eins in D-Mark überführt, bei der Lebensversicherung dagegen waren 10 Reichsmark auf einmal nur noch eine D-Mark wert. Doch diese Angst ist unbegründet: Die Einführung des Euro ist zunächst nur ein Rechenvorgang. An der Substanz der Lebensversicherung ändert sich nichts.

- Lebensversicherungen sind eine höchst unflexible Anlageform. Wer vorzeitig an sein Geld muß, bezahlt dies mit hohen Abschlägen und bekommt meist nicht einmal die einbezahlten Beiträge zurück, geschweige denn Zinsen.

- Der Renditeanstieg nach der Währungsunion führt zu Kursverlusten der langlaufenden Anleihen in D-Mark, in denen die Lebensversicherer den Großteil ihrer Kapitalanlagen investieren. Die Lebensversicherer halten etwa 80 Prozent ihrer Kapitalanlagen in Anleihen, zehn Prozent in Aktien und gut fünf Prozent in Immobilien. Die durchschnittliche Laufzeit der Anleihen in den Portfolios der Versicherer beträgt fünf Jahre.

  Allerdings halten die Lebensversicherer den Großteil ihrer Anlagen in nichtbörsennotierten Anleihen. Kursverluste gibt es also nur fiktiv. Zudem verkaufen Versicherer ihre Anleihen nicht vorzeitig: Sie betreiben keine aktive Zinsanlage, sondern halten die Anleihen bis zum Laufzeitende. Dadurch bleibt die bisherige Rendite erhalten. Mit einer höheren Rendite aufgrund des gestiegenen Euro-Zins kann der Kunde erst nach und nach rechnen.

Beispiel:

1994 stiegen die Renditen am deutschen Rentenmarkt von 5,5 auf 7,5 Prozent. Das sorgte für einen Kurssturz der D-Mark-Anleihen, der am Jahresende rund zwei Prozent betrug. Die Ablaufleistungen der Lebensversicherungskunden waren davon aber nicht betroffen.

- Die Renditen der Policen sind nicht festgelegt. Nur eine Mindestverzinsung von vier Prozent ist garantiert. Erfahrungsgemäß bewegt sich die Verzinsung aber zwischen fünf und sieben Prozent – je nach Qualität des Versicherers. Ein Hoffnungsschimmer: Die Überschüsse der Lebensversicherer könnten langfristig sogar steigen, wenn sie die größeren Anlagemöglichkeiten im Euro-Markt nutzen.
- Die höhere Inflation in der Währungsunion könnte dafür sorgen, daß Lebensversicherungen weniger attraktiv werden.

Die Umstellung der Policen

Leistungen und Beiträge der Lebensversicherungen werden spätestens von 2002 an in Euro gezahlt. Die Versicherungsverträge werden in ihrem Inhalt durch den Euro nicht geändert. Mit der Einführung des Euro werden Nachträge zu den Policen an die Versicherten gesandt.

Der große Versicherungsmarkt

Seit Mitte Juli 1994 herrscht die große Freiheit am deutschen Versicherungsmarkt. Die Regulierung des deutschen Marktes durch das Bundesaufsichtsamt für das Versicherungswesen ist weitgehend aufgehoben, der Europäische Binnenmarkt ist verwirklicht. Die Unternehmen müssen ihre Tarife und Versicherungsbedingungen nicht mehr vorab dem Aufsichtsamt vorlegen. Jedes Unternehmen kann in ganz Europa frei seine Policen anbieten.

Für die Lebensversicherten freilich hat sich noch nicht viel geändert: Der Ansturm ausländischer Anbieter ist ausgeblieben. Es gibt einige neue Produktvarianten, wie beispielsweise Nichtraucherpolicen. In einigen Teilen ist der Markt unübersichtlich geworden, weil sich nicht mehr nur die Preise und Renditen, sondern auch die Bedingungen unterscheiden. Hinzu kommen viele kleine Änderungen bei den Tarifen, die aber alle einen entscheidenden Nachteil haben: Sie erhöhen nicht die Endrendite der Kapitallebensversicherung. Nur in der Privaten Rentenversicherung (siehe folgendes Kapitel) machten einige ausländische Versicherer mit Renditen von über neun Prozent von sich reden.

Von der einheitlichen Währung profitieren nun die großen Versicherer besonders. Sie können ihre Policen in einem größeren Markt verkaufen. Allerdings sind Versicherungspolicen ein juristisches Produkt: Es reicht

Worauf ein Versicherter in der Sachversicherung achten muß

Bei Versicherungsverträgen sollte der Verbraucher zuerst auf die Selbstbeteiligung achten. Immer mehr Versicherungen werden heute mit einer Kostenbeteiligung im Schadensfall angeboten. Vorreiter war die Kaskoversicherung für Autos. Doch in den anderen Sparten lohnt eine Selbstbeteiligung meist nicht.

Der zweite Blick gilt den Versicherungsbedingungen. Welche Schäden werden gedeckt – und welche nicht? Die Privathaftpflichtpolice kann beispielsweise Mietsachschäden, also Schäden, die der Mieter dem Eigentum des Vermieters zufügt, einschließen oder nicht. Für Mieter ist diese Klausel sehr wichtig.

Der Binnenmarkt hat aber bereits zu einigen sinnvollen Neuerungen geführt. Als Ergänzung oder sogar Bestandteil der privaten Haftpflichtversicherung gibt es eine Forderungsausfallversicherung. Wenn ein Schädiger nicht für den Schadensersatz aufkommen kann, springt sie ein.

nicht, die Währung umzustellen, auch die Bedingungen müssen auf die einzelnen Währungsunionsländer abgestimmt werden.

Für wen sich eine Kapitallebensversicherung lohnt

Die deutschen Lebensversicherer haben es geschafft, ihre Kapital-Police als dritte Säule der Altersversorgung hinzustellen: Sie erfanden die „Drei-Säulen-Theorie" der Altersversorgung. Danach basiert eine Altersversorgung neben Sozialversicherung und betrieblicher Rente (zwei Drittel aller Arbeitnehmer haben einen Anspruch darauf) auf der Kapitallebensversicherung als der dritten Säule. Der Erfolg: Jeden Tag werden in der Bundesrepublik 17.000 Lebensversicherungen abgeschlossen. Nicht zuletzt ist daran der Fiskus schuld: Er hat die Kapitallebensversicherung mit dem Steuerprivileg versehen. Nach einer Laufzeit von zwölf Jahren sind die Erträge aus der Police steuerfrei.

Als Vorteile einer Kapitallebensversicherung werden ins Feld geführt:

▶ **Sicherheit:**

Die Lebensversicherung zahlt eine garantierte Rendite von vier Prozent.

▶ **Vorsorge:**

In der Kombination mit dem Hinterbliebenenschutz ist die Kapital-Police die ideale Altersvorsorge. Sie schließt die Versorgungslücke der gesetzlichen Rentenversicherung. Auch das Risiko der Berufsunfähigkeit kann preiswert abgesichert werden.

▶ **Steuervorteil:**

Nach einer Mindestlaufzeit von zwölf Jahren sind die Erträge steuerfrei. Allerdings stellt der Zinsfreibetrag die Zinseinnahmen von 80 Prozent aller Sparer steuerfrei.

Die Kritiker weisen dagegen auf folgende Punkte hin:

▶ **Niedrige Rendite:**

Die Gesamtrendite der Lebensversicherer inklusive der Überschußbeteiligung lag in der Vergangenheit meist zwischen fünf und sechs

Prozent. Der durchschnittliche Zins deutscher Anleihen liegt mit 7,5 Prozent deutlich darüber. Wer vor 30 Jahren eine Kapitallebensversicherung abgeschlossen und monatlich 100 DM eingezahlt hat, erhält bei Ablauf der Police im Branchendurchschnitt rund 78.000 DM. Je die Hälfte der Ablaufsumme stammt aus Beitragszahlungen und aus Kapitalerträgen. Das angesparte Kapital hat sich also verdoppelt; die Rendite liegt bei 5,5 Prozent.

Die Streubreite der Erträge ist jedoch groß, wie die Stiftung Warentest herausfand. Sie kam bei der Untersuchung von Verträgen, die ausbezahlt wurden, auf Renditen von 7,15 Prozent im besten Fall und nur 3,89 Prozent im schlechtesten Fall. Wer sein Geld selbst anlegt und für den Todesfallschutz eine Risiko-Lebensversicherung ohne Sparvorgang abschließt, kommt fast immer günstiger weg.

- **Mangelnde Transparenz:**

Das Produkt Lebensversicherung ist nicht durchschaubar. Die Rendite ist nicht garantiert, sondern hängt vom Gutdünken des Versicherers ab. Der Kunde weiß nicht einmal, welcher Anteil seines Beitrages tatsächlich in den Sparvorgang geht.

- **Inflexibilität:**

Wer vorzeitig an sein Geld muß, bezahlt dies mit hohen Verlusten. Wer seine Versicherung in den ersten Jahren kündigt, erhält als sogenannten Rückkaufswert nicht einmal seine eingezahlten Beiträge zurück, sondern allenfalls zwei Drittel.

- **Zu hohe Provisionen:**

Bis zu 4,6 Prozent der Versicherungssumme können die Vertreter oder Makler für den Abschluß einstreichen. Das sind bei 100.000 DM für den Vertreter 4.600 DM. Diese Provision ist schon bei Vertragsabschluß fällig und wird aus den ersten Beiträgen gezahlt. Erst nach ein bis drei Jahren tragen seine Zahlungen auch Zinsen. Dies ist auch ein Grund dafür, warum die Rendite bei Kapitallebensversicherungen so mager ausfällt.

Vor- und Nachteile der Kapitallebensversicherung	
Pro	**Contra**
steuerfreie Erträge nach einer Laufzeit von zwölf Jahren	geringe garantierte Rendite kein Inflationsschutz, Renditen liegen nur zwischen vier bis sieben Prozent
Beiträge können als Sonderausgaben steuerlich abzugsfähig sein (falls Höchstbeträge noch nicht ausgeschöpft sind, was aber fast immer der Fall ist)	hoher Verlust bei vorzeitiger Kündigung
Abdeckung des Todesfallrisikos	geringe Transparenz von Kosten und Leistungen; Hinterbliebenenschutz ist über eine Risiko-Lebensversicherung billiger
Police kann beliehen werden, beispielsweise zur Immobilienfinanzierung	hohe Abschlußkosten
günstige Absicherung des Berufsunfähigkeitsrisikos	häufig überflüssige Zusatzversicherungen für Unfall oder Policen mit Dynamik

Wie die Kapitallebensversicherung funktioniert

Die Kapitallebensversicherung wird auch gemischte Lebensversicherung genannt. Sie besteht aus zwei Teilen: Der Versicherte zahlt einen Beitrag für die Risiko-Lebensversicherung und einen sogenannten Sparanteil. Der Risikoteil deckt das Todesfallrisiko ab: Stirbt der Versicherte vorzeitig, erhalten die Hinterbliebenen die garantierte Versicherungssumme. Den Sparanteil legt die Versicherung für ihn an und gibt ein Rendite-Versprechen. Sie muß den garantierten Rechnungszins („rechnungsmäßige Verzinsung") von vier Prozent garantieren.

Die garantierte Rendite macht die Kapitallebensversicherung allerdings nicht lohnend. Interessant für Anleger wird sie nur wegen der Überschüsse. Sie stammen aus drei Quellen:

- Der Versicherer erwirtschaftet einen höheren Ertrag als den garantierten Zins von vier Prozent (Zinsgewinn)
- Zum Vorteil des Versicherers ist die Sterblichkeit der Versicherten wegen der steigenden Lebenserwartung meist geringer als kalkuliert (Risikogewinn).
- Bei vielen Versicherern – leider längst nicht bei allen – fallen die Verwaltungskosten niedriger aus als kalkuliert (Kostengewinn).

Was an Überschüssen für die Versicherten über die garantierte Rendite hinausgeht, kommt in die „Rückstellung für Beitragsrückerstattung" (RfB), den Sammeltopf für die Überschüsse. Daraus bekommt der Versicherte nach Gutdünken der Lebensversicherung eine sogenannte Überschußbeteiligung ausgezahlt.

Die Lebensversicherer müssen zwar mindestens 90 Prozent ihrer Gewinne an ihre Kunden weitergeben. Doch vorher werden alle möglichen Kosten gedeckt und alle Tricks genutzt, um Kosten aus anderen Sparten der Versicherung in die Lebensversicherung zu verlagern. Wenn der Versicherer eine Beteiligung erwirbt oder ein neues Verwaltungszentrum errichtet, kann der Versicherte sicher sein, daß der Löwenanteil von der Lebensversicherung bezahlt wird.

Der andere Trick der Lebensversicherer sind die stillen Reserven. Alle Versicherer bauen stille Reserven auf. Sie entstehen durch die deutschen Bilanzierungsregeln: Wenn Versicherer Aktien oder Anleihen kaufen, werden sie zum Niederstwertprinzip in die Bilanz aufgenommen. Das heißt, sie stehen dort zum niedrigsten Kurs, den sie nach dem Kauf erreichten – auch wenn sie tatsächlich sehr viel mehr wert sind. Besonders hohe stille Reserven werden durch Immobilien gebildet: Sie werden laufend abgeschrieben und stehen irgendwann nur noch mit einigen Mark Erinnerungswert in der Bilanz. Von den stillen Reserven haben die Versicherten, die mit ihren Beiträgen zu ihrer Bildung beitrugen, nichts.

Wie Sie die Rendite Ihrer Lebensversicherung steigern

Wer eine Lebensversicherung abschließt oder bereits eine Versicherung besitzt, muß darauf achten, daß er seinen Vertrag möglichst renditegünstig gestaltet. Hier die wichtigsten Tips:

1. Schließen Sie keine Mini-Verträge ab!

Je kleiner die Versicherungssumme, desto höher ist der Anteil der Kosten an der Prämie. Schließen Sie daher am besten langlaufende Verträge über hohe Summen ab. Lebensversicherungen mit einer Summe unter 10.000 DM sollten Sie nicht abschließen. Haben Sie bereits mehrere kleine Verträge, vielleicht sogar beim gleichen Versicherer, sollten Sie versuchen, diese zu einem großen Vertrag zusammenzufassen.

2. Versichern Sie möglichst jung und weiblich!

Alter und Geschlecht des Versicherten bestimmten die Kosten des Risikoschutzes. Je jünger der Versicherte, desto geringer sind die Risiko-Kosten. Im Schnitt kostet der Risikoschutz für den Todesfall rund 0,5 bis 0,7 Prozentpunkte Rendite. Kostengünstig kommen Frauen weg: Sie haben eine um sechs Jahre längere Lebenserwartung als Männer. Wer daher die Kapital-Police nur als Kapitalanlage nutzen will, sollte am besten seine jüngste Tochter versichern.

3. Schließen Sie zuerst eine Risiko-Police ab!

Wenn das Geld für die gewünschte Kapital-Police fehlt, sollte erst eine Risiko-Police abschlossen werden: Die meisten Tarife der Risiko-Lebensversicherung sehen eine Umwandlung in eine Kapitallebensversicherung während der ersten zehn Jahre oder sogar während der gesamten Laufzeit vor. Der Vorteil: Eine erneute Gesundheitsprüfung entfällt, der Tarif richtet sich aber nach dem neuen Eintrittsalter zu Beginn der Kapitallebensversicherung.

4. Verzichten Sie auf eine Dynamisierung!

Diese Variante lieben der Vertreter und sein Unternehmen besonders: Bei der dynamischen Variante wird vereinbart, daß die Versicherungssumme automatisch von den anfänglichen 100.000 DM um jährlich beispielsweise drei Prozent steigen soll. Das Schöne für den Vertreter: Er bekommt alle Jahre wieder die gesamte Provision für die Erhöhung. Der Vorteil für das Unternehmen: Die „Dynamik" der einzelnen Verträge sichert ein hohes Neugeschäft.

Nur der Versicherte hat nichts von der Dynamik. Denn er zahlt mit seinen ersten Beiträgen erst einmal die Provision und Verwaltungskosten der Versicherungen. Bei Neuabschluß einer Kapitallebensversicherung macht dies rund ein bis drei Jahresbeiträge aus. Außerdem wird der zusätzliche Beitrag nicht etwa nach dem Eintrittsalter bemessen, sondern nach dem jeweiligen Lebensalter bei Erhöhung der Versicherungssumme. In den letzten Laufzeitjahren ist also der Risikoanteil wegen der höheren Sterblichkeit des Versicherten hoch, die ersten Beiträge werden für Vertreter und Verwaltung verwendet: Die Kapitalzahlung im Erlebensfall (Ablaufleistung) erhöht sich also nur noch geringfügig. Fallen Sie daher nicht auf das Gerede von Inflation und den angeblichen Vorteilen steigender Versicherungssummen herein: Sie werfen lediglich Ihr Geld zum Fenster hinaus direkt in den Vertreter-Rachen. Im Extremfall können die Erhöhungsbeiträge in den letzten Vertragsjahren sogar die Ablaufleistung mindern, weil dafür noch die volle Provision gezahlt werden muß. Einziger Vorteil der Dynamik ist die Erhöhung ohne Gesundheitsprüfung.

5. Verzichten Sie auf Zusatzversicherungen!

Versicherungsvertreter verkaufen gerne noch eine Unfallversicherung. Dafür gibt es zusätzliche Provision, denn für sein Unternehmen ist es ein glänzendes Geschäft. Bei der Unfallversicherung muß der Versicherer oft nur 35 Prozent seiner Prämieneinnahmen wieder für Schäden herausrücken. Besonders unsinnig ist die Verdopplung der Todesfall-Leistung bei Unfall. Für die Hinterbliebenen macht es in punkto Versorgung keinen Unterschied, ob der Versicherte im Bett oder auf der Straße stirbt.

6. Zahlen Sie jährliche Beiträge!

Die bequemste Art, die monatliche Zahlweise, kostet Zuschläge: Sie können rund fünf Prozent des Jahresbeitrags ausmachen – die Sie nicht sehen, denn optisch ist der Beitrag nahezu gleich. Zahlen Sie daher die Prämie lieber nur einmal jährlich, beispielsweise aus dem Weihnachtsgeld. Es lohnt sich: Ein 30 Jahre alter Versicherter verliert bei monatlicher Zahlweise bei 30 Jahren Laufzeit und einer Versicherungssumme von 150.000 DM rund 5.500 DM Ablaufleistung. Tip: Sie können Ihre Police problemlos jederzeit von monatlicher auf jährliche Zahlweise umstellen. Sie könnten beispielsweise das Weihnachtsgeld stets dafür nutzen.

Wann sich eine Lebensversicherung lohnt

Trotz aller berechtigten Kritik: Es gibt zwei Fälle, in denen eine Kapitallebensversicherung lohnt – zum Steuernsparen und als Direktversicherung.

Zum Steuernsparen

Für einen konservativen Zinsanleger mit einem hohen Steuersatz, der seinen Steuerfreibetrag für Kapitaleinkünfte von 6.100 DM für Ledige und 12.200 DM für Verheiratete schon ausgeschöpft hat, kann eine Kapitallebensversicherung lohnen: Eine steuerfreie Rendite von sechs Prozent entspricht bei einem Spitzensteuersatz von 53 Prozent einem Bruttozins von mehr als zehn Prozent. Allerdings sollte der Anleger unbedingt auf eine kurze Laufzeit von zwölf Jahren und eine Gesellschaft mit hoher Rendite achten. Die kürzere Laufzeit ist überschaubarer und reduziert das Risiko von Inflation und schlechter Gewinnbeteiligung. Möglich ist auch die Version als Rentenversicherung: Der Todesfallschutz fällt weg, die Rendite ist etwas höher. Bei Ablauf wird die Leistung in Form einer Rente oder eines Kapitalbetrages gezahlt.

Rechnen kann sich eine Lebensversicherung auch für Arbeitnehmer oder Selbständige, die die Beiträge noch als Vorsorgeaufwendungen steuerlich absetzen können.

Allerdings sind auch andere Kapitalrenditen steuerfrei, beispielsweise Kursgewinne aus Aktien (nach sechs Monaten) und Wertsteigerungen von Immobilien und Grundstücken (nach zwölf Monaten). Außerdem muß bei einer Lebensversicherung immer auch der Risikoschutz für den Todesfall bezahlt werden; das kostet Geld, das nicht zinsbringend angelegt wird.

Als Direktversicherung durch Gehaltsumwandlung

Bei der Direktversicherung schließt der Arbeitgeber für seine Mitarbeiter eine Lebensversicherung ab und zahlt die Beiträge direkt vom Bruttogehalt. Auf diesen Gehaltsteil (bis zu 3.408 DM pro Jahr) müssen nur 20 Prozent Lohnsteuer plus Kirchensteuer gezahlt werden. Je höher der individuelle Steuersatz, um so größer ist der Steuervorteil. Bei einer Einmalzahlung pro Jahr statt monatlicher Beiträge sparen Versicherte unterhalb der Beitragsbemessungsgrenze sogar die Sozialversicherungsbeiträge.

Die Direktversicherung lohnt vor allem bei hohem Steuersatz und wenn die Höchstbeträge für Sonderausgaben bereits ausgeschöpft sind, so daß die Beiträge für normale Lebensversicherungen nicht mehr steuerlich anerkannt werden. Wichtig ist jedoch die Auswahl einer Gesellschaft mit hoher Rendite. Viele Betriebe haben zwar einen günstigen Gruppenvertrag mit einem Versicherer abgeschlossen, doch nicht immer sind die Tarife tatsächlich besser als bei den günstigsten Versicherern. Holen Sie daher Vergleichsangebote ein. Oft basiert der Gruppenvertrag nur auf einer langjährigen geschäftlichen Verbindung.

Interessant ist die Direktversicherung vor allem für Versicherte, die älter als 40 Jahre sind, einen hohen Steuersatz haben und an die Altersversorgung denken. Für jüngere Angestellte dürfte es wegen der Versorgungslücken in der Sozialversicherung wichtiger sein, eine Berufsunfähigkeitsversicherung abzuschließen. Alleinstehende können auch eine private

Rentenversicherung als Direktversicherung abschließen. Der Direktversicherungsvertrag muß mindestens bis zum 60. Lebensjahr laufen. Wie bei einer normalen Kapitallebensversicherung sind die Kapitalerträge erst nach einer Mindestlaufzeit von zwölf Jahren steuerfrei. Als Mindestlaufzeit einer Direktpolice sind fünf Jahre vorgeschrieben. Nachteil der Direktversicherung ist, daß sie weder abgetreten noch beliehen noch zur Baufinanzierung verwendet werden darf. Sie darf auch nicht vorzeitig gekündigt werden.

Tip: Bestehenden Vertrag umwandeln!

Was nur wenige Versicherte wissen (und auch manche Vertreter nicht): Für die Direktversicherung kann auch ein bestehender Vertrag umgewandelt werden. Das wird zwar keine Gesellschaft gerne tun, doch der Versicherte sollte hartnäckig darauf bestehen. Die Umwandlung hat den Vorteil, daß bei einem bestehenden Vertrag die hohen Anfangskosten bereits bezahlt sind.

Der Steuervorteil einer Direktversicherung gilt übrigens auch für eine Risiko-Lebensversicherung, eine selbständige Berufsunfähigkeits-Versicherung, eine private Rentenversicherung oder eine fondsgebundene Lebensversicherung. Bei einem Unternehmenswechsel wird die Direktpolice einfach auf den neuen Arbeitgeber übertragen. Schriftlich vereinbart werden sollte in jedem Fall, daß die Versicherungsleistungen vollständig und unwiderruflich dem Arbeitnehmer zustehen.

Empfehlenswert für Kapitallebensversicherungen sind vor allem die Direktversicherer. Gerade bei der Kapitallebensversicherung können sie durch den Verzicht auf hohe Vertreterprovisionen sehr günstig arbeiten. Beispiele sind Cosmos, Europa, Hannoversche Leben. Weitere günstige Versicherer mit Außendienst sind Debeka, HUK-Coburg, Neue Leben und Partner. Als regionale oder berufsständische Versicherungen empfehlen sich Öffentliche Braunschweig, Provinzial Kiel, Vereinigte Post, VHV und Westfälische Provinzial.

Tip: Sozialversicherungsbeiträge sparen

Zwar sind Beiträge zu einer Direktversicherung sozialversicherungspflichtig, doch läßt sich dies bei Arbeitnehmern unter der Beitragsbemessungsgrenze vermeiden, wenn der Arbeitgeber dafür das Urlaubs- oder Weihnachtsgeld nutzt. Das Geld wird einfach als Jahres- oder Halbjahresbeitrag eingezahlt. Zusätzlich entfallen die üblichen Zuschläge für eine monatliche Zahlungsweise. Von Einmalzahlungen profitiert auch der Arbeitgeber, der bei den Sozialbeiträgen sonst mit der Hälfte beteiligt ist. Daher zahlen viele Unternehmen die Pauschalsteuer auf die Prämie – und sparen immer noch dabei. Einziger Nachteil für den Arbeitnehmer ist, daß natürlich seine Rentenansprüche geringer ausfallen, doch die dürften im Vergleich zur Direktversicherung kaum ins Gewicht fallen.

216 Soll man wegen des Euros die Lebensversicherung kündigen?

Klare Antwort: Nein. Wer eine Lebensversicherung abgeschlossen hat, sollte sie behalten. Das gilt besonders, wenn die Police nicht schon mindestens zwölf Jahre läuft. Erst nach dieser Mindestlaufzeit sind die Erträge steuerfrei.

Auch wer meint, er habe ohnehin falsch abgeschlossen, sollte nicht unüberlegt handeln. Eine Kündigung hebt Ihre Fehlentscheidung nicht auf. Meistens ganz im Gegenteil: Sie verschlimmert sie. Mit den ersten Beiträgen haben Sie erst einmal die Kosten des Versicherers und die Vertreterprovision gedeckt. Dieses Geld sehen Sie nie wieder. Ein Vertrag, bei dem die Kosten schon bezahlt sind, ist dagegen meist eine recht rentable Angelegenheit. Deshalb gibt es vereinzelt sogar schon die Möglichkeit, einen Vertrag zu „verkaufen“. Ein anderer Anleger kauft ihn, zahlt die Beiträge weiter und kassiert am Ende die Überschüsse.

Wenn Sie selbst die Rendite einfahren wollen, gibt es folgende Möglichkeiten:

- Sie können den Vertrag bis zu einem Jahr ruhen lassen.
- Sie können die Laufzeit verkürzen.
- Sie können Ihre Beiträge einstellen. Damit stellen Sie den Vertrag beitragsfrei. Er läuft dennoch bis zum Ende der Laufzeit, Versicherungssumme und Ablaufleistung vermindern sich entsprechend.
- Die Überschüsse aus dem Vertrag werden mit Ihrem Beitrag verrechnet.
- Die Laufzeit wird verlängert, der Beitrag sinkt.

Schreiben Sie Ihren Versicherer an und erkundigen Sie sich nach der Variante, die Ihnen am liebsten wäre. Fragen Sie nach derzeitigem Rückkaufswert, voraussichtlicher Ablaufleistung bei unverändertem Beitrag und Laufzeit sowie der neuen Ablaufleistung bei einer Veränderung. Dann können Sie in Ruhe entscheiden.

In jedem Fall sollten Sie alle Möglichkeiten ausschöpfen, die Rendite des Vertrages zu steigern. Besonders einfach und gewinnbringend ist die Kündigung von Zusatzversicherungen und die jährliche Zahlungsweise.

Fondspolice: Hohe Gebühren

Die fondsgebundene Lebensversicherung (FLV) – kurz „Fondspolice" – vermeidet nach Ansicht einiger Versicherer die gravierendsten Nachteile der Kapitalpolice: Die FLV ist im Gegensatz zur Kapitallebensversicherung (KLV) keine „Black Box", in die der Kunde einzahlt, aber nicht weiß, was mit seinem Geld bis zur Auszahlung geschieht und schließlich eher nach Gusto der Versicherer am Überschuß beteiligt wird.

Der Unterschied zwischen KLV und FLV ist einfach: Bei der KLV gibt der Kunde dem Versicherer das Geld blind, bei der FLV wählt er einen Fonds, in den sein Sparanteil wandern soll.

Die Transparenz ist hoch: Der Sparanteil ist genau beziffert, die Strategie des Fonds ist klar. Der Anleger kann täglich den Kurs seiner Anteile im Börsenteil nachlesen, und einmal jährlich sagt ihm ein Kontoauszug, wie sich der Wert seiner Anteile entwickelt hat. Auch die Anlagestrategie ist flexibler: Bei der Kapitallebensversicherung wird das Geld vor allem in Namensschuldverschreibungen, Hypotheken und Immobilien angelegt, bei der FLV kann auch in spekulativen Fonds angelegt werden. Meist darf der Anleger während der Laufzeit zwischen einzelnen Fonds wechseln, manchmal allerdings nur gegen eine Gebühr.

Doch wofür soll das gut sein? Der wesentliche Vorteil der FLV ist die Steuerfreiheit der Erträge nach einer Mindestlaufzeit von zwölf Jahren. Der Kunde sollte sich nicht blenden lassen: Kursgewinne von Aktien sind – nach der Spekulationsfrist von sechs Monaten – ohnehin steuerfrei. Bei Aktienfonds spielen die laufenden und zu versteuernden Dividendenerträge nur eine geringe Rolle. Mit einer direkten Anlage in Aktienfonds dürften die meisten Anleger daher besser fahren. Unter dem Renditeaspekt ist die FLV daher vor allem für Anlagen in Rentenfonds interessant, wenn zugleich hohe Steuern gezahlt werden. Dann kann der jährliche Obolus an das Finanzamt vermieden werden. Wo dann allerdings der Vorteil gegenüber einer normalen Kapitallebensversicherung liegt, ist nicht zu sehen.

Die Kosten einer FLV sind deutlich höher. Der Vertreter kassiert natürlich die übliche Abschlußprovision, der Versicherer Risikoanteil und Kostenbeitrag. Zusätzlich kassiert aber auch der Fondsanbieter Ausgabeaufschläge und laufende Verwaltungskosten. Und wenn der Kunde während der Laufzeit den Fonds wechseln möchte, sind oft zusätzliche Bearbeitungsgebühren fällig. Nach Berechnungen der Stiftung Warentest gehen für die Kosten bis zu 20 Prozent der Beiträge drauf.

Fazit: Die FLV ist eine ungünstige Kapitalanlage und taugt auf keinen Fall als Schutz gegen den Euro. Im Grunde ist die FLV nur eine Kombination von Risikolebensversicherung und Investmentsparplan. Dies könnte jeder Kunde selbst zusammenstellen: Er sucht sich den Versicherer mit der günstigsten Prämie, und anschließend wählt er sich einen gut abschneidenden Wertpapierfonds. Zwischen diesen Fonds kann er dann nach Herzenslust wechseln und seine Anteile jederzeit wieder abstoßen. Denn die FLV ist in den ersten zwölf Jahren nicht flexibel: Wer vor Ablauf der Mindestlaufzeit für das Steuerprivileg an sein Geld will, muß die gesamten Erträge versteuern – selbst die Kursgewinne der Aktienfonds.

Fremdwährungspolicen: Prädikat unattraktiv

Deutsche Lebensversicherer legen ihr Geld extrem konservativ an. Nicht einmal der zulässige Anteil von Aktien im Vermögen wird ausgeschöpft. Und selbst bei Zinsanlagen scheuen sie das Kursrisiko an der Börse und kaufen am liebsten nicht börsennotierte Schuldverschreibungen. Auf eine Entwertung der Leistungen durch Inflation können die Versicherer daher kaum reagieren: Sie sind praktisch nicht in Nicht-Euro-Anlagen oder höherrentierlichen Anlagen investiert. Daher kann ein Blick ins Ausland lohnen: Interessant können britische Policen sein.

Schweizer Versicherungen

Auch wenn manchem „vertraulich" von „Insidern" zu Schweizer Lebensversicherungen geraten werden mag: Für Deutsche lohnt der Abschluß nicht. Die vielgerühmte Stabilität des Schweizer Franken ist so gut nicht: Die Golddeckung ist zwar gegeben, doch ohne Verpflichtung, die Scheine tatsächlich gegen Edelmetall umzutauschen. Die beiden Währungskrisen in Deutschland 1922/23 und 1948 waren jeweils Folge eines Weltkrieges. Auch beim Franken hilft letztlich nur der Glaube an die Stabilität.

Die Fakten sprechen jedoch gegen Franken-Versicherungen: Das Zinsniveau am Schweizer Markt ist niedriger als in Deutschland. Deshalb fällt auch die Rendite der Lebensversicherung magerer aus. Sie liegt je nachdem ob jährliche Beiträge oder hohe Einmalbeiträge gezahlt werden zwischen 2,5 und 3,9 Prozent. Daher ist das Interesse der Schweizer an deutschen Policen größer als umgekehrt. Die Beispielsrechnungen der Vergangenheit werden durch den Kursanstieg des Schweizer Franken von 0,85 auf 1,20 DM je Franken verzerrt. Außerdem müssen die Erträge aus Schweizer Policen in Deutschland – im Gegensatz zu deutschen Lebensversicherungen – voll versteuert werden. Ausnahme: Der Kunde schließt die Police in Deutschland ab – oder er legt ohnehin Schwarzgeld an und verschweigt die Existenz der Police.

Britische Kapitallebensversicherung

Jedes Jahr im Mai stellt die Financial Times in ihrer Beilage „Money Management" die „30-Pfund-Frage": Was bekommt ein Versicherter ausgezahlt, der zehn, 15 oder 25 Jahre lang monatlich 30 Pfund in eine Kapitallebensversicherung einzahlt? Die Antworten können sich sehen lassen: Britische Versicherer zahlen nach 25 Jahren Laufzeit oft mehr als das sechsfache der gezahlten Beiträge aus, bei deutschen Versicherern ist es meist nur das 2,6fache. Allerdings sind dabei die höhere Inflation wie auch die höheren Zinsen auf der Insel nicht einberechnet: Bei höheren Zinsen sind natürlich auch die Kapitalerträge höher. Dennoch ist die britische Kapitalanlagepolitik für die Versicherten vorteilhafter: Statt wie die deutsche Versicherungswirtschaft vor allem in Namensschuldverschreibungen zu investieren und alle Werte zum Niederstwertprinzip zu bilanzieren, kaufen die britischen Versicherer viele Aktien (die langfristig mehr rentieren) und rechnen diese zum tatsächlichen Kurswert ab.

Fazit

Wer bereits eine Lebensversicherung hat, sollte weiter seinen Beitrag zahlen. Das Risiko durch den Euro ist nicht sehr groß. Auch die Versicherer legen mittlerweile etwas mehr Geld in Aktien an und werden im europäischen Binnenmarkt von höheren Zinsen profitieren. In jedem Fall garantiert ist die Mindestverzinsung von vier Prozent. Mit einer Kündigung würde der Kunde viel Geld verlieren.

Neuabschlüsse sollten jedoch gründlich überlegt werden. Angesichts der mageren Renditen gibt es häufig bessere Anlagen. Gerade junge Leute sollten den Abschluß scheuen, denn die Kapitallebensversicherung bindet für Jahrzehnte. Bundesschatzbriefe sind gerade am Anfang und zur Bildung erster Rücklagen eine weit bessere Wahl.

Privatrente: Alternative zur Lebensversicherungs-Police

„Eine Privatrente zahlt garantiert. Solange Sie leben." So wirbt ein großer deutscher Versicherer für seine Privatrente: „Ruhestand bedeutet auch ca. 40 Prozent weniger Einkommen. Mit der Privatrente können Sie diese Versorgungslücke schließen." Das Bild zeigt einen strahlenden Grauhaarigen, der mit dem Daumen das Okay-Zeichen gibt.

Nicht zuletzt dank ihres Namens profitiert die private Rentenversicherung – kurz Privatrente – von der Krise ihrer gesetzlichen Namensvetterin. 1980 wurden nicht einmal 56.000 Verträge abgeschlossen, derzeit sind es mehr als 700.000 pro Jahr. Den Versicherern ist es recht. Sie brauchten eine Alternative zur vielkritisierten Kapitallebensversicherung: Der Hinterbliebenenschutz im Todesfall fällt weg, der Sparanteil im Beitrag ist entsprechend höher und daher fällt die Rendite höher aus. Beim Übergang auf den Euro wird die privaten Rentenpolice umgestellt wie eine Lebensversicherung. Leistungen und Beiträge werden nach dem festgelegten Umtauschkurs in Euro umgerechnet.

Die private Rentenversicherung eignet sich vor allem für folgende Kunden:

- Wer bereits eine Kapital- oder Risikolebensversicherung hat oder keine Angehörigen versorgen muß, findet eine rentablere Anlage.
- Je älter der Versicherte ist, desto größer ist der Renditevorteil einer privaten Rentenversicherung. Er kann bis zu einem Prozentpunkt betragen. Außerdem ist keine Gesundheitsprüfung erforderlich. Dies ist vor allem für Versicherte über 40 Jahre attraktiv.

Die Rentenversicherung ist praktisch eine Kapitallebensversicherung ohne Risikoschutz. Der Wegfall des Todesfallschutzes macht die private Rentenpolice bei gleicher Versicherungssumme etwas billiger als eine Kapitallebensversicherung. Der Kunde zahlt ganz normal monatliche Prämien ein. Doch statt einer einmaligen Kapitalzahlung vereinbart er eine sogenannte monatliche Leibrente nach dem Ende der Laufzeit. Diese monatliche Rente fließt dann auf Lebenszeit. Wer 100 Jahre alt wird, kann sich also über eine glänzende Rendite freuen. Dies ist der Versicherungsteil: Bei gewöhnlichen Sparplänen mit Kapitalverzehr ist das Vermögen irgendwann aufgebraucht. Allerdings ist die Höhe der monatlichen Rentenzahlung nur teilweise garantiert. Interessant wird die Rentenpolice nur durch die Überschußanteile, die – wie bei der Kapitallebensversicherung – nur prognostiziert, aber nicht garantiert sind. Da die Lebenserwartung steigt, werden die Überschußanteile über die Zeit eher sinken. Schon 1995 mußten die Rentenversicherer die Renditeversprechen ein gutes Stück herunterschrauben.

Zweiter Vorteil der Rentenpolice: Die Monatsrenten sind nur begrenzt steuerpflichtig. Es wird nur der sogenannte Ertragsanteil steuerlich berücksichtigt. Je älter der Rentner bei Rentenbeginn ist, desto niedriger ist der Ertragsanteil und damit die Steuerlast. Zinsbeträge müssen dagegen oberhalb des Freibetrages in voller Höhe versteuert werden.

Beispiel:

Ein 65 Jahre alter Mann erhält eine Rente von 2.000 DM im Monat. Besteuert werden 27 Prozent der Jahresrente von 24.000 DM, also 6.480 DM. Die Differenz zur Gesamtrente von immerhin 17.520 DM ist steuerfrei. Von dem Ertragsanteil werden noch der Werbungskostenpauschbetrag von 200 DM und der Sonderausgabenpauschbetrag von 108 DM abgezogen. Es bleiben noch 6.172 DM. Sie müssen jedoch nicht versteuert werden, da der Beitrag unterhalb des Grundfreibetrags liegt. Hat der Rentner zusätzliche Einnahmen, kann er weitere Freibeträge geltend machen. Werden Ehepaare zusammen veranlagt, verdoppeln sich Sonderausgabenpauschbetrag und Grundfreibetrag. Der Werbungskostenpauschbetrag verdoppelt sich nur, wenn beide Ehepartner eine Leibrente bekommen.

Ertragsanteil (ab 1. Januar 1994)	
Alter bei Renten-beginn	Ertrags-anteil
55	38
56	37
57	36
58	35
59	34
60	32
61	31
62	30
63	29
64	28
65	27
66	26
67	25
68	23
69	22
70	21
71	20
72	19
73	18
74	17
75	16
76	15
77	14
78	13
79	12
80	11

Beitrag: Regelmäßig oder einmal

Der Versicherte kann zwischen regelmäßigen Beiträgen und einem Einmalbeitrag wählen. Damit eignet sich die Rentenversicherung sowohl für den Einsteiger, der sein Vermögen noch aufbauen muß, als auch für den bereits Vermögenden.

Auszahlung: Sofort oder später

Sofort beginnende Leibrente

Diese Variante kommt für ältere Menschen im Rentenalter in Frage: Sie zahlen einen Einmalbeitrag und bekommen ab sofort eine Rente. Dieses Angebot machen heute die meisten Versicherer automatisch, wenn eine Kapitallebensversicherung und damit ein hoher Betrag fällig wird. Die monatliche Rentenzahlung besteht aus einem garantierten Teil und einem Überschußanteil. Der garantierte Anteil richtet sich nach dem Alter des Versicherten bei Rentenbeginn und der Höhe des eingezahlten Guthabens.

Je nach Verteilung der Überschüsse gibt es verschiedene Arten der Rentenzahlung: Bei der konstanten Rente werden die voraussichtlichen Überschüsse gleichmäßig auf die Laufzeit verteilt, bei dynamischer Verteilung der Überschüsse steigt die Rente. Einige Versicherer bieten auch eine sinkende Rente; die anfallenden Überschüsse werden dann stets ausgezahlt. Das Kapital sinkt dadurch ständig, die Rente auch. Bei diesem Modell ist die Rente im zweiten Jahr am höchsten. Da die Inflation an Vermögen und Rente nagt, sinkt die reale Rente immer weiter. Daher ist von diesem Modell abzuraten.

Aufgeschobene Leibrente

Bei dieser Version beginnt die Rentenzahlung erst später. Typische Laufzeiten sind zwölf, 25 oder 30 Jahre. Der Beitrag kann monatlich oder auf einen Schlag gezahlt werden. Bei einer Einmalzahlung ruht die Versicherung bis zum Rentenbeginn; es sammeln sich nur die Zinsen an. Meist wird bei diesen langen Laufzeiten eine Beitragsrückgewähr vereinbart: Wenn der Versicherte während der sogenannten Aufschubzeit (zwischen Vertragsabschluß und Rentenbeginn) stirbt, bekommen die Hinterbliebenen die gezahlten Beiträge zurück.

Kapitalwahlrecht

Bei der aufgeschobenen Rentenversicherung hat der Versicherte ein Kapitalwahlrecht: Er kann bis zu einer bestimmten Frist vor Vertragsablauf entscheiden, ob er eine lebenslange Rente oder eine Kapitalabfindung mit Überschußanteilen ausgezahlt haben möchte. Die Frist ist meistens spätestens drei Jahre vor Rentenbeginn, bei fünfjähriger Laufzeit drei Monate vorher. Bei einer lebenslangen Rente fungiert die Kapitalabfindung praktisch als Einmalbeitrag zu einer Sofortrente. Wählt der Versicherte den Kapitalbetrag, hat er praktisch einen Sparvertrag gehabt.

Garantiezeit: Teure Sicherheit

Die Rentenversicherung kann schnell zum Glücksspiel werden: Wenn der Versicherte nach Rentenbeginn vorzeitig stirbt, fällt der größte Teil des Kapitals an die Versicherung. Um diesen Nachteil auszugleichen, bieten die Versicherer Garantiezahlungen an. Doch sie kosten viel Geld: Die Rentenversicherung ist nur für Versicherte geeignet, die auf einen Hinterbliebenenschutz verzichten können. Denn eine Absicherung bieten auch die Rentengarantien nicht, denn die Renten werden nur für einen begrenzten Zeitraum gezahlt.

Der Versicherte kann eine Rentengarantie vereinbaren. Dann wird die Rente in jedem Fall für eine bestimmte Zeit – meist fünf Jahre, aber auch bis zu 20 Jahre sind möglich – gezahlt. Im Todesfall profitieren Ehegatte oder die Erben. Die Regelgarantiezeit beträgt fünf Jahre. Die Rentengarantiezeit wird jedoch teuer erkauft: Bei einer Einmalzahlung von 500.000 DM sinkt die Monatsrente um 100 DM, wenn die Garantiezeit von fünf auf zehn Jahre verlängert wird. Die Rentengarantiezeit darf zudem nicht länger sein als die durchschnittliche Lebenserwartung des Versicherten bei Rentenbeginn: Sonst muß die Rente voll versteuert werden.

Beitragsrückgewähr

Die meisten Angebote beinhalten einen begrenzten Hinterbliebenenschutz. Sie zahlen bei Tod des Versicherten nach Rentenbeginn die Beiträge zurück (meist mit den angefallenen Überschüssen). Teilweise gibt es auch bei vorzeitiger Kündigung durch den Versicherten eine Rückvergütung.

Zusatzversicherung für Ehepartner

Bei diesem Zusatzschutz wird nach dem Tod des Versicherten eine lebenslange Rente an den Ehepartner gezahlt. Sie beträgt üblicherweise wie in der gesetzlichen Rentenversicherung 60 Prozent der Grundrente. Wahlweise kann auch ein Kapitalbetrag ausgezahlt werden: Er errechnet sich meistens auf den zu Beginn der Rentenzahlungen vorhandenen Betrag abzüglich der bereits gezahlten Renten.

Einmalbeitrag: Wann die Verrentung lohnt

Rechtzeitig vor der Auszahlung der Kapitallebensversicherung erhält der Glückliche Post von der Versicherung: Ob er den Betrag nicht gegen eine lebenslange Rentenzahlung eintauschen will? Dieser Vorgang heißt im Fachjargon Verrrentung. Ob die Verrentung lohnt, darüber entscheidet der Zinssatz auf dem Rentenmarkt. Bei einem Einmalbeitrag hat der Anleger die Wahl: Statt 100.000 DM in die Rentenversicherung zu geben, kann er den Betrag selbst anlegen. Dann kassiert er beispielsweise laufende Zinsen aus festverzinslichen Wertpapieren. Diese Papiere kann er jederzeit verkaufen, etwa in Notfällen. Bei der sofort beginnenden Leibrente dagegen ist das Kapital gebunden. Die Rente sollte also deutlich höher ausfallen als der Zinsertrag aus Wertpapieren, um diesen Nachteil auszugleichen. Klar ist die Sache bei konservativen Anlegern, deren Zinsfreibeträge ausgeschöpft sind. Das sonstige Vermögen ist zugleich ein Grundkapital für Notfälle. Das zusätzliche Geld kann der Anleger in die Rentenversicherung zahlen: Die laufende Rente muß dann nicht voll, sondern nur mit dem Ertragsanteil versteuert werden.

Fazit

Die private Rentenversicherung ist ebenfalls euro-sicher. Sie bietet im Hinblick auf den Euro aber keine besonderen Chancen. Die Privatrente ist für die langfristige private Altersvorsorge geeignet. Sie eignet sich besonders für Singles, die keinen Todesfallschutz brauchen, die 40jährigen, die bereits eine Lebensversicherung haben, und die Empfänger einer Ablaufleistung aus einer Kapitallebensversicherung bei Rentenbeginn, die ein hohes sonstiges Vermögen haben. Wichtig ist ein Vergleich der Angebote: Die Renditen der einzelnen Gesellschaften sind sehr unterschiedlich. Als Faustregel gilt: Ein leistungsstarker Lebensversicherer ist auch ein leistungsstarker Rentenversicherer.

Private Rentenversicherung: Vor- und Nachteile

Die Vorteile

- Wie bei der Kapitallebensversicherung sind die Erträge nach einer Mindestlaufzeit von zwölf Jahren steuerfrei.
- Die Rendite ist wegen der fehlenden Todesfallabsicherung höher als bei einer Kapitallebensversicherung.
- Bei Verrentung muß nur der Ertragsanteil versteuert werden.
- Die Gesundheitsprüfung entfällt.

Die Nachteile

- Die Renditen sind teilweise geringer als bei den direkten Anlagen in Anleihen. Die Überschüsse werden nicht garantiert.
- Das Kapital verfällt bei frühem Tod des Versicherten an die Versicherung.
- Die Flexibilität der Police ist gering. Wer vorzeitig aussteigen will, muß in den ersten Jahren wegen der hohen Abschlußkosten herbe Verluste hinnehmen. Der Versicherte verpflichtet sich also mit dem Abschluß zur Zahlung regelmäßiger Beiträge über einen langen Zeitraum.
- Frauen zahlen höhere Beiträge, da sie eine höhere Lebenserwartung haben.

Immobilien: Der Schutz der eigenen vier Wände

Findige Verkäufer suchen nun die Angst der Deutschen vor dem Euro zu nutzen: Immobilien, so ihre Argumentation, seien die sicherste Anlage. Die Anlage in Immobilien gilt als Patentrezept, sobald monetäre Gefahren sichtbar werden. Das Argument: Eine Immobilie behält immer ihre Substanz, denn das eigene Dach über dem Kopf ist immer gefragt. Oder schlicht: Grund vermehrt sich nicht. In den vergangenen 20 Jahren betrug die Inflation rund 3,4 Prozent, Wohnimmobilien legten gut einen Prozentpunkt mehr zu – rund 4,5 Prozent jährlich. Wer noch eine gute Miete kassierte, konnte eine höhere Rendite verbuchen als mit Bundesanleihen. Seit 1963 ist sie rein rechnerisch doppelt so hoch wie bei Bundesanleihen.

Ob der Euro freilich ein Grund für die Flucht in Immobilien sein sollte, ist mehr als fraglich. Die langfristigen Aussichten von Immobilien sind nicht gerade berauschend. 1995 sackten die Preise je nach Region zwischen zehn und 20 Prozent. 1996 verfielen die Preise um weitere zehn Prozent, erst 1997 begann sich die Lage wieder etwas zu stabilisieren. Nur eine monetäre Euro-Katastrophe könnte derzeit den Preistrend wieder umkehren.

Eine Immobilienanlage ist kein kurzfristiger Geldparkplatz. Es ist keine Entscheidung, die im Lichte des Euro getroffen werden sollte, sondern eine langfristige Entscheidung auf zehn bis zwanzig Jahre. Eine Immobilie ist für die meisten Menschen die größte Investition ihres Lebens. Entscheidend für den Kauf einer Immobilie sind Lage, Schnitt und Qualität des Baus. Der Käufer muß richtig vorbereitet sein und über genügend Eigenkapital verfügen. Etwa ein Drittel der Gesamtkosten sollten es beim privaten Käufer idealerweise sein.

Wer überhastet kauft, läuft Gefahr zu teuer zu kaufen. Wer nur aus der Angst vor dem Euro kauft, wird mit Sicherheit Verlust machen. Im schlimmsten Fall muß er später in eine Zwangsversteigerung gehen, vor allem wenn sein Objekt nicht leicht verkäuflich ist. Eine teure Immobilie in schlechter Lage ist kein Euro-Schutz, sondern eine Vermögensvernichtung ersten Grades.

Nur wer ohnehin kaufen will, der sollte die Gunst der Stunde nutzen:

- Die Hypothekenzinsen sind niedrig. Zehnjährige Darlehen sind für weniger als sieben Prozent zu bekommen. Viele Immobilien lassen sich heute praktisch allein durch die Mieterträge finanzieren. Das Risiko des Euros geht mit einem Kredit auf den Gläubiger über: Laufzeit und vereinbarter Zinssatz bleiben gleich, doch wenn die Euro-Zinsen höher sind, ist der Kredit ein schlechtes Geschäft für die Bank.

Tip: Welche Zinsbindung wählen?

Eine der wichtigsten Fragen von Bauherren lautet: Welche Laufzeit meines Hypothekenkredites soll ich wählen? Die Standardlaufzeiten lauten fünf oder zehn Jahre. Experten empfehlen derzeit lange Laufzeiten, manche würden sich sogar für 15 Jahre binden. Der Grund: Die Zinsen sind im Tief, und der Euro wird für steigende Zinsen sorgen. Doch wer sich so lange bindet, sollte darauf achten, daß er sich ein Sondertilgungsrecht erhält – nur für den Fall, daß er zwischendurch unverhofft zu Geld kommt. Der Rat der Banken und Experten im aktuellen Zinstief ist eindeutig: Wer jetzt ein Eigenheim finanzieren muß, sollte sich möglichst langfristig binden. Der Euro macht die langfristige Bindung noch attraktiver: Der Zins wird festgeschrieben, umgestellt wird in der Währungsunion lediglich der Betrag von D-Mark auf Euro. Der Zinssatz bleibt gleich. In der Währungsunion dürften die Zinsen aber eher steigen als fallen. Dafür sorgen die politischen Unsicherheiten, die um Vertrauen ringende Europäische Zentralbank und ein eventueller konjunktureller Aufschwung. Fünfjährige Darlehen haben auch einen Timing-Nachteil: Bei ihrer Fälligkeit 2003 ist der Euro gerade richtig eingeführt. Vermutlich werden die ersten Monate relativ unruhig werden. Die Zinsen werden also einen Risikozuschlag tragen. Den aber muß der Kreditnehmer dann die nächsten fünf Jahre zahlen. Für eine lange Bindung spricht auch die Sicherheit der Kalkulation, gerade wenn die Finanzierung relativ knapp gestrickt sein sollte.

- Die Preise sind gedrückt. Der Immobilienmarkt ist ein Käufermarkt. Allerdings haben viele Verkäufer derzeit noch zu hohe Preisvorstellungen. Geduld ist daher gefragt.

Ob Immobilien freilich in den nächsten Jahren ein hochrentierliches Investment sein werden, ist fraglich. Die Preisentwicklung hängt vor allem von der Inflation ab. Doch die Inflation dürfte – abgesehen vom Preisschub bei der Euro-Einführung – weiter auf niedrigem Niveau verharren.

Die neue Europäische Zentralbank wird alles tun, um sich den Respekt der Finanzwelt zu verschaffen.

Auch die Steuerreform macht Immobilien als Kapitalanlage weniger interessant. Wenn der Spitzensteuersatz von 53 auf 45 oder 39 Prozent sinkt, bedeutet dies weniger Steuervorteil. Dadurch rechnen sich viele Immobilien nicht mehr, der Preis sinkt.

Euro hin oder her, eines bleibt: Immobilien sind vermutlich die beste private Altersvorsorge. Nach Untersuchungen geben Rentnerhaushalte, die zur Miete wohnen, rund 40 Prozent ihrer Rente für die Wohnung aus. Das ist zuviel. Wer Eigentum hat, macht sich von Rentenkrise und Mietmarkt unabhängiger.

Tip: Flucht in ausländische Immobilien?

Die Flucht vor dem Euro kann man auch auf die Spitze treiben: Der Anleger kauft nicht nur den Sachwert Immobilie, sondern kauft ihn auch noch im Ausland. Interessant erscheinen Experten derzeit Immobilien in den USA. Dort sind die Mietrenditen höher als in Deutschland. Und: Mieterträge bis zu 19.500 Dollar müssen nur mit 15 Prozent versteuert werden. Auch innerhalb der Kernwährungsländer sind die Mietrenditen in den Benelux-Staaten und in Frankreich höher. Doch die Immobilienanlage im Ausland ist riskant. Der Anleger muß meist über Fonds gehen. Diese Fonds kassieren hohe Gebühren und „weiche Kosten“ für ihre Dienste. Ohnehin sind die Kaufnebenkosten im Ausland meist höher als in Deutschland. Wichtige Anlegerfalle: In den meisten Ländern muß der Wertgewinn beim Wiederverkauf versteuert werden. In Deutschland dagegen ist er nach zwei Jahren steuerfrei.

Flucht in die Sachwerte: Trauma Inflation

Das Trauma der Inflation wirkt nach: Zweimal in diesem Jahrhundert wurden deutsche Sparer bei Währungsreformen um ihr Geld gebracht – 1923 und 1948. Wer Sparbücher oder Anleihen besaß, wurde praktisch enteignet. Wer dagegen auf harte Fremdwährungen oder Sachwerte setzte, konnte frohlocken. Immobilien, Aktien oder Gold sicherten den Wohlstand. Und wer gar ordentlich Schulden gemacht hatte, der konnte damit ein Vermögen begründen.

Blicken wir zurück: Die Hyperinflation von 1923 war die Folge des verlorenen Krieges und der hohen Reparationszahlungen. Die Regierung druckte einfach Geld. 1922 erreichte die Inflation 1300 Prozent, 1923 fast das 2,5-Milliardenfache – unvorstellbar. Für den Staat lohnte das Eintreiben von Steuern nicht mehr. Ende 1923 waren die Preise gegenüber 1914 um das Eine-Billionfache gestiegen. Die Realeinkommen hatten sich halbiert. Am 15. November 1923 kam es zur Währungsreform: Eine Billion Reichsmark wurde gegen eine neue Rentenmark getauscht.

Die Inflation vernichtet praktisch alle Geldvermögen. Dies traf besonders den Mittelstand, der sein Vermögen fast ausschließlich in Anleihen anlegte. Die Besitzer von Sachwerten dagegen waren die Gewinner. Geschäftsleuten ging es übrigens ebenfalls gut: Die Erlöse stiegen meist schneller als die Kosten.

Auch 1948 verloren die Besitzer von Geldvermögen. Alle Guthaben wurden eins zu zehn umgestellt, Staatsschulden ganz gestrichen.

Doch der Euro ist keine Währungsreform. Alle Guthaben und Verbindlichkeiten behalten ihren Wert. Der Euro wird nicht für einen Inflationsschub sorgen, jedenfalls kurzfristig nicht. Die Staaten können ihn nicht nutzen, um ihre Haushalte zu sanieren oder sich der Schulden zu entledigen. Die einzige Folge, mit der ein Anleger rechnen muß, ist ein Inflationsschub durch die Preisumstellung von D-Mark auf Euro, und etwas höhere Zinsen. Dies reicht jedoch nicht, um eine euro-motivierte Flucht in die Sachwerte zu begründen.

Die Inflation in der neuen Währungsunion wird niedrig sein. Die Staatshaushalte werden saniert. Die Nachfrage nach Kapital ist damit geringer, die Zinsen können niedriger sein. Die Europäische Zentralbank ist unabhängig und wird einen strikten Anti-Inflationskurs fahren, um möglichst rasch das Vertrauen der Finanzmärkte zu bekommen – den Bundesbank-Bonus. Die Globalisierung verschärft den Wettbewerb und verbietet den Produzenten größere Preiserhöhungen.

Dennoch können Sachwerte interessant sein. Die selbstgenutzte Immobilie ist die klassische Altersvorsorge, attraktive Aktien werfen höhere Renditen ab als Zinspapiere. Wer sich nicht selbst auf das Parkett traut, kann sein Geld einem guten Fondsmanager anvertrauen. Nur Gold spielt nicht mehr die Rolle, die es einst innehatte.

Marktsituation: Leerstände und bröckelnde Preise

Der Immobilienmarkt ist in der Krise. Der Boom der ersten Hälfte der neunziger Jahre fordert heute seinen Tribut: In fast allen Großstädten stehen Büroetagen leer. In den neuen Bundesländern hat die Gewährung einer fünfzigprozentigen Sonderabschreibung die Anleger geblendet. Heute sind viele der neu gebauten Objekte nicht vermietet.

Auf dem Wohnungsmarkt sieht es nicht viel besser aus: Die Preise sinken. Die Mieten sind selbst in ehemaligen Boomregionen wie Stuttgart oder München deutlich gefallen. Die Deutschen mußten in den vergangenen Jahren Realeinkommensverluste hinnehmen: Sie haben also unter dem Strich weniger Geld zur Verfügung. Daß sich dieser Trend umkehrt, ist nicht sehr wahrscheinlich: Steuern und Abgaben werden schon wegen der Belastung aus der Staatsverschuldung hoch bleiben müssen, Arbeitslosigkeit und der internationale Wettbewerbsdruck halten die Löhne auf niedrigem Niveau.

Die Mieten werden also nicht wesentlich steigen. Mietimmobilien erwirtschaften in den nächsten Jahren also nur bescheidene Erträge. Zur Sicherheit gegen die Inflation können zumindest gewerbliche Mieten an die Entwicklung des Lebenshaltungskosten-Index gebunden werden. Auf der Positivseite stehen nur die Baukosten, die sich durch die Nachfrageschwäche und die Krise der Baubranche reduzieren.

Immobilien für Selbstnutzer

Welche Steuervorteile ein Eigenheim bietet

Für eine selbstgenutzte Immobilie sprechen auch die großen Steuervorteile. Seit dem 1. Januar 1996 ist der alte Eigenheimförderungs-Paragraph 10e Einkommensteuergesetz abgeschafft. Nun gilt eine einkommensunabhängige Eigenheimzulage. Damit wurde das bisherige Recht vereinfacht, aber gleichzeitig für die meisten Bürger die Förderung gekürzt: Das neue „Eigenheimzulagengesetz“ (EigZulG) gilt für alle selbstgenutzten Häuser und Wohnungen, für die der Eigentümer den Bauantrag nach dem 31. Dezember 1995 stellt oder die danach erworben werden.

Die Eigenheimförderung darf nur von Eigentümern beantragt werden, deren Einkünfte unter 120.000 DM im Jahr bei Ledigen oder 240.000 DM bei Verheirateten liegen. Damit ist etwa jeder zehnte Bauherr oder Käufer von der Grundförderung ausgeschlossen. Besserverdienende können nur noch den Abzug der Kosten für Instandhaltung und Modernisierung vor Bezug nutzen.

Der Trost: Das Einkommen wird nur noch einmal geprüft – im Jahr der Antragstellung. Damit sich nicht zuviele Antragssteller arm geben, wird allerdings auch das Vorjahr berücksichtigt: Die Einkünfte dürfen in beiden Jahren 240.000 DM (Ledige) und 480.000 DM (Verheiratete) nicht überschreiten. Wer danach über die Einkommensgrenzen hinauswächst, hat auch für die restliche Zeit Anspruch auf die Zulage. Wer dagegen in den acht Förderjahren unter die Einkommensgrenzen sinkt, erhält ab diesem Zeitpunkt Förderung. Die einmalige Prüfung macht den Kauf einer eigenen Wohnung besonders für Berufsanfänger mit guten Karrierechancen lohnend: Sie werden später häufig – besonders als Besserverdienende – die Einkommensgrenzen überschreiten. Doch nur am Anfang kommen sie noch in den Genuß der Eigenheimzulage.

Tip: Wie Sie die Einkunftsgrenzen umgehen

Die Eigenheimzulage für selbstgenutzte Immobilien und das Baukindergeld gibt es nur noch für Steuerzahler, deren Einkünfte nicht mehr als 120.000 DM bei Alleinstehenden und 240.000 DM bei Verheirateten betragen. Den Besserverdienenden bleiben nur die Renovierungskosten. Maßgeblich ist nicht das zu versteuernde Einkommen, sondern der Gesamtbetrag der Einkünfte. Sie können aus einer freiberuflichen oder arbeitnehmerischen Tätigkeit stammen, aus Vermietung, Gewerbe, Land- und Forstwirtschaft und Erträge aus Kapitalanlagen sein. Von den Einkunftsarten werden nur die Aufwendungen als Werbungskosten oder Betriebsausgaben und Verluste abgezogen.

Beispiel:

Ein Doppelverdiener-Paar hat ein Bruttoeinkommen von 260.000 DM. Wenn die Werbungskosten mindestens 20.000 DM betragen, kann ein Immobilienerwerb steuerlich gefördert werden. Allerdings dürfen die Kapitalerträge dann die Freibeträge nicht überschreiten.

Wer knapp über der Einkunftsgrenze liegt, kann aber auch an ein Zweifamilienhaus denken und durch einen Verlust für die vermietete Wohnung seine Einkünfte senken.

Ein anderer Trick: Wenn einer der Partner weniger als 120.000 DM verdient, kann eine getrennte Veranlagung für Förderung sorgen. Der schlechter verdienende Partner ist dann Käufer oder Bauherr und nutzt die Eigenheimförderung.

Grundsätzlich wird pro Person nur eine Wohnung im Leben gefördert. Ehepaare können also die Förderung für zwei Wohnungen erhalten – allerdings nur nacheinander für zwei verschiedene Objekte, nicht zur gleichen Zeit bei einem Objekt (Kumulierungsverbot). Das Objekt muß vom Eigentümer selbst oder Angehörigen bewohnt werden.

Vergleich der Förderung 1992 und seit 1996

	1992 (§ 10e)	seit 1996 (Eigenheimzulage)
Höchstbetrag der Grundförderung	330.000 DM (für Altbauten ab 1.1.1994: 150.000 DM) Herstellungs- und Anschaffungskosten	entfällt
Grundstückskosten	Anerkennung zu 50 Prozent	entfällt
Förderzeit	vier Jahre 6 Prozent, vier Jahre 5 Prozent (insges. 44 Prozent)	acht Jahre
Betrag	19.800 DM im 1. bis 4. Jahr, 16.500 DM im 5. bis 8. Jahr (insgesamt 145.200 DM) Abzug vom zu versteuernden Einkommen	einkommensunabhängige Zulage von 5.000 DM bei Neubauten, 2.500 DM bei Altbauten
Schuldzinsenabzug	befristet bis 1994; drei Jahre lang jeweils 12.000 DM	entfällt
Baukindergeld	1.000 DM/Jahr	1.500 DM/Jahr
Vorkosten	absetzbar in voller Höhe	3.500 DM Pauschale, Kosten für Instandhaltung und Modernisierung vor Einzug bis 22.500 DM
Einkommensgrenze	Einkünfte nicht über 120.000 DM (Ledige) und 240.000 DM (Verheiratete)	Einkünfte nicht über 120.000 DM (Ledige) und 240.000 DM Verheiratete

Die wichtigsten Förder-Bausteine

Vorkostenpauschale

Vorkosten sind Aufwendungen, die vor dem Einzug entstehen. Beispiel: Disagio, Notarkosten und Gebühren vor dem Bezug der Wohnung. Sie konnten bis Ende 1995 im Jahr der Zahlung in voller Höhe als Sonderausgaben abgesetzt werden. Seither dürfen die Finanzierungs- oder Geldbeschaffungskosten nur noch pauschal mit 3.500 DM abgesetzt werden. Zusätzliche Bedingungen: Der Steuerzahler muß für die Wohnung im Bau- oder Kaufjahr oder in einem der beiden folgenden Jahre eine Eigenheimzulage bekommen. Für den Käufer oder Bauherrn ist die Einschränkung bitter. Die tatsächlichen Vorkosten liegen fast immer über der Pauschale.

Renovierungskosten

Der zweite wichtige Vorkosten-Punkt sind die Reparaturen vor Einzug. Sie sind bis 22.500 DM absetzbar. Die Bedingungen: Sie müssen vor dem Einzug in die Wohnung entstanden sein, dürfen nicht zu den Anschaffungs- und Herstellungskosten gehören, müssen aber wirtschaftlich mit der Anschaffung oder Herstellung der Wohnung zusammenhängen. Wenn Mieter ihre Wohnung vom Vermieter kaufen, müssen die Erhaltungsaufwendungen bis zum Ende des Jahres anfallen, das auf das Kaufjahr folgt. Wichtiger Prüfpunkt für die Anerkennung der Renovierungskosten: Würde das Objekt vermietet oder verpachtet, müßten die Renovierungskosten als Werbungskosten abgezogen werden können. Dann werden sie auch beim Eigenheim anerkannt. Zum Vokabular:

- Anschaffungskosten sind alle Aufwendungen im Zusammenhang mit dem Erwerb der Immobilie. Dazu zählen neben dem Kaufpreis für die Immobilie auch die Anschaffungsnebenkosten: Grunderwerbsteuer, Notar- und Grundbuchkosten, Maklergebühren und Baufachliteratur.
- Als Herstellungskosten werden Aufwendungen akzeptiert, die notwendig sind, um die Wohnung bewohnbar zu machen. Anders gesagt, die erforderlichen Aufwendungen für die Fertigstellung des Gebäudes, vor allem Bau- und Baunebenkosten. Dazu gehören Material- und Lohn-

kosten sowie Baugebühren, aber auch Einbauten und Sonderausstattungen nach dem allgemeinen Wohnstandard: ein Herd, wenn er üblicherweise zum Gebäude gehört, Besenkammer, Spüle für die Küche.

Die Renovierungskosten sollte kein Käufer einer Gebrauchtwohnung scheuen: Während die Kosten vor Einzug steuerlich anerkannt werden, müssen sie nach Einzug voll aus der eigenen Tasche gezahlt werden. Daher empfiehlt es sich, notwendige Reparaturen noch vor Einzug machen zu lassen. Der Vorteil der Reparaturkosten: Auch wer wegen seines hohen Einkommens keinen Anspruch auf die Eigenheimzulage hat, bekommt diese Vorkosten anerkannt.

Der Einzugstermin

Der Termin des Einzugs entscheidet darüber, ab wann die Steuervergünstigungen genutzt werden können. Die mögliche Förderungsdauer beginnt mit dem Termin der Fertigstellung oder des Erwerbs. Steuerlich geltend gemacht werden können die Förderungsbeträge aber erst mit dem Einzug in die Wohnung. Kaufen Sie also Ende 1998 ein Objekt, ziehen aber erst Anfang 1999 in die Wohnung ein, haben Sie ein Jahr der Förderung verloren. Der Einzug in eine Baustelle wird allerdings nicht anerkannt. Die Wohnung muß bewohnbar sein. Vorhanden sein müssen beispielsweise sanitäre Einrichtungen, Energie- und Versorgungsanschlüsse und ein Fußbodenbelag.

Steuerliche Bauzulage

Die Bauzulage ist der wichtigste Förderbaustein. Beim 10e konnte bislang ein Prozentsatz der Herstellungs- oder Anschaffungskosten des Wohneigentums steuerlich geltend gemacht werden. Stattdessen gibt es nun eine steuerliche Bauzulage. Das Finanzamt fördert den Bau eines Eigenheimes acht Jahre lang einkommensunabhängig mit jährlich 5.000 DM (oder fünf Prozent der Herstellungs- und Anschaffungskosten einer Wohnung inklusive Grundstück bis maximal 100.000 DM). Den Kauf eines Altbaus, der vor mehr als zwei Jahren fertiggestellt wurde, bezuschußt der Fiskus dagegen in den acht Förderjahren nur mit jährlich 2.500 DM (oder 2,5 Prozent der Herstellungs- und Anschaffungskosten). Ausbauten oder Erweiterungen gelten ebenfalls als Neubau. Die Zulage wird

Tip: Genossenschaftsanteile steuergünstig kaufen!

Seit 1996 wird erstmals auch der Erwerb von Genossenschaftsanteilen steuerlich gefördert. Anteile in Höhe von mindestens 10.000 DM und höchstens 80.000 DM werden acht Jahre lang mit drei Prozent der Kosten für den Geschäftsanteil gefördert. Höchstgrenze sind jedoch jährlich 2.400 DM plus 500 DM je Kind. Eine Familie mit zwei Kindern, die einen Genossenschaftsanteil über 20.000 DM erwirbt, erhält also insgesamt eine Förderung von 12.800 DM. Der Nachteil: Die Förderung zählt als Objektverbrauch. Grundförderung und Kinderzuschlag dürfen die Kosten des Geschäftsanteils überdies nicht übersteigen.

Genossenschaftler werden also nun als Eigentümer anerkannt. Aber es gibt eine Reihe von Bedingungen:

- Die Genossenschaft darf erst nach dem 1. Januar 1995 gegründet worden sein.
- Die Satzung muß eigentumsorientiert sein: Die Genossenschaft muß ihren Mitglieder ein unkündbares Optionsrecht auf den Erwerb von Wohneigentum einräumen. Ein reines Nutzungsrecht reicht also nicht.
- Um das Recht auszuüben, reicht es, wenn die Mehrheit der in einem Objekt wohnenden Genossenschaftsmitglieder – also nicht die Mehrheit aller Mitglieder der Genossenschaft – der Übertragung zustimmt.

Die Genossenschaftsförderung ist besonders für Ostdeutschland wichtig. Dort dürften in den nächsten Jahren eine Reihe neuer Genossenschaften entstehen, die die Förderungsbedingungen erfüllen. Der Grund: Im Zuge des Altschuldenhilfegesetzes müssen die Städte und Gemeinden schrittweise 15 Prozent aller Mietwohnungen privatisieren und an ihre Mieter verkaufen. Seit Mitte 1995 wird auch der Verkauf von Wohnungen an eigentumsorientierte Genossenschaften auf diese Quote angerechnet.

Fortsetzung Tip: Genossenschaftsanteile steuergünstig kaufen!

Bürgschafts-Sonderprogramm: Weil den Bürgern der neuen Länder oft das Eigenkapital für eine selbstgenutzte Wohnung fehlt, gibt der Staat Bürgschaften für Darlehen: Für 20 Prozent der Investitionssumme bei Neubauten bis 330.000 DM Anschaffungskosten (Altbauten: 150.000 DM) übernimmt der Staat eine Bürgschaft. Bedingung ist, daß eine Gesamtfinanzierungszusage eines Kreditinstitutes vorliegt.

Tip: Öko-Häuser genießen Steuervorteile

Wer den Energieverbrauch reduziert und damit den CO_2-Ausstoß vermindert, wird vom Fiskus zweifach belohnt:

- Seit 1996 wird der Einbau von Wärmepumpen, Solaranlagen und Wärmerückgewinnungsanlagen acht Jahre lang mit einer Extra-Zulage von zwei Prozent der Aufwendungen, höchstens jedoch 500 DM jährlich gefördert. Den Öko-Bonus gibt es für „verbrennungsmotorisch oder thermisch angetriebene Wärmepumpenanlagen mit einer Leistungszahl von mindestens 1,3, eine Elektro-Wärmepumpenanlage mit einer Leistungsanlage von mindestens 3,5, eine Solaranlage oder eine Anlage zur Wärmerückgewinnung einschließlich der Anbindung an das Heizsystem" (§ 9 Abs. 3, 1 EigZulG).
- Für den Neubau eines Niedrigenergiehauses, dessen Heizwärmebedarf um 25 Prozent unter den Anforderungen der Wärmeschutzverordnung 1994 liegt, gibt es ebenfalls acht Jahre lang eine Zulage von zusätzlichen 400 DM im Jahr. Dies gilt jedoch nicht für geförderte Ausbauten und Erweiterungen. Der Antragssteller muß durch einen Wärmebedarfsausweis dem Finanzamt nachweisen, daß er die Bedingungen der Wärmeschutzverordnung unterschreitet.

In beiden Fällen muß die Investition jedoch vor dem 1. Januar 1999 abgeschlossen sein. Wer die Öko-Zulage voll ausschöpft, erhält also 7.200 DM zusätzlicher Förderung. Für die Extra-Zulagen gelten ebenfalls die Einkommensgrenzen von 120.000/240.000 DM.

auch ausgezahlt, wenn der Antragsteller keine Steuern zahlt. Auch Rentner haben nun noch eine Chance, bislang nicht genutzte Eigenheimförderungen zu beanspruchen. Der achtjährige Förderzeitraum kann nicht verlängert werden: Er beginnt im Jahr der Fertigstellung oder des Kaufs.

Der Antrag auf die Eigenheimzulage muß auf einem amtlichen Vordruck beim Finanzamt gestellt werden. Ein einmaliger Antrag reicht aus, weil das Finanzamt die Zulage für den gesamten Förderzeitraum von acht Jahren festsetzen kann. Der Einkommensteuerbescheid muß nicht mehr vorliegen. Allerdings sind nachträgliche Korrekturen der Zulage möglich. Im Jahr, in dem die Wohnung bezogen wird, wird die Zulage nach Bekanntgabe des Einkommensteuerbescheides ausgezahlt, in den folgenden Jahren jeweils am 15. März. Bauzulage und Baukindergeld dürfen jedoch höchstens sieben Prozent der Herstellungs- und Anschaffungskosten ausmachen. Der Grund: Umbauten sollen nicht zu „überfördert" werden.

Offene Immobilienfonds: Eine Warnung

Krise am Immobilienmarkt? Leerstehende Bürogebäude in Frankfurt, München oder Hamburg? Sinkende Mieten? Den Absatz der offenen Immobilienfonds ficht das alles nicht an: Unbehelligt von allen Schrekkensmeldungen konnten die 13 offenen deutschen Immobilienfonds auch 1997 wieder starke Zuflüsse verbuchen.

„Mich persönlich überrascht dieser Run", gesteht Andreas Fink, Sprecher der Despa, des Immobilienfonds der Sparkassen. Doch die Ursachenforschung fällt leicht: Offene Immobilienfonds werben mit den Argumenten Sachwert und Sicherheit. Immobilien erscheinen vielen Anlegern vor der Einführung der europäischen Einheitswährung als sicherer Hafen. „Die Verunsicherung in Leben und Wirtschaft fördert die traditionelle Sicherheitsanlage", sagt Manfred Lohr, Prokurist der DIFA, einer DG-Bank-Tochter. Je unsicherer die Zeiten, desto konservativer die Geldanlage.

Für verängstigte Anleger scheint das „Betongold" (Branchenjargon) besonders attraktiv: „Ein Bürohaus für 100 DM" lautet der Werbeslogan für offene Immobilienfonds. Im Unterschied zu geschlossenen Immobi-

Tip: Wie Sie ein weiteres Mal Förderung bekommen können

Für viele Eigentümer ist es eine Überraschung: Wer keinen Anspruch mehr auf die Eigenheimförderung nach Paragraph 10 e EStG hatte, kann dennoch von der neuen Eigenheimzulage profitieren. Darauf hat die Deutsche Bank Bauspar AG hingewiesen. Voraussetzung: Der Eigentümer hat bei einem früheren Objekt die steuerliche Förderung nicht für den gesamten achtjährigen Begünstigungszeitraum nutzen können. Er hat also noch einige Jahre übrig.

Wie schon bei den Paragraphen 7 b und 10 e gilt bei der neuen Eigenheimzulage wieder die Objektbegrenzung. Singles können nur für ein Objekt im Leben, Verheiratete für insgesamt zwei Objekte gefördert werden. Weniger bekannt ist die sogenannte Folgeobjektsregelung: Die acht Jahre dauernde Förderung kann auf ein zweites Objekt übertragen werden, wenn das erste Objekt vorzeitig und endgültig nicht mehr zu Wohnzwecken genutzt wird. Diesen Vorteil konnte der Eigentümer bisher nur nutzen, wenn er das Folgeobjekt innerhalb von drei Kalenderjahren nach Aufgabe des ersten Objektes erwarb.

Diese Befristung hat der Gesetzgeber bei der Vereinfachung der Eigenheimförderung gestrichen. Das bedeutet: Jetzt können alle Eigentümer die neue Zulage bekommen, die den achtjährigen Förderzeitraum für das Erstobjekt noch nicht voll genutzt haben.

Beispiel:

Die Eheleute Meier haben 1985 eine Eigentumswohnung gekauft und selbst bezogen. 1988 verkauften sie die Eigentumswohnung und erwarben an einem anderen Ort ein Einfamilienhaus. Für die Eigentumswohnung nutzten sie die Förderung nach Paragraph 7 b, für das Einfamilienhaus bis 1995 die Förderung nach Paragraph 10 e. Das Ehepaar kann nun für ein weiteres Objekt die Eigenheimzulage vier Jahre lang bekommen. Der Grund: Für die 1985 gekaufte Eigentumswohnung wurde die Förderung lediglich vier Jahre lang genutzt.

lienfonds, die meist Mindesteinlagen von 20.000 DM und mehr erfordern, zielen die offenen Fonds auf Kleinanleger. Die Fonds sammeln die Beträge ab 100 DM und investieren sie in Gewerbeimmobilien, also Bürohäuser, Supermärkte und Einkaufszentren. Im Gegensatz zu der riskanten geschlossenen Variante, die sich als Steuersparmodell meist auf ein Objekt konzentriert, investieren die offenen Fonds in bis zu mehr als 100 Objekte. Das reduziert das Risiko deutlich. Im Vordergrund steht nicht die Steuerersparnis, sondern der langfristige Ertrag.

Die langfristige Rendite der Fonds lag in den vergangenen zehn Jahren bei 6,1 Prozent. Das bietet den Kundenberatern der Banken derzeit ein gutes Verkaufsargument: sechs Prozent wirken bei einer Umlaufrendite von 5,7 Prozent recht attraktiv, zumal ein Teil der Erträge wegen der Steuervorteile von Immobilien steuerfrei kassiert wird. Doch worauf der Berater höchstens verbrämt hinweist: Diese Art Renditekalkulation dürfte sich schon bald als Milchmädchenrechnung entpuppen. „In der Praxis sind offene Immobilienfonds ein für den Anleger völlig undurchschaubares Produkt", kritisiert Helmut Kapferer, Chefredakteur des Anlegerdienstes „Gerlach-report".

Die Rendite der offenen Fonds setzt sich aus den Mieteinnahmen, den Wertsteigerungen der Immobilien und den Zinseinnahmen der Kapitalanlagen zusammen. Davon sind aber nur die Mieteinnahmen durch langfristige Verträge gesichert. Der ermittelte Wert der Immobilien dagegen hat nichts mit den tatsächlichen Marktwert zu tun. Ein unabhängiger Gutachterausschuß bewertet die Objekte mindestens einmal im Jahr. Grundlage ist der Ertragswert: Die Mieteinnahmen minus Kosten für Verwaltung und Instandhaltung werden mit einem bestimmten Faktor (meist zwischen 13 und 15) multipliziert. Doch dieser Wert ist nur Fiktion: Wenn Mietverträge auslaufen, dürften viele Büros derzeit nur noch mit Preiszugeständnissen zu vermieten sein. Würden die Immobilien verkauft, müßten die Fonds heute oft Abschläge auf den kalkulierten Ertragswert verbuchen. „Im Moment geht die Wertsteigerung gegen Null, wenn man ehrlich ist", sagt Fink.

Die zweite Rendite-Zeitbombe, die in den offenen Immobilienfonds tickt, sind die hohen Rentenanlagen. Viele Fonds haben nur die Hälfte ihres

Kapitals überhaupt in Immobilien investiert. Den Rest halten die Fonds zum überwiegenden Teil in Zinsanlagen. Die hohe Liquidität benötigen die Fonds, um die Anteile der Anleger auf deren Wunsch jederzeit zurückkaufen zu können. Doch viele Anleger, die eine Alternative zu Zinsanlagen suchten, werden auf diese Weise von den niedrigen Zinsen wieder eingeholt. Denn bei Neuanlagen müssen sich auch die Fondsmanager mit niedrigen Zinsen begnügen. Die Renditen werden bald bis auf 4,5 Prozent sinken.

Die große Gefahr: Wenn die Anleger die sinkenden Renditen bemerken, könnten die Rückflüsse stark ansteigen. Das ist bereits dem CS-Euroreal passiert, der 70 Prozent des Vermögens in Auslandsimmobilien anlegt. 1995 verlor der Fonds durch Währungsverluste 5,3 Millionen DM – die

Was passiert mit meinem Bausparvertrag?

Spätestens 2002 müssen alle Zahlungen in Euro geleistet werden. Die Umstellung ist nur ein Rechenvorgang. Bausparsumme, Guthaben und Darlehen ändern ihren Wert nicht. Sie werden mit dem vereinbarten Umrechnungsfaktor in Euro umgestellt. Die Zinsentwicklung nach Einführung des Euro ist für Bausparer nur wenig interessant: Der Zinssatz bleibt konstant. Bausparer bekommen ihr Darlehen also zum vereinbarten Zins. Allerdings kann ein schwacher Euro indirekt Wirkung zeigen: Die Beiträge sind leichter aufzubringen, der Preis der Immobilie steigt von der Inflation getrieben.

Der Zeitpunkt zum Abschluß von Bausparverträgen ist günstig: Die Zinsen sind niedrig, daher fallen die niedrigen Guthabenzinsen der Bausparkassen nicht so stark ins Gewicht. Wenn der Vertrag in einigen Jahren angespart ist, dürften die Kreditzinsen wieder gestiegen sein. Dann aber profitiert der Sparer von den garantierten niedrigen Zinsen der Bausparkassen. Wer sich jedoch ernsthaft mit dem Gedanken trägt, einen Bausparvertrag abzuschließen, sollte sich bei Verbraucherzentralen oder in kritischen Baufinanzierungsratgebern genau informieren, auf welche Punkte er achten muß.

Rendite sank auf magere 3,7 Prozent. Die enttäuschten Anleger gaben 25,7 Millionen DM zurück, die Liquidität reduzierte sich auf 8,9 Prozent.

Ohne frische Gelder droht den Anlegern Schlimmes. Gerät ein Immobilienfonds in eine Schieflage, sind die Anleger mit ihrem Geld gefangen. Nach Paragraph 9 der Allgemeinen Vertragsbedingungen können die Gesellschaften die Rücknahme der Anteilsscheine aussetzen, „wenn außergewöhnliche Umstände vorliegen, die eine Aussetzung unter Berücksichtigung der Interessen der Anteilinhaber erforderlich erscheinen lassen". Das ist bereits zweimal passiert: 1990 wurde aus dem offenen Fonds Rodamco ein geschlossener Fonds, 1993 der A.G.I.-Fonds in den Haus-Invest eingetauscht.

Die vermietete Wohnimmobilie: Rendite durch Miete

Das „Zinshaus" war früher die typische Altersversorgung von Handwerkern, die nicht in der gesetzlichen Rentenversicherung waren. Ein Haus, das Zinsen abwirft – das ist eine Immobilie mit vermieteten Wohnungen. Heute ist die vermietete Eigentumswohnung eines der bevorzugten Anlageobjekte hochbesteuerter Anleger: Vor allem die Sonderabschreibung Ost sorgte für einen Boom der Kapitalanlage-Bauten.

Nur für Hochbesteuerte lohnt die Vermietung einer Wohnung: Ohne Steuervorteile sind die Mieteinnahmen, die im Gegensatz zu Zinseinnahmen voll versteuert werden müssen, unter Renditeaspekten zu mager. Bei einer Neubauwohnung liegen die jährlichen Mieteinnahmen nach Abzug der Kosten meist nur bei drei Prozent, bei Altbauten können es immerhin fünf bis sechs Prozent werden.

Doch die steuerlichen Vorteile für Vermieter drohen drastisch zusammengestrichen zu werden. Schon das Jahressteuergesetz 1996 der Bundesregierung beschränkte die Steuervorteile wesentlich: Die Abschreibungssätze wurden wieder auf das Niveau vor 1989 gesenkt. Statt 58 Prozent degressiver Abschreibung bei Neubauten in den ersten zehn Jahren sind nur noch 45 Prozent möglich. Die Staffelung beträgt nun fünf Prozent in den ersten acht Jahren, 2,5 Prozent in den folgenden sechs Jahren und 1,25 Prozent danach. Die Kappung der Abschreibung führt dazu, daß sich die Vermietung nur noch bei Steuersätzen von rund 50 Prozent lohnt.

Nach den bisherigen Vorschlägen zur geplanten Steuerreform 1999 soll die degressive Abschreibung völlig gestrichen werden. Der Vermieter darf dann den Wert des Gebäudes nur noch linear mit zwei Prozent jährlich abschreiben. Dadurch würden Neubauten unattraktiv, Altbauten dagegen würden attraktiver. Für sie gilt schon heute die Zwei-Prozent-Regelung. Doch wenn gleichzeitig die Steuersätze sinken, bleibt von den Mieteinnahmen, die voll versteuert werden müssen, netto mehr übrig.

Auch vermietete Immobilien sind eine langfristige Anlage, die nicht nur unter dem Euro-Aspekt getätigt werden sollte: Es dauert Jahre, bis die Wertentwicklung die hohen Nebenkosten – bis zu 11,5 Prozent des Kaufpreises – amortisiert hat. Auch der Fiskus bevorzugt Langfristigkeit: Innerhalb von fünf Jahren dürfen nicht mehr als drei An- und Verkäufe getätigt werden, sonst gilt der Käufer als gewerblicher Immobilienhändler. Dann muß er für die realisierten Wertgewinne nicht nur Einkommen-, sondern auch noch Gewerbesteuer zahlen. Für weniger aktive Anleger sind die Wertzuwächse nach einer Spekulationsfrist von zwei Jahren steuerfrei.

Doch gerade die Langfristigkeit ist auch das größte Risiko des Anlegers.

Wenn sich seine persönliche wirtschaftliche Lage deutlich verschlechtert, zum Beispiel durch Arbeitslosigkeit, Krankheit oder Vorruhestand, dann verändern sich Einkommen und Steuersatz – die Renditerechnung kippt um. Auch eine gesamtwirtschaftliche Krise kann den Vermieter treffen: Einkommen und damit die möglichen Mieteinnahmen sinken, auch die Faustregeln für die Wertentwicklung würden nicht mehr gelten.

Um das Risiko zu reduzieren, muß der Vermieter zwei Anlegerfallen umgehen:

Die Rendite-Rechnung des Kapitalanlegers

Der Kapitalanleger macht eine einfache Rechnung auf: Miete minus Kosten und Zinsen plus Steuervorteil plus Wertzuwachs ergeben seine Rendite. Üblicherweise kann der Anleger davon ausgehen, daß die Miete etwa mit den Lebenshaltungskosten steigt. Am besten schließt er einen Staffelmietvertrag mit einer Steigerung der Miete um drei Prozent jährlich ab. Zusätzlich fallen Steuervorteile – vor allem Abschreibungen – an. Miete und Steuervorteile sollten wenigstens die Schuldzinsen wettmachen. Hinzu kommt die Wertentwicklung einer Wohnimmobilie; sie sollte wenigstens die Inflation ausgleichen. Gleichzeitig vermindert die Inflation die nominale Schuldsumme.

- Die Finanzierung muß auf Sie persönlich zugeschnitten sein! Prüfen Sie sie genau! Eine Vollfinanzierung des Kaufpreises ist ungünstig, weil durch die Miete allein die hohe Zinslast nicht zu tragen ist.

- Ein vorzeitiger Tod des Hochverdieners kann zum Notverkauf der Immobilie führen. Zur Absicherung der Familie sollte daher eine ausreichende Risikolebensversicherung abgeschlossen werden.

Vermietete Immobilien sollten in Zeiten der hohen Steuersätze gekauft werden. Wer nicht auf hohe Wertsteigerungen spekuliert, sondern sie zur privaten Altersvorsorge kauft, muß darauf achten, daß sie bei Ruhestandsbeginn schuldenfrei sind. Im Gegensatz zu anderen Anlagen sind die Mieteinnahmen aber nicht steuerbegünstigt: Es gibt keinen Freibetrag und keinen Ertragsanteil. Sie müssen voll versteuert werden. Daher sollten Mietimmobilien normalerweise nur einen Teil der Altersvorsorge ausmachen. Ausnahme: Ihr Vermögen ist so groß, daß die Sicherheit Mieteinnahmen die Rendite- und Steuerfragen in den Hintergrund drängt.

Die Steuervorteile für Vermieter

Vermieter dürfen Verluste geltend machen. Daher sieht für Vermieter die Steuerrechnung günstiger aus als für Selbstnutzer. Einnahmen und Ausgaben eines Kalenderjahres werden gegeneinander verrechnet. Zu den Einnahmen zählen die Miete einschließlich Umlagen und Einnahmen aus der Vermietung von Garagen oder Stellplätzen. Dies sind die Einkünfte aus Vermietung und Verpachtung. Die wichtigsten Ausgabenposten sind Schuldzinsen, Betriebs- und Instandhaltungskosten. Hinzu kommt die Abschreibung, die sogenannte Absetzung für Abnutzung (AfA).

Einkünfte aus Vermietung und Verpachtung

  Mieteinnahmen
– Schuldzinsen
– Betriebskosten
– Instandhaltungskosten
– Abschreibungen

Verlust oder Gewinn

Zu den einzelnen Posten:

Schuldzinsen

Schuldzinsen sind die Zinsen (ohne Tilgung) und die Finanzierungskosten – wie etwa ein Disagio oder Bearbeitungsgebühren. Am günstigsten für Vermieter sind tilgungsfreie Darlehen: Die konstant hohen Zinskosten reduzieren die zu versteuernden Einkünfte aus Vermietung und Verpachtung. Dagegen läuft die steuerfreie Rendite beispielsweise aus einer leistungsstarken Lebensversicherung.

Betriebskosten

Die Hauptposten der Betriebskosten sind Grundsteuer, Müllabfuhr, Straßenreinigung, Hausstrom und Versicherungen. Sie können auf den Mieter umgelegt werden.

Instandhaltungskosten

Die Kosten für kleinere Instandhaltungen oder Reparaturen müssen vom Herstellungsaufwand abgegrenzt werden. Größere Kosten für die Instandhaltung können zu gleichen Teilen auf bis zu fünf Jahre verteilt werden. Modernisierungskosten dürfen dagegen als Erhaltungsaufwand unbegrenzt geltend gemacht werden. Als Modernisierung gilt, wenn bereits vorhandene Teile ausgewechselt und erneuert werden, beispielsweise der Eigentümer neue Fenster installieren oder die Hauswand neu streichen läßt.

Vorsicht: Instandhaltungs- und Modernisierungskosten müssen exakt gegen Kosten für „nachträgliche Herstellung" abgegrenzt werden. Beispielsweise gelten die Ausbaukosten eines Dachstuhls als „nachträgliche Her-

Tip: Richtige Finanzierung von Einliegerwohnungen

Bei Zwei- oder Mehrfamilienhäusern, die teilweise vermietet werden, werden selbstgenutzte und vermietete Wohnung steuerlich getrennt. Die Anschaffungs- und Herstellungskosten werden nach der jeweiligen Wohnfläche anteilig angerechnet. Die Bemessungsgrundlage richtet sich allerdings nach der Nutzfläche – und nicht nach der Wohnfläche. Zur Nutzfläche zählen neben der Wohnfläche auch Keller und Trockenräume. Für den selbstgenutzten Teil gelten die Steuervorteile für das Eigenheim, für den vermieteten Teil die Steuervorteile für Vermieter. Die richtige Finanzierungsstrategie ist daher: Das Eigenkapital in den selbstgenutzten Teil stecken, um die Schuldzinsen so gering wie möglich zu halten. Der vermietete Teil wird mit einem tilgungsfreien Darlehen finanziert, so daß hohe Schuldzinsen anfallen.

stellung", die das Wesen eines Gebäudes verändert. Diese Kosten müssen über die Abschreibung geltend gemacht werden. Die Modernisierungsaufwendungen in den ersten drei Jahren nach dem Kauf dürfen 20 Prozent des Anschaffungspreises für das Gebäude ohne Grundstück nicht übersteigen. Sonst werden sie als anschaffungsnahe Aufwendungen den Herstellungskosten zugerechnet und dürfen nur über die Abschreibung steuerlich geltend gemacht werden.

Abschreibungen: Linear oder degressiv

Ein wichtiger Grundsatz: Die Abschreibung bezieht sich nur auf das Gebäude. Die Kosten für das Grundstück dürfen nicht abgeschrieben werden, denn ein Grundstück nutzt sich nicht ab. Abgeschrieben werden dürfen aber nur die Anschaffungs- und Herstellungskosten für das Gebäude.

Bei den Abschreibungen hat der Bauherr oder Erwerber einer Immobilie, die vermietet wird, ein Wahlrecht: Er kann sich für die lineare oder die degressive Abschreibung entscheiden. Die Abschreibung wird auch Absetzung für Abnutzung (AfA) genannt.

▶ Lineare Abschreibung

Bei der linearen Abschreibung nach Paragraph 7 Absatz 4 EStG werden die Anschaffungs- und Herstellungskosten gleichmäßig auf die Nutzungsdauer des Gebäudes verteilt und abgeschrieben. Bei Gebäuden, die nach dem 31. Dezember 1924 fertiggestellt wurden, können 50 Jahre lang zwei Prozent der Kosten abgeschrieben werden, bei Gebäuden mit einem Fertigstellungstermin vor dem 1. Januar 1925 sind es 40 Jahre lang 2,5 Prozent. Die lineare Abschreibung ist der Normalfall. Im Gegensatz zur degressiven Abschreibung muß im ersten Jahr zeitanteilig nach Monaten abgeschrieben werden.

▶ Degressive Abschreibung

Die degressive Abschreibung ist ein Instrument, um den Bau von Mietwohnungen je nach Bedarf zu fördern. Je nach Lage am Wohnungsmarkt werden die Sätze für die ersten Jahre nach der Investition in Neubauten erhöht oder gesenkt. Bei der degressiven Abschreibung reduziert sich der

Die Abschreibungsregeln	
Altobjekte Fertigstellung nach 1924	2% Abschreibung von den Gebäudekosten (entspricht etwa 1,6% der Gesamtkosten bei einem Gebäudeanteil von 80%)
freier Wohnungsbau	5% Abschreibung von Gebäudekosten im 1. bis 8. Jahr = 4% der Gesamtkosten, 2,5% Abschreibung im 9. bis 14. Jahr, 1,25% Abschreibung danach
mietpreis-gebundener Wohnungsbau	10% Abschreibung von Gebäudekosten im 1. bis 5. Jahr = 8% der Gesamtkosten, 7% im 6. bis 10. Jahr

Tip: Nie wegen der Steuervorteile kaufen!

Allzu häufig macht der Steuervorteil blind. Zwar wird eine vermietete Immobilie erst durch die Steuervorteile richtig schön. Doch nicht vergessen: Der Anleger kauft eine Immobilie, keinen Steuervorteil. Nur weil der Fiskus Steuervorteile einräumt, wird aus einem zu teuren Objekt in schlechter Lage noch kein Renditeobjekt. Die oberste Anlegerregel: Die Immobilie muß sich auch ohne Steuervorteile rechnen. Der Kaufpreis samt Nebenkosten sollte sich nach Abzug der Kosten für Verwaltung und Instandhaltung aus der Miete mit 3,5 Prozent verzinsen. Zweite Faustregel: Der Anleger muß mindestens fünf Jahre lang – auch nach Abzug der steuerlichen Verluste – einen Grenzsteuersatz (der Steuersatz auf die letzte verdiente Mark) von mehr als 40 Prozent haben.

Abschreibungssatz über die Jahre. Im ersten bis achten Jahr werden fünf Prozent der Anschaffungs- und Herstellungskosten abgeschrieben, im neunten bis 14. Jahr 2,5 Prozent und im 15. bis 40. Jahr 1,25 Prozent.

Fazit

Immobilien sind eine gute und sichere Anlage – aber keine ideale Anlage auf der Flucht vor dem Euro. In den nächsten Jahren sind keine großen Wertsprünge bei Häusern, Wohnungen und Grundstücken zu erwarten. Daher sollten nur Anleger kaufen, die ohnehin in Immobilien investieren wollten, sei es als Kapitalanlage oder zur Altersvorsorge. Für sie ist die Zeit günstig: Die Zinsen sind niedrig, die Preise ebenfalls.

Aktien: Setzen Sie auf die Euro-Gewinner!

1996 stiegen die Kurse der wichtigsten deutschen Aktien – Standardwerte genannt – um 28 Prozent, 1997 legten sie noch einmal um mehr als 40 Prozent zu. Die Deutschen gerieten ins Aktienfieber. An einem Tag im Juli 1997 überschwemmten so viele Aufträge das Frankfurter Börsenparkett, daß das Computersystem zusammenbrach.

Legen die Deutschen die Scheu vor den Aktien endlich ab? Immerhin gut zehn Prozent der West-Haushalte besitzen heute Aktien. Insgesamt ist der Anteil der Aktien am Geldvermögen der privaten Haushalte aber noch gering: Er liegt bei nur fünf Prozent. 1970 hatten die Deutschen schon einmal zehn Prozent ihres Geldvermögens in Aktien investiert. Doch die mageren siebziger Börsenjahre haben wohl die Scheu vor Aktien begründet.

In Deutschland werden nur 15 Prozent der Aktien von Privatpersonen gehalten. In Frankreich sind es 20 Prozent, in Großbritannien 30 Prozent. Gemessen am Kurswert der börsennotierten inländischen Aktien, der sogenannten Börsenkapitalisierung, liegt Deutschland mit rund einer Billion Mark im Europavergleich hinter Großbritannien auf Platz 2. Doch wenn diese Größe ins Verhältnis zum nominalen Bruttoinlandsprodukt gesetzt wird, schrumpft Deutschland zu einem Zwerg. Großbritannien, Schweden und die Schweiz kommen auf Werte von mehr als 100 Prozent, Deutschland erreicht gerade 27 Prozent.

Die Folgen des Euro für Aktionäre

Die europäischen Börsen werden ab 1. Januar 1999 in Euro handeln und notieren. Privatpersonen können aber weiter in D-Mark kaufen und verkaufen. Die Umrechnung erledigen die Banken oder andere Finanzinstitute.

Der Euro wird die europäischen Aktienmärkte verändern. Nicht nur das Währungsrisiko entfällt für viele wichtige Länder: Die Geld- und Zinspolitik ist künftig einheitlich gesteuert von der Europäischen Zentralbank. Auch die Steuer- und Wirtschaftspolitik dürfte sich angleichen. Die Konjunkturen der Länder innerhalb der Währungsunion werden zu einem Gleichlauf kommen. Gleichzeitig entfallen die Zinsunterschiede: Die Bewertungen der Unternehmen in den verschiedenen Ländern dürften sich annähern.

Der größere Kapitalmarkt verschafft den Unternehmen bessere Möglichkeiten, sich mit Kapital zu versorgen. Allerdings nimmt der Wettbewerb um Kapital weltweit zu. Doch mit dem Euro wird der europäische Aktienmarkt zum drittgrößten der Welt – nach den USA und Japan. Die Unternehmen müssen sich verstärkt um die Aktionäre kümmern und Shareholder Value-Strategien fahren, um den Wert ihrer Aktie zu steigern. Dadurch wird die Aktie als Anlageform noch attraktiver.

Die einheitliche Währung macht die Jahresabschlüsse der Unternehmen transparenter und vergleichbarer. Sie dürfte den Druck in Richtung auf eine einheitliche Rechnungslegung verstärken. Der Anleger wird also künftig nicht einzelne Aktienmärkte und ihre Aussichten vergleichen, sondern einzelne Werte innerhalb ihrer Branchen. Die Betrachtung geschieht also länderübergreifend. Auch die Bewertung der Aktien wird sich stärker an internationalen Standards und Kennzahlen orientieren.

In Deutschland finanzieren sich die Unternehmen am liebsten über Fremdkapital. Das Geld kommt von den Banken und ist einfach und bequem verfügbar. Das Steuer- und Gesellschaftsrecht läßt kleine und mittlere Unternehmen den Gang an die Börse scheuen. Der Aufwand für die Börsenzulassung ist hoch. Außerdem muß sich das Unternehmen nach außen öffnen und Transparenz schaffen. Das wollen die Alteigentümer meist nicht.

Wie der Euro Aktien attraktiver macht

Der Euro könnte dazu beitragen, die Vorteile des Aktiensparens noch deutlicher zu machen:

- Aktien sind Anteile an einem Unternehmen. Sie sind also wie die weitaus beliebteren Immobilien ein Stück Sachwert. Wer eine Aktie Siemens besitzt, hat damit ein Stück Siemens in der Hand. Er hat zugleich ein Stimmrecht auf der Hauptversammlung, also der Versammlung der Aktionäre, auf der Vorstand und Aufsichtsrat gewählt werden und wichtige Entscheidungen gebilligt werden müssen. Unabhängig davon, welches Geld morgen in Europa gilt, repräsentiert eine Aktie immer Substanz.
- In Zeiten hoher Inflation gilt die Regel: Sachwert schlägt Geldwert. Wer an einen instabilen Euro glaubt, für den sind neben Immobilien Aktien die erste Wahl. Untersuchungen haben gezeigt, daß in Ländern mit höherer Inflation höhere Kursgewinne von Aktien wahrscheinlich sind als in Ländern mit einer niedrigen Inflation.
- Der Euro könnte die Aktienkurse schon im Vorfeld stimulieren. Für viele Unternehmen bringt der Binnenmarkt Vorteile. Die Wechselkurse und die damit verbundenen Risiken fallen weg. Die Exportunternehmen sparen die Kosten für den Devisenumtausch und die Kursabsicherung. Die Unternehmen können leichter exportieren und in anderen Ländern und Märkten investieren. Sie können besser kalku-

lieren, und die Konkurrenz aus den anderen Ländern der Währungsunion kann nicht mehr Abwertungen zu Wettbewerbsvorteilen nutzen. Bisher konnten Staaten wie Italien ihren Unternehmen durch Abwertungen Preisvorteile verschaffen. Die Aktien der Exporteure aus Chemie, Autos oder Maschinenbau werden daher steigen. Schon Anfang der neunziger Jahre sorgte der anstehende Start des Europäischen Binnenmarktes an den Börsen für Phantasie und ließ die Kurse in die Höhe klettern.

- Der Euro schafft einen einheitlichen europäischen Aktienmarkt. Dadurch wird der Markt für internationale Anleger transparenter, großvolumiger und liquider.
- Die Strategie der Steigerung des Wertes für Aktionäre („Shareholder Value") stimuliert die Kurse. Die großen Unternehmen müssen die Aktionäre pflegen und die Kurse erhöhen, um sich gegen Übernahmen zu schützen und weiter günstig Kapital zu bekommen. Der Kapitalmarkt wird immer internationaler, der Wettbewerb um das Kapital immer intensiver. Der Euro wird diese Entwicklung durch die Schaffung eines einheitlichen Kapitalmarktes in Europa verstärken. Praktisch sieht Shareholder Value so aus: Die Unternehmen rationalisieren und verkaufen ganze Unternehmensteile, die Verluste machen, zu geringe Renditen bringen oder einfach als selbständige Einheiten mehr wert sind.

Stichwort: Shareholder Value

Das Schlagwort bedeutet, daß sich ein Unternehmen die langfristige Steigerung des Unternehmenswertes für die Aktionäre auf die Fahnen schreibt. Die Manager setzen sich das Ziel, daß ihre Aktionäre hohe Renditen aus ihrer Anlage in die Unternehmensaktien erhalten. Sie zahlen hohe Dividenden, steigern ihren Aktienkurs mit guten Nachrichten und verkauften Unternehmensteile, die nicht die nötigen Erträge erwirtschaften. Die Interessen der Aktionäre werden also stärker berücksichtigt.

- Weitere Phantasie erhält der Aktienmarkt durch mögliche Zusammenschlüsse und Fusionen auf europäischer Ebene. Nun können dem Beispiel von Sandoz und Ciba-Geigy, die das neue Unternehmen Novartis gründeten, oder der Bayerischen Vereinsbank und Hypo-Bank leichter transnationale Beispiele folgen.

Die höhere Rendite von Aktien

Zahlreiche Untersuchungen zeigen, daß Aktien in der Vergangenheit in fast allen Zeiträumen höhere Renditen gebracht haben als alle anderen Anlageformen. Der Aktienbesitzer gibt dem Unternehmen Eigenkapital. Dafür erhält er eine Dividende, die abhängig ist vom Unternehmenserfolg. Er bekommt ein oft lukratives Bezugsrecht bei der Ausgabe neuer Aktien. Der wichtigste Ertrag aber sind die Kursgewinne, die nach sechs Monaten steuerfrei sind.

Je länger der Anleger die Aktien liegenlassen kann, desto sicherer wird die Rendite. Nach Berechnungen des Deutschen Aktieninstituts, eines Vereins zur Förderung der Aktienanlage, liegt die Wahrscheinlichkeit, mit Aktien eine Rendite von mehr als acht Prozent zu erzielen bei einem Anlagezeitraum von einem Jahr bei 52 Prozent. Bei einem Zeithorizont von zehn Jahren dagegen steigt die Wahrscheinlichkeit auf 75 Prozent, bei zwanzig Jahren sogar auf 90 Prozent.

Der Grund der Überlegenheit der Aktien: Langfristig bestimmen die Unternehmensgewinne den Kurs der Aktien. Die Unternehmensgewin-

Umstellung des Aktien-Nennwertes

Durch den ungeraden Umtauschkurs in Euro entstehen bei Aktien Probleme. Die Aktien haben heute einen Nennwert von 5, 50 oder 100 DM. Ein Nennwert von 5 DM müßte bei einem Umtauschkurs von 1,9134 DM auf 2,6131 Euro umgestellt werden.

ne aber steigen. In Amerika haben sich die Gewinne der Unternehmen alle acht bis neun Jahre verdoppelt. Nur die gewinndynamischsten Branchen wechseln. Früher waren es Stahl- und Autounternehmen, heute sind es Telekommunikations-, Pharma- und Elektrokonzerne.

Zur Lösung gibt es zwei Möglichkeiten: Nennwertlose Aktien oder Ein-Euro-Papiere. Wenn ein Aktionär seine Fünf-Mark-Aktie in zwei Ein-Euro-Aktien tauscht, bleiben jedoch 0,6131 Euro übrig. Er hätte nun das Recht, die fehlenden 0,3869 Euro zu kaufen, um auf eine ganze Aktie zu kommen. Dies wäre ein Bezugsrecht wie bei einer Kapitalerhöhung eines Unternehmens. Natürlich kann er seinen Anteil von 0,6131 Euro auch verkaufen.

Euro-Risiko für Aktionäre: Steigende Zinsen oder Verschiebung

Die Euro-Risiken der Aktienanlage liegen in einem Scheitern der Währungsunion und in einem Steigen der Zinsen.

Steigende Zinsen

Steigen die Zinsen in der Währungsunion, beispielsweise weil die Europäische Zentralbank einen Hochzinskurs fährt, um ihre Entschlossenheit zu demonstrieren, leiden die deutschen Aktienkurse. Steigen die Zinsen, werden Investitionen für Unternehmen teurer. Der Anleger findet am Rentenmarkt wieder lukrative Angebote und wendet sich von den Aktien ab.

Länder außerhalb Deutschlands allerdings werden nicht so stark getroffen, da bei ihnen die Zinsen traditionell höher sind. In einigen Ländern werden die Zinsen durch die Einführung des Euro sogar sinken. Das stimuliert die Aktienkurse. Daher sollte der Anleger nicht nur deutsche, sondern europäische Aktien kaufen.

Steigende Zinsen: Wer gewinnt, wer verliert

Unter steigenden Zinsen würden vor allem Bank- und Versicherungstitel leiden. Die Banken sind ohnehin die Euro-Verlierer: Sie müssen in den nächsten Jahren die hohen Umstellungskosten tragen. Für eine Großbank fällt dafür ein zweistelliger Millionenbetrag aus. Außerdem müssen die Banken den Ausfall eines Teils des lukrativen Devisengeschäftes verkraften. Wenn die Unternehmen bis zu 40 Milliarden DM jährlich an Transaktions- und Wechselkosten sparen, dann fehlt zumindest ein Teil des Geldes in den Kassen der Banken.

Verschiebung der Währungsunion

Eine Verschiebung der Währungsunion würde die Aktienkurse in Mitleidenschaft ziehen. Viel Kapital würde in die D-Mark zurückfließen und zu einer Aufwertung führen. Die deutschen Exporte und damit die Unternehmensgewinne würden gedrückt. Alle Euro-Hoffnungen und -Erwartungen platzen. Scheitert die Währungsunion gar, fallen auch die Euro-Vorteile für die Unternehmen weg. In beiden Fällen sacken die Kurse, die bereits von dieser Phantasie genährt werden.

Französischer und belgischer Franc würden abgewertet, was die dortigen Aktienkurse beflügelt. Allerdings wäre dies für D-Mark-Anleger unter dem Strich nicht ganz so profitabel, da die Abwertung die Kursgewinne zumindest teilweise wieder wegfressen wird.

Euro-Chancen für Aktionäre: Exportwerte profitieren

Deutsche Aktien: Euro-Konzerne legen zu

Viel spricht für die Anlage in deutschen Aktien: Die Papiere sind einfach zu kaufen, der Anleger kennt die meisten großen Unternehmen, und es gibt kein Währungsrisiko.

Die deutschen Unternehmen werden von der Währungsunion besonders profitieren. Ein Drittel des deutschen Bruttoinlandsproduktes entfällt auf den Export. Zwei Drittel der 30 Unternehmen im Deutschen Aktienindex (Dax) machen mehr als 25 Prozent ihres Umsatzes im Geschäft mit dem Ausland.

Die stabile Währung in der Währungsunion nützt daher gerade den Exportwerten: Das Währungsrisiko innerhalb der Euro-Union fällt weg. Die Absicherungskosten für Wechselkursrisiken entfallen, die einheitliche Währung bietet eine sichere Kalkulationsgrundlage. Dadurch steigen die Gewinne der international operierenden Unternehmen. Zugleich entfallen die Transaktionskosten für den Währungsumtausch beim Export innerhalb der Euro-Union. Damit steigen auch die Gewinne von kleinen und mittleren Unternehmen.

Schon der Binnenmarkt 1993 hatte für steigende Kurse an den wichtigsten europäischen Börsen gesorgt. Besonders profitieren werden Unternehmen, die stark im europäischen Raum aktiv sind. Sie müssen nicht mehr mit der ständigen Aufwertungstendenz der D-Mark gegenüber den anderen Währungen leben. Das gilt beispielsweise stark für den Maschinenbau.

Zu den größten Euro-Profiteuren dürften Autohersteller und Maschinenbauer zählen. Typische Dollar-Gewinner unter den deutschen Aktien sind Daimler und Porsche sowie die Maschinenbauer Linde, MAN und FAG Kugelfischer.

Die deutschen Aktien profitieren sogar von der großen Währungsunion mit elf Ländern: Da Italien und Spanien ebenfalls in die Währungsunion kommen, vergrößert sich das Geschäftsfeld für die Unternehmen noch.

Die deutsche Exportwirtschaft würde auch bei einer Weichwährungsunion von einem gegenüber dem Euro stärkeren Dollar profitieren. Der Dollar ist neben der D-Mark die wichtigste Devise für die deutsche Exportwirtschaft. Von einem steigenden Dollar profitieren sie gleich mehrfach:

- Bei Lieferungen oder Aufträgen auf Dollar-Basis bekommen sie mehr Geld in D-Mark.

- Die deutschen Produkte und Dienstleistungen werden bei künftigen Aufträgen günstiger. Dadurch entstehen Wettbewerbsvorteile.

Aktien der Währungsunionsländer: Export entscheidet

Für die Wahl der attraktivsten Aktienmärkte gibt es eine einfache Richtschnur: Je größer der Exportanteil an der gesamten Wirtschaftsleistung, desto größer ist der positive Effekt des Euro. Innerhalb der EU haben Belgien (70 Prozent), die Niederlande (52 Prozent) und Österreich (40 Prozent) die höchsten Exportanteile. Diese kleinen Länder sind stark exportorientiert. Die anderen EU-Staaten bewegen sich zwischen 27 und 33 Prozent. Schlußlicht der wirtschaftlich gewichtigeren Länder ist Spanien mit einer Exportquote von 18 Prozent.

Aktien aus Nicht-EU-Ländern: Euro ohne Wirkung

Die meisten Aktienmärkte dieser Welt bleiben vom Euro ganz unbeeinflußt: Allen voran die USA und Japan, aber auch die attraktiven Märkte der Schwellenländer (Emerging Markets). Unklar ist jedoch die Entwicklung der Wechselkurse.

Die besten Euro-Aktien

Die Analysten der Westdeutschen Landesbank entwickelten ein Euro-Aktiendepot mit 21 Werten, die wegen eines hohen Umsatzes in Europa besser abschneiden werden als der Markt. Dies ist die Alternative für den Privatanleger, der nicht einen der Europa-Fonds kaufen will.

Die reduzierten Kosten durch den Euro steigern die Gewinne und stabilisieren die Ergebnisse der Firmen. Die Unternehmen profitieren vom Euro, denn Wechselkursrisiken und Transaktionskosten für den Währungsumtausch werden sich deutlich verringern. Der Euro soll zu niedrigeren Zinsen für viele Länder führen: Firmen mit hohem Fremdkapitalanteil aus diesen Ländern werden ihr Finanzergebnis deutlich verbessern können. Beispiel: Die Kapitalkosten der spanischen Telekommunikationsgesellschaft Telefonica, die hoch verschuldet ist, werden deutlich sinken.

Das Euro-Aktiendepot
(in Deutschland notierte Werte)

Alcatel Alsthom

Einer der weltweit führenden Anbieter von Ausrüstungen in Telekommunikation, Kabel, Energie und Transport.

Michelin

Der weltweit größte Reifenhersteller hat sich zahlreiche Wettbewerbsvorteile erarbeitet. Die Aktie ist niedriger als die Konkurrenz bewertet.

St. Gobain

Der weltweit führende Hersteller von Glas- und Baumaterialien ist auch ein großer Autozulieferer. Die Aktie ist niedrig bewertet.

Nokia

Das finnische Unternehmen ist Europas größter Handy-Produzent. Fast 50 Prozent des Umsatzes entfallen auf die Mobilfunk-Produktion. Die wachsende Nachfrage wird bei Marktführer Nokia die Gewinne sprudeln lassen.

Acerinox

Der spanische Stahlhersteller hat die niedrigsten Produktionskosten weltweit. Bei rostfreiem Stahl wird eine Preiserholung erwartet.

Benetton

Führendes Bekleidungsunternehmen mit weltweit 6500 Filialen. Der Konzern profitiert von der allmählich wieder steigenden Konsumnachfrage in Europa.

Telecom Italia

Weltweit fünftgrößter Festnetzanbieter. Er profitiert von der weltweiten Öffnung der Telekommunikations-Märkte.

Siemens

Der Elektroriese profitiert von der Währungsstabilität. Der Gewinn sollte in den nächsten drei Jahren um 50 Prozent steigen.

adidas

Der Sportartikelmarkt wird in den nächsten Jahren weiter deutlich wachsen. In Europa macht adidas 66 Prozent seines Umsatzes. Der Euro wird zu Kostenersparnissen führen.

Volkswagen

Der Autohersteller wird besonders vom Euro profitieren. Mit Italien als Mitglied der Währungsunion wird ihm das Problem Lira genommen. Eine Abwertung der italienischen Währung um einen Pfennig sorgt bislang beim Wolfsburger Konzern für einen Umsatzausfall von 40 Millionen DM.

Bayer

Der Leverkusener Chemiekonzern macht 57 Prozent seines Umsatzes in Europa. Daher ist er besonders an stabilen Währungen interessiert.

Empfohlen werden außerdem das Chemieunternehmen Akzo Nobel, der Nahrungsmittelriese Unilever, das Medienhaus Wolters Kluwer, der Energieversorger Edison, das Elektrounternehmen Syléa, die Holding Gevaert, das Ölunternehmen Petrofina und der Energieversorger Endesa.

Fazit

Euro-Aktien sind attraktiv. Anleger sollten aber in jedem Fall das Risiko streuen. Konservative Anleger sollten rund 25 Prozent ihres Vermögens in Aktien halten, risikobewußte Anleger zwischen 40 und 50 Prozent, spekulativ orientierte Börsianer bis zu 70 Prozent. Kaufen Sie nicht nur deutsche Werte, sondern auch europäische Aktien. Ideal für kleine Vermögen sind europäische Aktienfonds.

Fonds: Euro-Boom

Die Fondsbranche hat den Euro spät, aber nicht zu spät entdeckt. Noch nie zuvor kamen so viele neue Europafonds auf den Markt. Zwei Beispiele:

Dresdner Bank/DIT: Der Deutsche Investment-Trust (DIT) ist die Fondsgesellschaft der Dresdner Bank. Der DIT-Wachstum Europa verwaltet die Gelder nach dem sogenannten Growth- oder Wachstums-Ansatz. Der Fonds konzentriert sich auf Aktien, die hohe langfristige und stetige Gewinnsteigerung versprechen. Im Vordergrund stehen überdurchschnittliche Gewinne. Der DIT-Vermögensbildung Europa wird dagegen nach dem Value- oder Wert-Ansatz geführt. Die Fondsmanager suchen anhand von finanzanalytischen Kriterien systematisch nach unterbewerteten Titeln. Im Vordergrund steht eine stabile Wertentwicklung bei attraktiven Ausschüttungen. Beide Ansätze dürften mit Blick auf den Euro erfolgversprechend sein.

Bayerische Vereinsbank: Im August 1997 bot die Bayerische Vereinsbank ein neuartiges Konzept an – den Euro-Multi-Flex. Er umgreift alle drei Szenarien Kernwährungsunion, Weichwährungsunion und Verschiebung. Sie werden nach ihrer Eintrittswahrscheinlichkeit gewichtet. Die Szenarien werden von der Analysenabteilung der Bank regelmäßig überprüft und bei Veränderungen neu gewichtet. Der Fonds eignet sich für Anleger, die ihr Euro-Risiko regelmäßig durch die Bank anpassen lassen wollen. Der Fonds sucht eine Optimierung von Chancen und Risiken im Hinblick auf den Euro. Der Fonds mischt Aktien und Renten der vielversprechendsten Länder. Zu den Bedingungen: Der Fonds fordert eine Mindestanlage von 5.000 DM und kostet 3,5 Prozent Ausgabeaufschlag. Kauf und Rückgabe ist täglich möglich.

Die Umstellung der Investmentfonds

Die Umstellung auf Euro ist für die Investmentfonds unproblematisch: Die Preise für Investmentanteile ergeben sich meist aus der aktuellen Börsennotiz. Anleihen, Obligationen und Pfandbriefe werden ab 2002 in Euro getilgt. Auch die Zinszahlungen fließen in Euro. Aktien werden in Euro notiert. Wie die Nennwerte umgestellt werden, ist noch nicht entschieden.

Für wen eignen sich Fonds?

Fonds waren einmal für Kleinanleger gedacht: Sie legen ihre vielen kleinen Beträge zusammen und genießen dann alle miteinander die gleichen Vorteile wie sonst nur die Großanleger. Doch in der Praxis sind Fonds heute sehr teuer. Daher eignen sich Fonds nur für bestimmte Anleger und bestimmte Anlagen.

- Kleinanleger. Dem Kleinanleger (bis 10.000 DM Vermögen) bieten gemischte Fonds und Aktienfonds eine Reihe von Vorteilen: Seine Gelder werden professionell gemanagt, die Kosten sind niedriger als wenn er Aktien direkt kauft und die Risikostreuung funktioniert. Fonds sind bequem: Die Fondsmanager achten auf die Börsenentwicklung und reagieren (hoffentlich) rechtzeitig. Der Anleger kann keine Zins- oder Dividendentermine verpassen, und die Gelder werden automatisch wieder angelegt. Die Gebührenpolitik der Banken treibt die Kleinanleger in die Fonds: Die meisten Institute verlangen Mindestgebühren von 50 DM für eine Börsentransaktion. Damit lohnt sich der Kauf einzelner Aktien oft nicht mehr, denn bei einer Standardgebühr von einem Prozent des Kurswertes (jeweils für Kauf und Verkauf) sollte der Anleger stets für mindestens 5.000 DM kaufen oder verkaufen. Und bei 10.000 DM läßt sich über Fonds ein wenig Risikostreuung betreiben.

- Aktienanleger. Für Fonds spricht die Bequemlichkeit: Der Anleger muß sich nicht aktiv um sein Geld kümmern. Dies erledigt der Fondsmanager, der sein Ohr ständig am Markt hat und auf aktuelle Entwicklungen reagiert. Natürlich gibt es Grenzen: Wer beispielsweise mit einem Crash rechnet, sollte sein Geld aus dem Fonds abziehen. Denn ein Aktienfonds ist stets in Aktien investiert, also wird er auch von einem Crash getroffen.
- Spezialisierte Anleger. Wer auf bestimmte Länder oder Regionen der Welt setzen will, kommt an Fonds meist nicht vorbei. Wenn der Anleger beispielsweise meint, Thailand sei ein attraktiver Markt, hat er die Frage noch nicht beantwortet, welche Aktien er kaufen soll. Die Recherche der Daten ist ziemlich mühsam. Außerdem sind die Gebühren der Banken noch höher als beim Kauf deutscher Werte. Daher kauft der Anleger einen speziellen Thailand-Fonds.

Wie funktioniert ein Fonds?

Kapitalanlagegesellschaften, meist Tochtergesellschaften von Banken, bieten Investmentfonds an und führen sie. Die Anlageschwerpunkte des jeweiligen Fonds sind im Prospekt dargelegt: Der Fonds kann sich auf Aktien oder Rentenpapiere beschränken oder als gemischter Fonds beide Arten von Wertpapieren enthalten. Daneben gibt es alle Arten von Fonds, die sich auf Regionen, Länder, Branchen, Rohstoffe, Optionen oder Gold konzentrieren. Die Anlagegelder erhalten sie durch die Ausgabe von Anteilsscheinen – Investmentzertifikate –, deren Preis jeden Börsentag aus dem Tageswert des Vermögens geteilt durch die Anzahl der Anteilsscheine errechnet wird. Die Anteilsscheine werden meist ins Depot gelegt; manchmal können sie auch als effektive Stücke (Tafelgeschäft) nach Hause genommen werden. Für die Kapitalanlagegesellschaften besteht eine Rücknahmeverpflichtung für die Fondsanteile, der Anleger kann seine Anteile also jederzeit verkaufen.

Tip: Jahrbuch und Wertentwicklungslisten anfordern!

Beim BVI Bundesverband Deutscher Investment-Gesellschaften können Anleger kostenlos eine Liste mit der Entwicklung in Zeiträumen zwischen einem Monat und 20 Jahren anfordern. Adresse: Eschenheimer Anlage 28, 60318 Frankfurt, Tel. 069/1540 90-0, Fax 069/597 14 06. Außerdem kann das BVI-Jahrbuch „Investment" mit Daten und Fakten kostenlos bezogen werden.

Welche Fondsart für wen richtig ist

Bei den Fonds hat der Anleger die Qual der Wahl: Rund 2.000 Fonds sind in Deutschland zum Vertrieb zugelassen. Wie ist der Fonds konstruiert, wie wird ausgeschüttet, wo legt er an?

Deutsche Fonds sind offene Fonds (open-end-funds): Die Fondsgesellschaften geben ständig neue Anteile aus, müssen aber alte Anteile ständig wieder zurückkaufen. Geschlossene Fonds (closed-end-funds oder Investment Trusts) sind in Deutschland – außer bei Immobilien – nicht erlaubt. Die geschlossenen Fonds sind auf eine bestimmte Summe begrenzt; es wird also nur eine beschränkte Zahl von Anteilen angeboten. Der Fondsanbieter ist nicht zur Rücknahme der Anteile verpflichtet. Die Fonds werden über die Börse gehandelt. Wegen der begrenzten Zahl von Anteilen können sich „Nachfrage-Preise" bilden: Bei attraktiven Fonds werden erhebliche Zuschläge gezahlt, die über das eigentliche Fondsvermögen hinausgehen. Die Regel sind jedoch Abschläge gegenüber dem sogenannten inneren Wert.

In Deutschland dominieren sogenannte Ausschüttungsfonds. Sie zahlen die erwirtschafteten Erträge aus Zinsen, Dividenden, Mieteinnahmen und sonstigen Erträgen jährlich an die Anteilseigner aus. Nur Veräußerungs- und Kursgewinne verbleiben im Fonds und erhöhen den Wert der Anteile. Bei thesaurierenden (auch akkumulierend genannten) Fonds dagegen bleiben alle Erträge im Fondsvermögen. Der Vorteil: Der Anleger muß sich nicht um die Wiederanlage der Erträge kümmern, und die Wiederanlage ist kostenfrei. Viele ausschüttende Fonds geben bei Wiederanlage der ausgeschütteten Gelder einen Rabatt.

Anlageschwerpunkte: Aktien, Renten, Immobilien

Aktienfonds
Sie investieren nur oder überwiegend in Aktien, entweder nur in bestimmten Ländern oder Regionen – oder aber international.

Rentenfonds
Sie investieren in Rentenpapiere, eventuell beschränkt auf Länder und Währungen.

Gemischte Fonds (Mischfonds)
Sie investieren in Aktien und Rentenpapiere.

Futures-Fonds
Sie investieren an den Terminbörsen.

Optionsschein-Fonds
Sie legen in Optionsscheinen an und bieten gegenüber der Direktanlage den Vorteil der Streuung.

Geldmarktfonds
Sie investieren in kurzfristige Rentenpapiere oder direkt am Geldmarkt. Sie tragen das geringste Kursrisiko und sind eine Alternative zum Festgeld.

Immobilienfonds
Sie investieren meist in gewerbliche Immobilien in guter Lage.

Spezialitätenfonds

Sie investieren nur in bestimmte Werte, etwa in Wandel- und Optionsanleihen oder Optionsscheine. Spezialitätenfonds können auch spezielle Aktienfonds sein, die nur in ausgewählte Branchen investieren.

Fortsetzung Anlageschwerpunkte: Aktien, Renten, Immobilien

Länderfonds
Als eine Art von Spezialitätenfonds investieren diese Fonds nur in bestimmten Ländern und Regionen, die für besonders aussichtsreich gehalten werden. Vor allem bei exotischen Börsenplätzen wie Taiwan, Argentinien oder Mexiko sind die Fonds die einfachste Möglichkeit, um an den meist intransparenten und für ausländische Anleger teuren Börsen zu investieren.

Laufzeitfonds
Rentenfonds mit einer begrenzten Laufzeit zwischen drei und zehn Jahren.

Garantiefonds
Sie garantieren eine Mindestrendite oder einen Mindestrücknahmepreis. Als Fonds mit Bestandsgarantie mischen sie sichere Anleihen mit Optionen. Der Anleger bekommt also in jedem Fall sein eingesetztes Kapital zurück.

Index-Fonds
Sie kaufen die Aktien genau nach der Zusammensetzung eines Aktienindex, beispielsweise des Dax. Damit folgt ihre Wertentwicklung immer dem Börsentrend.

Umbrella-Fonds
Mehrere Fonds unter einem Dach, zwischen denen der Anleger ohne großen Kosten hin- und herwechseln kann. Allerdings sollten die Anleger zuerst auf die Wertentwicklung der angebotenen Fonds im Portfolio achten und weniger auf die Tauschgebühren. Wichtig ist, ob in unsicheren Börsenzeiten in risikoarme Geldmarktfonds als Geldparkplatz gewechselt werden kann.

Kosten über Kosten: Was Fondsmanager kassieren

Bequemlichkeit war schon immer teuer. Dies gilt auch für Fonds. Die nackten Zahlen klingen zunächst beeindruckend: zwölf Prozent Wertzuwachs im vergangenen Jahr. Doch diese Wertentwicklung muß noch nicht bedeuten, daß der Kunde Geld verdient hat. Wer einen Fonds kauft, zahlt eine Reihe von Gebühren und Provisionen, die bis zu 20 Prozent der investierten Summe erreichen können.

Die Kosten der Fonds setzen sich folgendermaßen zusammen:

- Bei den meisten Fonds muß der Käufer einen Ausgabeaufschlag zahlen, mit dem der Vertrieb der Fonds bezahlt wird. Der Aufschlag bewegt sich je nach Fondsgesellschaft und -art zwischen 0,5 und neun Prozent. Am geringsten ist der Ausgabeaufschlag bei Geldmarktfonds (meist null, höchstens ein Prozent), Rentenfonds kosten meist zwischen zwei und vier Prozent, Aktienfonds zwischen 2,5 und sechs Prozent, die Kosten-Spitzenreiter (meist ausländische Fonds) bis neun Prozent. Der Ausgabeaufschlag macht aus den meisten Fonds eine langfristige Anlage, denn er drückt kräftig auf die Rendite. Erst nach einigen Jahren Anlagedauer fällt der Ausgabeaufschlag weniger ins Gewicht.
- Wer bei seiner Hausbank den Fonds einer Konkurrenzbank ordert, muß oft noch gesonderte Bearbeitungsgebühren in Höhe der üblichen Provisionen für den Kauf und Verkauf von Aktien zahlen. Dies gilt hinterhältigerweise sogar beim Kauf ausgabeaufschlagfreier Fonds: Zwar ist der Ankauf gebührenfrei, für den Verkauf fallen aber die üblichen Bankspesen an.

Ausgabeaufschlag und Bearbeitungsgebühren werden dem Kunden offen ausgewiesen. Zusätzlich zahlt er aber noch eine Reihe von „versteckten" Kosten für die Verwaltung des Fonds, die Depotführung und die Transaktionen. Diese Gebühren werden automatisch täglich vom Fondsvermögen abgezogen:

- Die Verwaltungkosten betragen bis zu einem Prozent des Fondswertes pro Jahr.

- Jeder Fonds braucht eine Depotbank, die die Papiere verwahrt und über das Fondsvermögen treuhänderisch wacht und auf die Einhaltung der gesetzlichen Bestimmungen achtet. Die Depotbank bekommt für die Verwahrung der Papiere des Sondervermögens zwischen 0,1 und 0,4 Prozent. Die Errechnung und Veröffentlichung der Anteilspreise kostet weitere 0,02 bis 0,25 Prozent (Depotbankgebühr) im Jahr.

Tip: Lassen Sie die Fonds direkt verwalten

Die Depotgebühren für die Verwaltung der Fonds und zusätzlich Kauf- und Verkaufsgebühren können Anleger sparen, wenn sie direkt bei den Fondsgesellschaften oder den beauftragten Depotgesellschaften ordern. Die Eröffnung eines Kundendepots ist meist relativ einfach auf schriftlichem Wege zu bewerkstelligen. Der Rest funktioniert schriftlich, per Dauerauftrag, telefonisch oder per Fax.

- Transaktionskosten: Wenn die Fonds ihr Vermögen anlegen, fallen die üblichen Kauf- und Verkaufskosten an. Allerdings sind sie geringer als die Kosten eines Privatkunden, da Fonds größere Volumen bewegen.

Tip: Beim Ausgabeaufschlag sparen!

Wer mehr als 10.000 DM in einen Fonds anlegen will, kann bereits über Rabatte auf den Ausgabeaufschlag verhandeln. Ab 50.000 DM sollten Sie sogar auf einem Rabatt bestehen. Verweisen Sie auf die Direktbanken, die eine Reihe von Fonds für ein Viertel oder die Hälfte des normalen Ausgabeaufschlags anbieten. Auch die Fondsgesellschaften haben schon reagiert: Sie bieten zunehmend Low-Load-Fonds (mit niedrigen Aufschlägen) oder sogar No-Load-Fonds (ohne Ausgabeaufschlag) an. Allerdings sind bei diesen Fonds die laufenden Gebühren höher. Wer seinen Fonds länger als fünf Jahre halten will, sollte daher zu den konventionellen Zertifikaten mit Ausgabeaufschlag greifen.

Aktienfonds: Höchste Performance

Die interessanteste Fondskategorie für die Euro-Anlage sind Aktienfonds. Für sie spricht eine hohe Rendite in der Vergangenheit. Der durchschnittliche deutsche Aktienfonds kam über die letzten zehn Jahre auf gut zehn Prozent pro Jahr. Deutsche Rentenfonds lagen bei unter acht Prozent, offene Immobilienfonds zwischen fünf und 6,5 Prozent.

Mit Blick auf den Euro sollte sich der Anleger aber klar sein, daß der Zeithorizont für die Anlage in Aktienfonds mindestens fünf bis zehn Jahre beträgt. Der Anleger muß nicht nur den Ausgabeaufschlag wieder verdienen, er muß auch eventuelle kurzfristige Schwankungen ausgleichen. Für die Euro-Anlage dürfte ein europäischer Aktienfonds ideal sein.

Rentenfonds: Vorsicht Euro!

Deutsche Rentenfonds dürften vor der Einführung des Euro noch weniger attraktiv sein. Der Euro dürfte die Zinsen zumindest kurzfristig steigen lassen. Die Kurse der Anleihen fallen also, der Kurs der Rentenfonds-Zertifikate gleich mit. Zudem sind die deutschen Zinsen im Tief. Sobald die Zinsen steigen, werden die Werte der Rentenpapiere deutlich fallen. Wer Rentenfonds kaufen will, sollte Kurzläufer-Fonds wählen.

Doch unabhängig von der aktuellen Situation waren deutsche Rentenfonds noch nie eine lukrative Anlage. Sie erwirtschafteten in der Vergangenheit nur kümmerliche Renditen zwischen fünf und sieben Prozent, die mit einer Direktanlage in Bundespapieren immer übertroffen werden konnten. Der Durchschnittszins zehnjähriger Papiere lag bei 7,5 Prozent. Der Grund: Hohe Kosten der Fonds schmälern die Erträge. Der Anleger muß einen Ausgabeaufschlag von meist drei Prozent verkraften und auch noch die laufenden Gebühren für Depot und Verwaltung.

Unter dem Strich gibt es kein gutes Argument für deutsche Rentenfonds. Bundespapiere kann jeder Anleger selbst schon für 100 DM bei Banken erwerben, und dies spesenfrei. Selbst die Risikostreuung spielt keine

Rolle: Bei erstklassigen Papieren ist kein hohes Ausfallrisiko zu erwarten. Geldschneiderei der Fonds sind Laufzeitfonds, die nur in Papiere mit einer genau definierten Laufzeit anlegen: Festverzinsliche Wertpapiere der entsprechenden Laufzeit kann jeder Anleger selbst kaufen.

Die interessantere Alternative – auch mit Blick auf den Euro – sind internationale Rentenfonds. Die guten Fonds erwirtschaften rund zehn Prozent Rendite jährlich. Der Anleger geht zwar ein Währungsrisiko ein, doch durch die Risikodiversifikation ist das nicht so gravierend. Gerade eine geschickte und schnelle Anlage im Vorfeld der Währungsunion kann hohe Erträge bringen.

Die besten Fonds: Performance-Sieger Aktienfonds

Die Gewinner der letzten zwölf Monate waren im ersten Quartal 1998 abermals die Aktienfonds. Nach der Statistik des Bundesverbandes Deutscher Investment-Gesellschaften schnitten die besten unter ihnen mit einem Plus von mehr als 65 Prozent ab. Spitzenreiter unter den deutschen Aktienfonds war der deutsche Aktienfonds Nürnberger Adig A der Adig mit einem Plus von 66,25 Prozent. Doch Vorsicht: Der schlechteste Fonds, E&G Privatfonds MK von der MK, brachte es nur auf ein müdes Plus von 10,8 Prozent.

Die besten deutschen Aktienfonds		
Wertzuwachs in Prozent	Name	Gesellschaft
Seit 1997 (31.03.97 bis 31.03.98)		
66,2	Nürnberger Adig A	Adig (Commerzbank/BV)
55,5	Nestor Deutschland	Nestor Invest
53,2	MMWI-Progress-Fonds	MMWI
52,6	BBV-Invest-Union	Union
51,2	PEH Q-Aktien D	PEH Quintessenz
Seit 1993 (31.03.93 bis 31.03.98)		
242,8	Nürnberger Adig A	Adig
236,8	Veri-Valeur Fonds	Veritas
220,3	Lux-Linea	M.M. Warburg S.A.
211,1	MMWI-Progress-Fonds	MMWI
208,4	Ring-Aktienfonds DWS	DWS (Deutsche Bank)
207,6	Provesta	DWS
Seit 1988 (31.03.88 bis 31.03.98)		
453,8	Investa	DWS
424,9	Provesta	DWS
395,0	Concentra	DIT
388,8	Alte Leipziger Fonds A	AL-Trust
372,7	DIT-Fonds für Vermögensbildung	DIT
368,7	SMH-Special-Fonds I	SMH

Quelle: BVI

Die besten deutschen Rentenfonds		
Wertzuwachs in Prozent	Name	Gesellschaft
Seit 1997 (31.03.97 bis 31.03.98)		
23,7	DIT-Kapital Plus	DIT
15,6	Victoria-Eurorent	Victoria
15,3	DKU-Fonds	Union
15,1	Condor-Fonds-Union	Union
14,8	Deka Bund+S Finanz 8–15	Deka
Seit 1993 (31.03.93 bis 31.03.98)		
66,2	Condor-Fonds-Union	Union
64,3	ProviRent Deka	Deka
55,5	BerolinaRent Deka	Deka
53,2	Mannheimer Renditefonds DIT	DIT
53,5	SBC Floor Fund Germany UI	Union
52,0	Vermögens-Ertrag-Fonds	DIT
51,0	Victoria-Eurorent	Victoria
Seit 1988 (31.03.88 bis 31.03.98)		
152,8	Condor-Fonds-Union	Union
112,3	LVM-Fonds-Union	Union
111,1	Vermögens-Ertrag-Fonds	DIT
110,9	BW-Renta-Universal-Fonds	Universal (BW-Bank)
104,1	Allianz Rentenfonds	Allianz
104,8	Albinga Renditefonds DWS	DWS

Quelle: BVI

Die besten internationalen Aktienfonds		
Wertzu-wachs in Prozent	Name	Gesellschaft
Seit 1997 (31.03.97 bis 31.03.98)		
110,6	DIT-Fonds Italien	DIT
110,2	DWS Italien	DWS
107,5	DVG-Fonds Italia	DVG
106,7	Deka-Italien	Deka
75,5	DIT-Aktien Europa AF	DIT
88,0	G&P Universal Aktienfonds	Universal
67,4	BB-Schweiz-Invest	BB-Invest
65,1	DWS Telemedia	DWS
Seit 1993 (31.03.93 bis 31.03.98)		
251,4	Fondamerika	Adig
221,0	DIT-Technologiefonds	DIT
200,5	AriDeka	Deka
193,6	Dt. Vermögensbildungsf. A	DVG
188,7	Industria	DIT
185,3	Vermögens-Aufbau-Fonds	DIT
Seit 1988 (31.03.88 bis 31.03.98)		
328,6	Industria	DIT
306,6	AriDeka	Deka
302,9	FMM-Fonds	FT
296,6	Dt. Vermögensbildungsf. I	DVG
295,0	Kapitalfonds Spezial	Gerling
292,7	Dt. Vermögensbildungsf. A	DVG
264,3	Vermögens-Aufbau-Fonds	DIT
262,2	Akkumula	DWS
245,3	DIT-Technologiefonds	DIT
242,1	FT Interspezial	Frankfurt-Trust
228,8	Adiverba	Adig

Quelle: BVI

Die besten internationalen Rentenfonds		
Wertzuwachs in Prozent	Name	Gesellschaft
Seit 1997 (31.03.97 bis 31.03.98)		
23,9	Allianz Flexi-Rentenfonds	Allianz
20,1	UniDollarBond	Union
16,8	MB-International-DVG	DVG
16,6	DIT-Eurozins	DIT
16,0	BHF-Weltzins Lux	BHF-Lux
16,0	Thesaurent	DIT
Seit 1993 (31.03.93 bis 31.03.98)		
82,9	Allianz Flexi-Rentenfonds	Allianz
70,7	DIT-Eurozins	DIT
66,4	Eurorenta	DBIM
65,4	NB-Eurorent-DIT	DIT
63,2	PEH-Universal-Fonds IR	Universal
61,0	Re-Inrenta	DWS
Seit 1988 (31.03.88 bis 31.03.98)		
150,8	FT Accuzins	Frankfurt-Trust
150,2	Magdeburger Wert-Fonds DIT	DIT
143,3	Thesaurent	DIT
133,6	DekaRent-International	Deka
131,9	Inter-Renta	DWS
130,4	Eurorenta	DBIM
128,5	Re-Inrenta	DWS
125,2	UniRenta	Union

Quelle: BVI

Fazit

Mit Fonds kann der Anleger beruhigt dem Euro entgegensehen. Besonders empfehlenswert sind europäische Aktienfonds: Sie bieten eine bequeme Anlage, Risikostreuung und eine schnelle Reaktion auf aktuelle Ereignisse. Allerdings sollten Anleger einen längerfristigen Zeithorizont mitbringen: Fünf Jahre dürften das Minimum sein. Auf keinen Fall sollte man deutsche Rentenfonds kaufen. Damit schneidet man vermutlich schlechter ab als mit den meisten anderen Anlagen.

Gold: Edelmetall mit Glanz und Schatten

„Kaufen Sie Gold", riet einem mancher Experte, als der Goldpreis Anfang 1996 endlich wieder über 400 Dollar je Feinunze (31,1035 Gramm) gestiegen war. In kurzer Zeit hatte der Preis des gelben Metalls um mehr als zehn Prozent zugelegt. Optimisten hofften auf einen Kurs von mehr als 420 Dollar. Dann könnte der Preis noch weiter bis auf 485 Dollar klettern. Der Zürcher Vermögensverwalter Felix Zulauf prophezeite im Herbst 1995 sogar einen Goldpreis von 500 Dollar für 1996.

Doch der Höhenflug des gelben Metalls war kurz. Im Jahresverlauf 1997 verlor der in Dollar notierte Preis je Unze rund 20 Prozent und sackte schließlich auf unter 300 Dollar. Die Aktienmärkte eilten von Rekord zu Rekord – Goldanleger dagegen blickten ratlos auf die fallenden Notierungen.

Gold hat seinen Nimbus als sicherer Hafen verloren: In Zeiten boomender Aktienmärkte und niedriger Inflation rettet niemand sein Geld in das Edelmetall. Zuletzt hatte Gold Anfang 1980 Höchststände von 835 Dollar je Unze erreicht. Doch aus diesen Höhen stürzte der Preis zuerst auf knapp 285 Dollar 1985, und berappelte sich dann Mitte der neunziger Jahre wieder auf stabile 380 Dollar. In realen Preisen gerechnet mußten die Anleger, die auf Barren und Münzen nicht einmal Zinsen oder Dividenden kassieren können, rund drei Viertel ihres Kapitals als Verlust verbuchen. Auch Krisen in China, Rußland oder der Krieg im Irak verhalfen dem Gold nicht über die Schwelle von 400 Dollar je Unze. Die Inflationsangst schwand zusehends. Im Zeitalter der Derivate verlor Gold als Absicherung an Attraktivität. Das Desinteresse griff um sich, immer mehr Anleger stiegen aus. Der Goldmarkt wurde zu einem Tummelplatz von einigen wenigen Spezialisten. Selbst bei den großen deutschen Banken ist es schwer, noch einen Goldspezialisten zu finden.

Früher gehörte die Empfehlung, mindestens fünf bis zehn Prozent des Vermögens in Gold zu halten, zu den Standardempfehlungen jedes guten Vermögensberaters. Gold galt als realer Wert. Historisch basiert der Mythos auf der Erfahrung der Goldwährung. Gold sicherte in der Anfangszeit der Währungsgeschichte die nationalen Banknoten und Münzen. Doch Gold wirft keine Renditen oder Zinsen ab.

Fundamental spräche einiges für einen Anstieg des Goldes. Die Nachfrage steigt stärker als die Produktion. Der Goldmarkt wird heute von der Schmuckindustrie dominiert, die 85 Prozent der jährlichen Goldproduktion verbraucht. Auch aus den aufstrebenden pazifischen und asiatischen Staaten kommt neue Nachfrage, besonders aus Indien und China. Dort genießt Gold noch einen besonders hohen Stellenwert. Der Goldmarkt gilt als relativ eng. Die Jahresproduktion liegt bei rund 2.500 Tonnen, das sind bei 320 Dollar je Unze rund 26 Milliarden Dollar.

Für den Preisdruck am Markt sorgen die großen Bestände. Rund ein Drittel des Weltgoldes im Wert von rund 1,5 Billionen Dollar existiert in Form von Schmuck und Kulturgegenständen. Ein Drittel lagert als Währungsabsicherung in den Tresoren der Notenbanken. Das restliche Drittel ist frei handelbar.

Zentralbanken und internationale Organisationen wie der IWF besitzen mehr als 35.000 Tonnen Gold, die sie eigentlich nicht brauchen – eine Zeitbombe für Anleger. Das ist die Weltminenproduktion für 15 Jahre.

Zentralbanken wie Belgien, Kanada und Holland haben sich bereits von Beständen getrennt. Vor allem die belgische Notenbank verkaufte tonnenweise Gold, um einen Teil der Staatsschulden abzubauen. Der Goldanteil an den Währungsreserven hat sich seit 1980 mehr als halbiert – von rund 58 Prozent auf etwa 25 Prozent. Doch auch Rußland besorgte sich durch Verkäufe immer wieder harte Devisen.

Golderwerb: Reiche Auswahl

Wer auf Gold setzen will, dem bietet sich ein breites Angebot, das kaum Wünsche offen läßt. Fast alle Banken liefern das gewünschte Stück auf Wunsch.

Physisches Gold

Viele Anleger möchten das Gold real besitzen, es in den Tresor legen und vielleicht sogar gelegentlich hervorholen.

Barren

Der Anleger kann zwischen einem Ein-Kilo-Barren für eine fünfstellige Summe bis zu Mini-Stücken von zehn Gramm wählen. Dabei gilt: Je kleiner die Stückelung, desto höher ist das Aufgeld (Agio). Der Anleger muß nur auf Hersteller und Stempelprägung achten. Wenn der Hersteller auf der Londoner Liste der „Accepted Melter and Assayer“ (Akzeptierte Schmelzer und Münzprüfer) ist, ist die Handelbarkeit des Barrens garantiert. Die Stempelprägung „good delivery bars“ sichert die internationale Anerkennung. Außerdem trägt der Barren eine Seriennummer und die Angabe von Gewicht, Feinheit und Handelsmarke. Der Feingehalt gibt die Qualität des Goldes an. Die höchste Feinheitsstufe ist 999,9, d.h. auf 1.000 Gewichtsteile entfallen 999,9 Teile Gold. Karat ist lediglich eine andere Ausdrucksweise für den Feingehalt: 24 Karat entsprechen dem reinen Gold von 1.000/1.000 Feingehalt.

Münzen

Das Angebot reicht von einer Unze bis zu einer Zehntel Unze. Die gängigsten Münzen sind sogenannte bullion coins, die ständig neu geprägt werden. Bekannte Beispiele sind der kanadische Maple Leaf, der American Eagle, der südafrikanische Krügerrand, der australische Nugget, die britische Britannia und als Neuling der österreichische Philharmoniker. Der Mehrpreis gegenüber dem reinen Materialwert (Aufpreis) liegt bei drei bis fünf Prozent. Lediglich bei den kleinen Stücken steigt der Aufpreis auf zehn bis 15 Prozent. Münzen sind schwerer zu fälschen als Barren. Die leicht unterschiedlichen Preise für Goldmünzen gleichen Gewichts gründen übrigens auf den verschiedenen Reinheitsgraden. Der Maple Leaf und Nugget haben mit 999er Gold (24 Karat) den höchsten Reinheitsgrad, der 917er Krügerrand hat den gleichen Goldwert. Er ist mit härteren Metallen legiert und damit widerstandsfähiger gegen Kratzer. Der Nachteil: Wegen des Unterschiedes zwischen An- und Verkaufskurs brauchen Anleger größere Kurssprünge, um auf einen Gewinn zu kommen.

Tip: Kaufen Sie niemals Medaillen!

Rausgeworfenes Geld sind die zahlreichen Gedenk- oder Sammlermünzen. Der Anleger muß fast immer weit mehr als den Materialwert bezahlen. Das hohe Aufgeld muß er dann abschreiben. Die Gedenkmünze zum 700jährigen Bestehen der Schweiz wurde ein Flop, ebenso wie die zahllosen Olympia- oder Fußballweltmeisterschaftsmünzen.

Nichtphysisches Gold

Goldsparpläne

Mit monatlichen Raten kann der Anleger bei Laufzeiten zwischen acht und zwanzig Jahren Gold horten. Für Sparpläne spricht das Cost Averaging-Argument: Unabhängig von schwankenden Kursen kauft der Kunde über die Jahre zu günstigen Durchschnittspreisen. Der Nachteil: Für den Sparplanservice kassieren die Banken zusätzliche Gebühren von fünf bis zehn Prozent der Sparrate.

Goldminenaktien

Steigt der Goldpreis, profitieren die Goldminen davon besonders: Sie erzielen höhere Preise, also auch höhere Umsätze und Gewinne. Die Qualität einer Goldmine hängt vor allem von den Produktionskosten ab. Südafrikanische Minen beispielsweise müssen das Gold mehrere tausend Meter tief unter der Erde abbauen und bekommen auch noch Gestein mit einem geringen Goldgehalt. Weitere Kriterien einer guten Goldmine sind die vorhandenen Goldreserven und ein gutes Management. Als attraktivste Werte gelten die kanadischen Minen, allen voran der Goldkonzern Barrick Gold. Weitere beliebte Minen sind Newmont Mining oder Homestake Mining.

Allerdings schwankt der Kurs der hochspekulativen Papiere meist noch stärker als der Preis des Metalls. Und selbst wenn der Goldpreis stagniert, können die Kurse der Minenaktien binnen weniger Monate um 30 Prozent schwanken. Bei Kursveränderungen des Goldes entsteht meist ein Hebel. Fällt Gold nur um fünf Prozent, können die entsprechenden Aktien mehr als 25 Prozent verlieren. Steigt Gold dagegen um den gleichen Betrag, dann steigt die Aktie auch mal um 60 Prozent – so geschehen im Frühjahr 1991. Wer nicht selbst die Entscheidung für eine Minenaktie treffen will, kann auch Goldminen-Fonds kaufen. Beispiele sind CS Gold Mines (Credis Fund), Mercury Gold & Mining (Mercury), Pioneer Gold Shares (Pioneer) oder UBZ Gold (Überseebank).

Goldminenaktien können eine sinnvolle Abrundung für ein Aktiendepot sein. Der Charme der Minenpapiere: Sie laufen meist gegen den restlichen Aktienmarkt. Fallen also die Kurse an den Weltbörsen, legen Minenaktien meist zu.

Goldoptionen

Noch riskanter als Minenaktien sind Goldoptionen. Mit einer Kaufoption (Call) kann der Käufer innerhalb eines bestimmten Zeitraums jederzeit eine vorher bestimmte Menge Gold zu einem festgelegten Preis kaufen. Eine Verkaufsoption (Put) berechtigt dagegen zum Verkauf. Anbieter solcher Optionen sind zum Beispiel die Deutsche Bank in Deutschland oder der Schweiz oder die Commerzbank in Luxemburg. Ein gutes Dutzend Gold-Warrants (Optionsscheine) wird in Zürich gehandelt. Vorteil: Sie laufen länger als Optionen, und es gibt sie in jeder Risikostufe.

Pro und contra Gold

pro	contra
▶ Sachwert ▶ derzeit niedrige Zinsen und stabiler Dollar ▶ vielfältige Erwerbsmöglichkeiten – von Barren und Münzen bis zu Zertifikaten, Goldkonten, Sparplänen und Minenaktien	▶ keine laufenden Erträge (Ausnahme: Aktien von Goldminenunternehmen bringen Dividende) ▶ Die Wertentwicklung wird von Spekulation und Psychologie bestimmt, daher hohes Risiko ▶ hohe Nebenkosten bei Medaillen, Goldkonten, Sparplänen oder Zertifikaten ▶ teure Lager- und Sicherheitskosten für Münzen oder Barren

Terminhandel

Und wer ohne Risiko gar nicht leben kann, dem bietet der Goldhandel an den Terminbörsen in New York und Chicago, aber auch in Zürich beste Chancen, sich den Schlaf rauben zu lassen. Denn an Terminmärkten muß ein Einschuß in Höhe von zehn Prozent des Kontraktwertes geleistet werden. Steigen die Kurse, ergibt sich wegen des geringen Einsatzes ein großer Hebel, da der Kursgewinn dem Anleger in voller Höhe zusteht. Bei sinkenden Kursen ist der Einschuß aber auch schnell aufgezehrt.

Fazit

Nur heftige Turbulenzen vor und mit der Einführung des Euro könnten dem Goldpreis auf die Sprünge helfen. Als sicherer Hafen und Schutz vor dem Euro ist das gelbe Metall daher wenig geeignet. Wer unbedingt auf Gold setzen will, sollte die Papiere von Goldminenunternehmen in Erwägung ziehen. Sie sind allerdings riskanter als Gold, weil sie bei einem fallenden Goldpreis noch stärker im Kurs verlieren. Dafür bringen sie regelmäßige Dividenden.

Zusammenfassung

Im August 1997 meldeten sich 59 deutsche Wirtschaftsprofessoren zu Wort: Mit dem Euro seien große Chancen für Deutschland verbunden. Daher solle er pünktlich zum 1. Januar 1999 eingeführt werden. Der Wegfall des Wechselkursrisikos bringe große Vorteile mit sich. In der Vergangenheit seien durch schwankende Wechselkurse viele Arbeitsplätze verlorengegangen. Der Euro schaffe klare Rahmenbedingungen für Investoren. Es entfielen Transaktionskosten in zweistelliger Milliardenhöhe.

Die Argumentation war bekannt, entscheidend war das öffentliche Eintreten von Wissenschaftlern für den Euro. Zuvor herrschte in der Öffentlichkeit der Eindruck, die ganze Wissenschaft sei gegen den Euro. Ein Manifest von 62 Professoren unter Führung von Renate Ohr blieb lange Zeit allein im öffentlichen Bewußtsein.

Immer klarer wird: Der Euro kommt – so oder so. Die Warnungen vor einem Untergang der D-Mark oder gar Europas scheinen übertrieben. Die Chancen stehen gut, daß der Euro auf Dauer eine gesunde Währung wird.

Selbst die Deutsche Bundesbank hat ihren Widerstand aufgegeben. Bundesbankpräsident Hans Tietmeyer trug den Abgeordneten des Deutschen Bundestages Ende März nur noch einige Bedenken vor: daß Italien und Belgien trotz der hohen Schulden von Anfang an dabei sind. Auch hätten einige Länder die Maastricht-Kriterien nur mit finanziellen Einmal- oder Kurzfristmaßnahmen bestanden. Namentlich nannte er Italien. Doch, so der Währungshüter: „Die Auswahl der Teilnehmer bleibt der Politik überlassen."

Die Bevölkerung bleibt skeptisch, aber auch sie hat sich mit dem Euro abgefunden. In einer Volksabstimmung würden jedoch laut Umfrage des Nachrichtensenders n-tv 54 Prozent der Deutschen gegen eine politische Union Europas mit gemeinsamer Währung stimmen. Nur jeder fünfte Deutsche geht davon aus, daß der Euro so stabil sein wird wie die D-Mark.

Dennoch: Der Euro ist in vieler Hinsicht eine gute Sache. Er wird die Europäische Union weiter vorantreiben. Mit der Macht über ihr Geld geben die europäischen Staaten auch andere Kompetenzen ab. Damit setzt sich ein Prozeß fort, der schon seit Jahren andauert: Immer mehr Entscheidungsgewalt wird von den Staaten auf die Gemeinschaft übertragen.

Schon heute existiert ein europäischer Binnenmarkt: Zwischen den EU-Ländern sind die Grenzen aufgehoben, die Paßkontrollen sind weggefallen. Der Handel kann ungehindert stattfinden. Im Außenhandel mit der außereuropäischen Welt gelten gemeinsame Zölle und Importquoten. Viele Steuern wurden angepaßt. Subventionen werden in vielen Branchen von Brüssel vergeben oder genehmigt.

Die Währungsunion wird die Gemeinschaft zwangsläufig weitertreiben. Die Kompetenz der Geldpolitik wird an die Europäische Zentralbank abgegeben. Die Finanzpolitik folgt schon heute wohl oder übel den Anforderungen des Maastrichter Vertrages. Doch wenn der Euro eingeführt wird, muß bald ein Finanzausgleich zwischen den Ländern der Union eingerichtet werden.

Der Euro hat auch Risiken. Doch er ist kein Grund zur Angst vor der Zukunft.

Euro-Strategien für Geld-Anleger

Es gibt kein Patentrezept für die Geldanlage – auch nicht für die Vorbereitung auf den Euro. Jeder Anleger verfolgt mit seiner Geldanlage andere Ziele.

Die Ziele der Kapitalanlage sind:

- Sicherheit
- Rendite
- Liquidität
- Steuerersparnis

Natürlich stehen diese Ziele häufig im Widerspruch zueinander. Wer eine hohe Sicherheit will, muß beispielsweise meist mit weniger Rendite rechnen. Deutsche Staatsanleihen bringen weniger Rendite als südafrikanische Papiere. Und wer Steuern sparen will, ist häufig gezwungen, zu wenig liquiden Anlageformen Zuflucht zu nehmen, beispielsweise Lebensversicherungen mit einer Mindestlaufzeit von zwölf Jahren oder geschlossene Immobilienfonds.

Die optimale Verteilung des Vermögens auf verschiedene Anlagen soll Vor- und Nachteile der einzelnen Anlageformen ausgleichen. Dies wird in Bankkreisen neudeutsch „Asset Allocation" (Vermögensaufteilung oder -streuung) genannt.

Entscheidend für die richtige Asset Allocation ist die individuelle Situation des Anlegers: Wie hoch ist sein Vermögen? Wie hoch ist sein Einkommen? Wie ist seine berufliche Situation? Ist er verheiratet? Hat er Kinder? Wie ist seine steuerliche Lage?

Häufig kommen die Überlegungen viel zu kurz. Der typische Anleger neigt zu spontanen Entscheidungen, teilweise stark beeinflußt durch seinen Berater bei der Bank.

Die Strategie bis 1999

Zinsanleger sollten vorsichtig operieren. Bevorzugt werden sollten Finanzierungsschätze, Bundesschatzbriefe oder Floater sowie kurzlaufende Anleihen, die 1999 fällig werden. Ein Teil des Geldes kann auch in Geldmarktfonds oder auf Tagesgeldkonten geparkt werden. Als Beimischung – also mit kleinerem Anteil – sind eventuell Anleihen aus Ungarn, Argentinien oder der Türkei zu empfehlen, die höhere Renditen bringen.

Riskant sind Investments in Fremdwährungsanleihen von Ländern, die zu den Teilnehmern der Währungsunion gehören könnten. Sie bieten je nach Teilnahmechance deutlich höhere Rendite als die Kernwährungsländer. Allerdings wird sich die Teilnahmeentscheidung deutlich auf

Wechselkurs und Zinsen auswirken – und kann manche Hoffnung enttäuschen.

Die Strategie bis 2002

Sicher scheint, daß die Zinsen steigen werden. Schon seit Anfang der neunziger Jahre gleichen sich die Renditen der europäischen Kern-Staaten immer mehr an. Zu einer langfristigen Anlagestrategie gehören in jedem Fall Aktien. Zukunftsträchtig sind Chemie und Pharma, Telekommunikation und Computer.

Grundsätze der Geldanlage mit Blick auf die Währungsunion

Der D-Mark-Anleger sollte einige Regeln beachten:

- Finger weg von langlaufenden Anleihen. Die Zinsen werden steigen, die Kurse fallen. Laufzeiten über fünf Jahre sollten gemieden werden.
- Immobilien werden nur leicht positiv bis neutral eingeschätzt. Es könnte zu einem kurzfristigen Nachfrageboom durch den Euro kommen, der aber schnell wieder verpufft.
- Aktien sind die beste Anlageform zur Vorbereitung auf die Währungsunion. Autohersteller, Chemie, Elektrotechnik und Maschinenbau werden die Gewinner der Währungsunion sein. Die deutschen Exportbranchen müssen nicht mehr die Last einer ständigen Aufwertung der D-Mark tragen. Banken und Einzelhandel dagegen werden die Hauptlast der Kosten übernehmen müssen. Das drückt die Gewinne.
- Wechselkurs: Der Euro wird schwächer sein als die Mark. Der Schweizer Franken ist jedoch bereits überbewertet. Neue Engagements lohnen nicht.

Die besten Euro-Anlagen

Deutsche Aktien

Die deutschen Unternehmen werden in jedem Fall von einer Währungsunion profitieren. Besonders exportorientierte Branchen legen zu. Ein Risiko aber bleibt: Bei einer Verschiebung der Währungsunion drohen Kursverluste.

Aktien der Kernwährungsländer

Die Unternehmen dieser Länder werden ebenfalls von einer Währungsunion profitieren. Ein Land ist um so attraktiver, je größer der Exportanteil ist.

Anlagen, die man meiden sollte

D-Mark-Anleihen mit langer Laufzeit

Bei steigenden Zinsen fallen die Kurse. Die Zinsen steigen umso stärker, je größer der Teilnehmerkreis des Euro ist. Der Anleger sollte kurze bis mittelfristige Laufzeiten bevorzugen. Gut geeignet sind auch Bundesschatzbriefe und Anleihen mit variablem Zins.

Anleihen in Schweizer Franken

Sobald sich der Euro als stabil erweist, wird der Franken abgewertet. Der Anleger erleidet Verluste – zumal die Zinsen im Franken-Raum deutlich niedriger als im Rest Europas sind.

Welche Anlagen der Euro nicht beeinflußt

Spareinlagen

Der Zins wird kurzfristig angepaßt. Der Euro wird für steigende Zinsen und einen kleinen Inflationsschub sorgen. Allerdings sind kurzfristige Anlagen wegen des niedrigen Zinsniveaus unattraktiv.

Lebensversicherungen

Die Versicherungen dürften kurz unter dem Inflationsschub leiden, langfristig aber von steigenden Zinsen profitieren. Wer bereits eine Police abgeschlossen hat, sollte sie weiter bedienen. Eine Kündigung lohnt sich nicht. Der Anleger verliert dabei stets Geld.

Immobilien

Der Euro könnte den Markt kurz beleben. Die fundamentalen Aussichten auf Wertsteigerungen von Immobilien sind allerdings nicht sehr gut.

Spekulative Euro-Anlagen

Anleihen von Weichwährungsländern

Der Anleger setzt auf Gewinne bei griechischen Anleihen, falls es dieses Land in absehbarer Zeit in die Währungsunion schafft. Er kassiert bis dahin höhere Zinsen gegenüber den Startländern. Doch falls es Griechenland nicht schafft, droht eine Abwertung der Drachme.

Internationale Anleihen

Der Anleger spekuliert auf eine Aufwertung von Dollar und Yen gegenüber dem Euro.

Internationale Aktien

Der Anleger spekuliert auf eine Aufwertung von Dollar und Yen gegenüber dem Euro.

Gold

Der Euro dürfte kaum einen Einfluß auf den Goldpreis haben. Im Gegenteil drücken weitere Goldverkäufe der nationalen Notenbanken den Kurs.

Konkrete Anlagevorschläge

Der Kleinanleger (bis 10.000 DM)

Mit kleinen Vermögen ist die richtige Euro-Anlage natürlich einfacher: Wer nur 10.000 DM besitzt, sollte zuerst eine Notreserve liquide anlegen, beispielsweise 2.000 DM in Festgeld oder Geldmarktfonds stecken. Die restlichen 8.000 DM kann er je nach Mentalität entweder ganz oder zur Hälfte in Bundeswertpapiere investieren. Für den Rest kauft er einen Aktienfonds, entweder für deutsche, europäische oder internationale Aktien.

Der ertragsorientierte Anleger (200.000 DM)

▶ Bundesschatzbriefe oder Floater	40.000 DM
▶ Kurzläufer mit Laufzeit bis max. 1999	30.000 DM
spekulativ: D-Mark-Auslandsanleihen (bis 20.000 DM)	
▶ Internationale Wachstumswerte	100.000 DM
▶ Geldmarktfonds oder Festgeld	30.000 DM

Der ertragsorientierte Anleger hat bereits eine Grundabsicherung durch eine eigene Immobilie oder eine sichere Altersvorsorge (Betriebsrente,

Beamtenpension, ausreichende Kapitallebensversicherung) erreicht. Die Strategie besteht darin, je die Hälfte in Zins- und Aktienwerte zu investieren. Die Zinsanlage ist flexibel angelegt: Der Anlagehorizont ist bis 1999 kurzfristig. Der Anleger kann jederzeit seine Bundesschatzbriefe zurückgeben. Rund 15 Prozent werden als Geldmarktfonds oder Festgeld liquide gehalten.

Die Zinsanlagen dienen mehr der Sicherheit als dem Ertrag. Für den Ertrag sollen die internationalen Wachstumswerte sorgen. Empfehlenswert sind beispielsweise die Titel aus dem WestLB-Euro-Portfolio.

Der extrem konservative Anleger

Wer jedes Risiko scheut, der sollte den Großteil seines Geldes in kurz- bis mittelfristigen D-Mark-Anleihen halten. Der Rest geht auf ein Festgeldkonto oder in einen Geldmarktfonds. Viel Ertrag ist dabei freilich nicht zu erwarten.

Der gemäßigt konservative Anleger (50.000 DM)

▶ Finanzierungsschätze	7.500 DM
▶ Bundesschatzbriefe	22.500 DM
▶ Festgeld	10.000 DM
▶ Aktienfonds Europa	10.000 DM

Der spekulative Anleger (100.000 DM)

▶ Dollar-Anleihen	15.000 DM
▶ Anleihen aus Weichwährungsländern	15.000 DM
▶ Anleihen aus Hartwährungsländern	15.000 DM
▶ Europäischer Aktienfonds	40.000 DM
▶ Festgeld und Kurzläufer	15.000 DM

Kleines Europa-Glossar

Binnenmarkt

Wirtschaftsraum, der die Freiheit von Kapital, Waren, Dienstleistungen und Personen gewährt. Der Europäische Binnenmarkt wurde zum 1. Januar 1993 gestartet.

Delors-Bericht

1988/89 von einer Arbeitsgruppe unter dem damaligen Präsidenten der EU-Kommission, Jacques Delors, erarbeiteter Plan. Er wollte die Europäische Wirtschafts- und Währungsunion in drei Stufen verwirklichen. Der Plan war Grundlage des Maastrichter Vertrages.

Ecofin-Rat

Rat der Wirtschafts- und Finanzminister in der EU zur Koordinierung der Wirtschafts- und Finanzpolitik.

ECU

Derzeit verwendete europäische Rechnungs- und Währungseinheit. Rechen- und Bezugsgröße im Europäischen Währungssystem.

Euro

Name der geplanten einheitlichen europäischen Währung. Sie wurde im Dezember 1995 auf dem EU-Gipfel in Madrid beschlossen. Der Vorschlag kam vom deutschen Finanzminister Theo Waigel.

Europäische Atomgemeinschaft (Euratom)

Kontrolliert und koordiniert die zivile Nutzung der Kernenergie innerhalb der EU.

Europäische Gemeinschaft für Kohle und Stahl (EKGS, Montanunion)

Der gemeinsame Markt für die Kohle- und Montanindustrie.

Europäische Gemeinschaft (EG)

Die drei Gemeinschaften Euratom, Montanunion und Europäische Wirtschaftsgemeinschaft verbanden sich zur EG. Dadurch erhielten sie gemeinsame Organe wie Kommission und Rat.

Europäische Wirtschaftsgemeinschaft (EWG)

Die EWG sollte einen gemeinsamen Markt verwirklichen. Die EWG-Länder betrieben eine einheitliche Agrar-, Verkehrs- und Wettbewerbspolitik.

Europäische Union (EU)

Begriff, der mit dem Maastrichter Vertrag geschaffen wurde. Er umfaßt neben der Wirtschafts- und Währungsunion die Politische Union mit gemeinsamer Außen- und Sicherheitspolitik sowie einer Zusammenarbeit in der Justiz und Innenpolitik.

Europäische Zentralbank (EZB)

Sie steuert die Geld- und Währungspolitik in der Währungsunion. Ihre Organisation folgt dem Muster der Deutschen Bundesbank. Die EZB startet, sobald die Entscheidung über die Teilnehmerländer an der Währungsunion gefallen ist. Ihr Sitz ist Frankfurt.

Europäischer Rat

Versammlung der Staats- und Regierungschefs der EU-Länder plus der Präsident der EU-Kommission.

Europäisches Währungsinstitut (EWI)

Vorläufer der Europäischen Zentralbank. Es wurde nach dem Beginn der zweiten Stufe der Währungsunion im November 1994 gegründet. Es leistet die Vorarbeiten für die Währungsunion und erstellt Berichte über den Fortschritt der Konvergenz in der EU. Die Zentralbankpräsidenten sind im Leitungsgremium des EWI vertreten.

Kohäsion

Innerhalb der EU angestrebter wirtschaftlicher und sozialer Zusammenhalt. Die wirtschaftlich schwächeren Regionen sollen gestärkt werden.

Kohäsionsfonds

Durch Artikel 130d des Maastrichter Vertrages geschaffener Geldtopf, der Projekte in Umwelt und Verkehrsstruktur in den ärmeren Mitgliedsstaaten Griechenland, Irland, Portugal und Spanien finanziert. Das Fördervolumen zwischen 1993 und 1999 beträgt rund 15 Milliarden ECU.

Konvergenz

Allmähliche Annäherung der Wirtschaft und der Wirtschafts- und Währungspolitik der EU-Mitgliedsstaaten.

Konvergenzkriterien

Im Maastrichter Vertrag fixierte Bedingungen für den Eintritt in die Währungsunion: niedrige Inflationsraten und langfristige Zinssätze, stabile Wechselkurse und nicht zu hohe öffentliche Schulden.

Ministerrat

Gesetzgebendes Organ der Gemeinschaft, das aus Regierungsvertretern der EU-Mitgliedsstaaten besteht.

No-Bail-Out

Die Mitgliedsstaaten oder die EU haften nicht für die Schulden anderer Mitgliedsstaaten (Art. 104b, Maastrichter Vertrag).

Opting-Out

Großbritannien und Dänemark müssen nicht an der Währungsunion teilnehmen, auch wenn sie die Maastricht-Kriterien erfüllen. In Dänemark hängt die Teilnahme von einer weiteren Volksbefragung ab.

Strukturfonds

Förderung von Landwirtschaft, regionaler Entwicklung und Sozialfonds.

Subsidiaritätsprinzip

Die EU darf nur aktiv werden, soweit die verfolgten Ziele nur auf der Ebene der Gemeinschaft und nicht auf der einzelner Mitgliedsstaaten erreicht werden können.

Werner-Plan

Stufenplan für die Realisierung einer gemeinsamen europäischen Währung bis 1980, der von einer Arbeitsgruppe um den damaligen luxemburgischen Ministerpräsidenten Pierre Werner 1970 erstellt wurde. Der Plan scheiterte nach den Unruhen durch den Zusammenbruch des Weltwährungssystems von Bretton Woods.

Wichtige Adressen

Kommission der Europäischen Gemeinschaften
Rue de la Loi 200
B-1049 Brüssel
Tel. 0032/2/2951111

Vertretung der Europäischen Kommission in der Bundesrepublik Deutschland
Zitelmannstraße 22
53113 Bonn
Tel. 0228/53009-0, Fax 53009-50

Europäisches Parlament
Informationszentrum für Deutschland
Bonn-Center/Bundeskanzlerplatz
53111 Bonn
Tel. 0228/91430-0, Fax 218955
Euro-Line 0180/522-1999

Service-Centrum der Aktionsgemeinschaft Euro
Poppelsdorfer Allee 44
53115 Bonn
Euro-Bürgertelefon 0180-321-2002

Presse- und Informationsamt der Bundesregierung
Welckerstr. 11
53113 Bonn
Tel. 0228/208-0, Fax 208-2555
Euro-Line 0180-522-1999

Deutsche Bundesbank
Wilhelm-Epstein-Str. 14
60431 Frankfurt
Tel. 069/95661

Europäisches Währungsinstitut
Kaiserstr. 29
60311 Frankfurt
Tel. 069/272270

Bundesministerium der Finanzen
Graurheindorfer Str. 108
53117 Bonn
Tel. 0228/682-0, Fax 682-4420

Bundesverband deutscher Banken
Kattenbug 1
50667 Köln
Tel. 0221/1663-0, Fax 1663-222

Bundesverband der Deutschen Volksbanken und Raiffeisenbanken
Heussallee 5
53113 Bonn
Tel. 0228/509-0, Fax 509-201

Deutscher Sparkassen- und Giroverband
Simrockstr. 4
53113 Bonn
Tel. 0228/204-0, Fax 204-250

Verband öffentlicher Banken
Godesberger Allee 88
53175 Bonn
Tel. 0228/81920

Gesamtverband der Deutschen Versicherungswirtschaft
Walter-Flex-Str. 3
53113 Bonn
Tel. 0228/9162-0, Fax 9162-200

Deutsches Aktieninstitut
Biebergasse 6–10
60313 Frankfurt
Tel. 069/92915-0, Fax 92915-11

Verband der privaten Bausparkassen e.V.
Dottendorfer Straße 82
53129 Bonn
Tel. 0228/5389353

Verband deutscher Hypothekenbanken
Holbeinstraße 17
53175 Bonn
Tel. 0228/95902-0, Fax 95902-44

Verbraucherverbände

Arbeitsgemeinschaft der Verbraucherverbände e.V.
Heilbachstraße 20
53123 Bonn
Tel. 0228/6489-0, Fax 644258

Stiftung Warentest
Lützowplatz 11–13
Postfach 4141
10785 Berlin
Tel. 030/2623-1, Fax 2611074

Verbraucherschutzverein e.V.
Lützowstraße 33
10785 Berlin
Tel. 030/214874-0, Fax 214874-44

Verbraucherzentralen in den Bundesländern

Baden-Württemberg
Paulinenstraße 47
70178 Stuttgart
Tel. 0711/6691-0, Fax 6691-50

Bayern
Mozartstraße 9
80336 München
Tel. 089/53987-0, Fax 537353

Berlin
Bayreuther Straße 40
10787 Berlin
Tel. 030/21907-0, Fax 2117201

Brandenburg
Hegelallee 6–8
Haus 9
14467 Potsdam
Tel. 0331/2893333, Fax 289338

Bremen
Obernstraße 38–42
28165 Bremen
Tel. 0421/320834, Fax 320970

Hamburg
Große Bleichen 23
20354 Hamburg
Tel. 040/248320, Fax 341116

Hessen
Reuterweg 51–53
60323 Frankfurt
Tel. 069/9272010-0, Fax 972010-50

Mecklenburg-Vorpommern
Stradstraße 98
18055 Rostock
Tel. 0381/49398-11, Fax 49398-30

Niedersachsen
Herrenstraße 14
30159 Hannover
Tel. 0511/91196-01, Fax 91196-10

Nordrhein-Westfalen
Mintropstraße 27
40215 Düsseldorf
Tel. 0211/3809-0, Fax 3809-172

Rheinland-Pfalz
Große Langgasse 16
55116 Mainz
Tel. 06131/2848-0, Fax 2848-40

Saarland
Hohenzollernstraße 11
66117 Saarbrücken
Tel. 0681/52047 48, Fax 5008922

Sachsen
Bernhardstraße 7
04315 Leipzig
Tel. 0341/6893041, Fax 6892826

Sachsen-Anhalt
Steinbocksgasse 1
06108 Halle
Tel. 0345/50083-22, Fax 50083-26

Schleswig-Holstein
Bergstraße 24
24103 Kiel
Tel. 0431/5128687, Fax 553509

Thüringen
Wilhelm-Külz-Straße 26
99084 Erfurt
Tel. 0361/6461312, Fax 6461390

Informationen zur Sozialversicherung

Bundesministerium für Arbeit und Sozialordnung
Rochusstr. 1
53123 Bonn
Tel. 0228/527-0, Fax 527-2965

Verband Deutscher Rentenversicherungsträger
Eyssenecksstr. 55
60322 Frankfurt
Tel. 069/1522-0, Fax 1522-320

Bundesversicherungsanstalt für Angestellte
Ruhrstr. 2
10709 Berlin
Tel. 030/865-0, Fax 865-27240

Bundesanstalt für Arbeit
Regensburger Str. 104
90478 Nürnberg
Tel. 0911/179-0, Fax 179-2123

Informationen für Unternehmen

Bundesverband der Deutschen Industrie
Gustav-Heinemann-Ufer 84–88
50968 Köln
Tel. 0221/3708-00, Fax 3708-730

Deutscher Industrie- und Handelstag
Adenauerallee 148
53113 Bonn
Tel. 0228/104-0, Fax 104-158

Bundesvereinigung der Deutschen Arbeitgeberverbände
Gustav-Heinemann-Ufer 72
50968 Köln
Tel. 0221/3795-0, Fax 3795-235

Hauptverband des Deutschen Einzelhandels
Gothaer Allee 2
50969 Köln
Tel. 0221/93655-02, Fax 93655-909

Bundesverband des Deutschen Groß- und Außenhandels
Bonner Talweg 57
53113 Bonn
Tel. 0228/26004-0, Fax 26004-55

Wichtige Quellentexte[1)]

1. Der Vertrag über die Europäische Union

Art. 104c (Überwachung der Haushaltslage in den Mitgliedstaaten)

Insbesondere prüft die Kommission die Einhaltung der Haushaltsdisziplin anhand von zwei Kriterien, nämlich daran,

a) ob das Verhältnis des geplanten oder tatsächlichen öffentlichen Defizits zum Bruttoinlandsprodukt einen bestimmten Referenzwert überschreitet, es sei denn, daß
   - entweder das Verhältnis erheblich und laufend zurückgegangen ist und einen Wert in der Nähe des Referenzwerts erreicht hat
   - oder der Referenzwert nur ausnahmsweise und vorübergehend überschritten wird und das Verhältnis in der Nähe des Referenzwerts bleibt;

b) ob das Verhältnis des öffentlichen Schuldenstands zum Bruttoinlandsprodukt einen bestimmten Referenzwert überschreitet, es sei denn, daß das Verhältnis hinreichend rückläufig ist und sich rasch genug dem Referenzwert nähert.

Erfüllt ein Mitgliedstaat keines oder nur eines dieser Kriterien, so erstellt die Kommission einen Bericht. In diesem Bericht wird berücksichtigt, ob das öffentliche Defizit die öffentlichen Ausgaben für Investitionen übertrifft; berücksichtigt werden ferner alle sonstigen einschlägigen Faktoren, einschließlich der mittelfristigen Wirtschafts- und Haushaltslage des Mitgliedstaats.

Protokoll über das Verfahren bei einem übermäßigen Defizit

Art. 1 Die in Artikel 104c dieses Vertrages genannten Referenzwerte sind:

- ▶ 3% für das Verhältnis zwischen dem geplanten oder tatsächlichen öffentlichen Defizit und dem Bruttoinlandsprodukt zu Marktpreisen,
- ▶ 60% für das Verhältnis zwischen dem öffentlichen Schuldenstand und dem Bruttoinlandsprodukt zu Marktpreisen.

[1)] Aus: Europäische Währungsunion – Endspurt zum Euro. Hrsg. von der Commerzbank AG. Januar 1998.
Zur besseren Lesbarkeit sind teilweise Verweise auf andere Artikel bzw. Verträge weggelassen.

2. Die Beschlüsse des Deutschen Bundestages vom 2. Dezember 1992 und Bundesrates vom 18. Dezember 1992

- Der Deutsche Bundestag/Bundesrat erkennt an, daß der Vertrag über die Europäische Union eine Grundlage für eine stabile europäische künftige Währung schafft, insbesondere durch die Sicherung der Unabhängigkeit der Europäischen Zentralbank und die Vereinbarung von Stabilitätskriterien für die teilnehmenden Mitgliedstaaten.

  Dabei werden beim Übergang zur dritten Stufe der Wirtschafts- und Währungsunion die Stabilitätskriterien eng und strikt auszulegen sein. Die Entscheidung für den Übergang zur dritten Stufe kann nur auf der Grundlage erwiesener Stabilität, des Gleichlaufs bei den wirtschaftlichen Grunddaten und erwiesener dauerhafter haushalts- und finanzpolitischer Solidität der teilnehmenden Mitgliedstaaten getroffen werden. Sie darf sich nicht an Opportunitätsgesichtspunkten, sondern muß sich an den realen ökonomischen Gegebenheiten orientieren. Die Natur der Kriterien bedingt es, daß ihre Erfüllung nicht nur statistisch gesichert werden kann. Ihre dauerhafte Erfüllung muß vielmehr auch aus dem Verlauf des Konvergenzprozesses glaubhaft sein. Die künftige europäische Währung muß so stabil sein und bleiben wie die Deutsche Mark.

  Der Deutsche Bundestag/Bundesrat wird sich jedem Versuch widersetzen, die Stabilitätskriterien aufzuweichen, die in Maastricht vereinbart worden sind. Er wird darüber wachen, daß der Übergang zur dritten Stufe der Wirtschafts- und Währungsunion sich streng an diesen Kriterien orientiert.

- Der Übergang zur dritten Stufe der Wirtschafts- und Währungsunion erfordert auch eine Bewertung durch den Deutschen Bundestag. Die Bundesregierung bedarf demgemäß für ihr Stimmverhalten bei Beschlüssen des Rates des zustimmenden Votums des Deutschen Bundestages. Das Votum des Deutschen Bundestages bezieht sich auf dieselbe Materie wie die Bewertung des Rates der Wirtschafts- und

Finanzminister und die Entscheidung des Rates in der Zusammensetzung der Staats- und Regierungschefs.

▶ Der Bundesrat begrüßt, daß im Rahmen der Europäischen Union die Schaffung einer Wirtschafts- und Währungsunion als Stabilitätsgemeinschaft vorgesehen ist. Die Wirtschafts- und Währungsunion ist ein wichtiger Schritt zur Vertiefung der Integration im Rahmen der Europäischen Union, die so bald wie möglich zur Politischen Union ausgestaltet werden sollte. Die Wirtschafts- und Währungsunion dient auch der Vervollständigung des Binnenmarktes, der die internationale Wettbewerbsfähigkeit Europas für die Herausforderungen der nächsten Jahrzehnte stärken wird.

Der Bundesrat nimmt die Besorgnisse in der Bevölkerung über die Einführung einer gemeinsamen europäischen Währung ernst. Es muß daher alles getan werden, damit sich diese Sorgen als gegenstandslos erweisen. Die Stabilität der Währung muß unter allen Umständen gewährleistet sein.

3. Das Urteil des Bundesverfassungsgerichts vom 12. Oktober 1993

Die Währungsunion ist als Stabilitätsgemeinschaft konzipiert, die vorrangig die Preisstabilität zu gewährleisten hat.

Im Rahmen der Bedingtheit von Vertragsinhalt und tatsächlich vorausgesetzten Konvergenzen ist auch der Zeitpunkt für den Eintritt in die dritte Stufe der Wirtschafts- und Währungsunion eher als Zielvorgabe denn als rechtlich durchsetzbares Datum zu verstehen. Zwar schulden die Mitgliedstaaten europarechtlicht ein ernsthaftes Bemühen, dieses vertraglich genannte Datum zu erreichen. Wie EG-Generaldirektor Dewost in der mündlichen Verhandlung bestätigt hat, findet die Setzung von Zieldaten nach gefestigter Gemeinschaftstradition ihren Sinn aber eher darin, die Integrationsentwicklung anzustoßen und zu beschleunigen, als sie unter allen Umständen fristgerecht zu verwirklichen.

Das Anliegen des Deutschen Bundestages, sich für den Übergang zur dritten Stufe der Wirtschafts- und Währungsunion eine eigene Bewertung vorzubehalten und sich damit einer Aufweichung der Stabilitätskriterien zu widersetzen, kann sich insbesondere auf Artikel 6 des Protokolls über die Konvergenzkriterien stützen. Dort wird bereits die Regelung von Einzelheiten der vertraglich festgelegten Konvergenzkriterien in Abweichung von den Definitionen des Protokolls einer einstimmigen Entscheidung des Rates vorbehalten. Dies besagt zum einen, daß die Kriterien als solche nicht zur Disposition des Rates stehen, zumal sich sonst das Grundkonzept der Währungsunion als Stabilitätsgemeinschaft nicht verwirklichen ließe. Zum anderen ist aus Artikel 6 des Protokolls über die Konvergenzkriterien zu entnehmen, daß die vom Rat seinen Empfehlungen zugrunde zu legende Beurteilung, ob einzelne Mitgliedstaaten die Konvergenzkriterien für die Einführung einer einheitlichen Währung erfüllen, diese Kriterien nicht durch bloße Mehrheitsentscheidung unterlaufen darf. Vielmehr kann das Mehrheitserfordernis nur bedeuten, daß im Rahmen der verbleibenden Einschätzungs-, Bewertungs- und Prognosespielräume Meinungsverschiedenheiten mehrheitlich ausgeräumt werden können. Gleiches gilt, wenn der Rat in der Zusammensetzung der Staats- und Regierungschefs diese Empfehlungen seinen Mehrheitsentscheidungen zugrunde zu legen hat. Unbeschadet ihm zustehender Einschätzungs-, Bewertungs- und Prognosespielräume erlaubt es der Vertragstext dem Rat nicht, sich von seiner Entscheidungsgrundlage in den Empfehlungen und damit von den vertraglich festgelegten und im Protokoll über die Konvergenzkriterien näher definierten Konvergenzkriterien zu lösen. Damit ist hinreichend sichergestellt, daß ohne deutsche Zustimmung – und damit ohne maßgebliche Mitwirkung des Deutschen Bundestages – die Konvergenzkriterien nicht „aufgeweicht" werden können.

Im Ergebnis unterwirft sich die Bundesrepublik Deutschland mit der Ratifikation des Unions-Vertrags somit nicht einem unüberschaubaren, in seinem Selbstlauf nicht mehr steuerbaren „Automatismus" zu einer Währungsunion; der Vertrag eröffnet den Weg zu einer stufenweisen weiteren Integration der Europäischen Rechtsgemeinschaft, der in jedem weiteren Schritt entweder von gegenwärtig für das Parlament voraussehbaren

Voraussetzungen oder aber von einer weiteren, parlamentarisch zu beeinflussenden Zustimmung der Bundesregierung abhängt.

Die Konzeption der Währungsunion als Stabilitätsgemeinschaft ist Grundlage und Gegenstand des deutschen Zustimmungsgesetzes. Sollte die Währungsunion die bei Eintritt in die dritte Stufe vorhandene Stabilität nicht kontinuierlich im Sinne des vereinbarten Stabilisierungsauftrags fortentwickeln können, so würde sie die vertragliche Konzeption verlassen.

Die Währungsunion ohne eine gleichzeitige oder unmittelbar nachfolgende politische Union zu vereinbaren und ins Werk zu setzen, ist eine politische Entscheidung, die von den dazu berufenen Organen politisch zu verantworten ist.

4. Der Europäische Rat von Madrid vom 15./16. Dezember 1995

Richtschnur der laufenden Vorbereitungen ist das vertraglich festgelegte vorangige Ziel der Schaffung einer stabilen einheitlichen Währung. Eine Voraussetzung dafür ist es, daß die Volkswirtschaften vor der unwiderruflichen Festlegung der Wechselkurse einen hohen Grad an Konvergenz erreichen. Eine strikte Anwendung der Konvergenzkriterien bei der Beurteilung, welcher Mitgliedstaat die notwendigen Bedingungen für die Einführung der einheitlichen Währung erfüllt, wird Vertrauen in die neue Währung schaffen und sowohl die breite Öffentlichkeit als auch die Märkte davon überzeugen, daß sie stark und stabil sein wird. Nach dem Eintritt in die dritte Stufe der Wirtschafts- und Währungsunion muß an der Konvergenz festgehalten werden.

5. Die Konvergenzberichte des Europäischen Währungsinstituts vom November 1995 und 1996

Das Europäische Währungsinstitut verwendet beim Anlegen der Konvergenzkriterien eine Reihe von Leitprinzipien: Erstens werden die einzelnen Kriterien strikt ausgelegt und angewendet. Dahinter steht die Überlegung, ... daß der hauptsächliche Zweck der Kriterien darin liegt, zu gewährleisten, daß nur diejenigen Mitgliedstaaten, die für die Aufrechterhaltung von Preisstabilität und den Bestand des Europäischen Währungsraums förderliche wirtschaftliche Bedingungen aufweisen, diesem beitreten sollten. Zweitens bilden die Konvergenzkriterien ein kohärentes und integriertes Ganzes und müssen insgesamt erfüllt werden; der Vertrag führt die Kriterien gleichberechtigt auf und legt keine Rangordnung nahe. Drittens müssen die Konvergenzkriterien auf Grundlage der aktuellen Daten erfüllt werden. Viertens sollte die Anwendung der Konvergenzkriterien in konsistenter, transparenter und einfacher Weise erfolgen. Entscheidend ist, daß die Konvergenzkriterien nicht nur zu einem bestimmten Zeitpunkt, sondern dauerhaft erfüllt werden.

6. Der Europäische Rat von Dublin vom 13./14. Dezember 1996

Der Rat weist bei dieser Gelegenheit nachdrücklich darauf hin, daß die vier Kriterien für dauerhafte Konvergenz und die geforderte Unabhängigkeit der Zentralbanken strikt angewendet werden müssen. Dies ist von wesentlicher Bedeutung, um die grundlegende Stabilität der künftigen Währungsunion zu sichern und zu gewährleisten, daß dem Euro der Status einer harten Währung zukommt. Ebenso wichtig ist, daß bei der Anwendung der Kriterien Anfang 1998 darauf geachtet wird, daß die Finanzlage der öffentlichen Hand in den einzelnen Ländern auf Dauer konsolidiert und nicht durch vorübergehend wirksame Maßnahmen beeinflußt ist.

7. „Stabilitäts- und Wachstumspakt“: Verordnung des Rates über die Beschleunigung und Klärung des Verfahrens bei einem übermäßigen Defizit vom 7. Juli 1997

- Indem die Mitgliedstaaten an dem mittelfristigen Ziel eines nahezu ausgeglichenen Haushalts oder eines Haushaltsüberschusses festhalten, wozu sich alle Mitgliedstaaten verpflichtet haben, wird ein Beitrag dazu geleistet, daß die geeigneten Voraussetzungen für Preisstabilität und für ein nachhaltiges Wachstum, das die Schaffung von Arbeitsplätzen fördert, in allen Mitgliedstaaten herbeigeführt werden; ferner können die Mitgliedstaaten damit normale Konjunkturschwankungen bewältigen und zugleich bewirken, daß das öffentliche Defizit innerhalb des Referenzwerts von 3% des BIP gehalten wird.

- Damit die Wirtschafts- und Währungsunion (WWU) reibungslos funktioniert, ist es erforderlich, daß die Konvergenz der Wirtschafts- und Haushaltsleistungen der Mitgliedstaaten, die die einheitliche Währung eingeführt haben, stabil und dauerhaft ist. Haushaltsdisziplin ist in der dritten Stufe der WWU eine Voraussetzung für die Wahrung der Preisstabilität.
- Für das Kriterium, daß der Referenzwert (für das öffentliche Defizit) nur ausnahmsweise und vorübergehend überschritten wird, ist eine Begriffsbestimmung notwendig. In diesem Zusammenhang sollte der Rat unter anderem die mehrjährigen Haushaltsvorausschätzungen der Kommission berücksichtigen.

8. Die Entschließung des Europäischen Rates über Wachstum und Beschäftigung vom 16./17. Juni 1997

Der Vertrag sieht eine enge Koordinierung der Wirtschaftspolitik vor. Wenngleich die Hauptverantwortung für die Bekämpfung der Arbeitslosigkeit bei den Mitgliedstaaten verbleibt, erkennen wir an, daß es notwendig ist, diese Koordinierung unter besonderer Berücksichtigung der Beschäftigungspolitik wirksamer zu gestalten und inhaltlich zu erweitern.

Im Rahmen gesunder und nachhaltiger gesamtwirtschaftlicher Politiken und auf der Grundlage einer Beurteilung der wirtschaftlichen Lage in der EU und in den einzelnen Mitgliedstaaten wird die Verbesserung der Wettbewerbsfähigkeit Europas als Voraussetzung für Wachstum und Beschäftigung mehr Aufmerksamkeit geschenkt, damit unter anderem das

Ziel eines größeren Arbeitsplatzangebots für die Bürger Europas erreicht wird. In diesem Kontext sollten die Effizienz des Arbeits- und Produktmarkts, die technologische Innovation und das Potential der kleinen und mittleren Unternehmen zur Schaffung von Arbeitsplätzen besondere Beachtung finden. Auch die Systeme der allgemeinen und beruflichen Bildung einschließlich des lebensbegleitenden Lernens, die Arbeitsanreize in den Steuer- und Sozialsystemen und die Verringerung der Lohnnebenkosten im Hinblick auf bessere Vermittelbarkeit müssen volle Beachtung finden.

Die Steuer- und Sozialschutzsysteme sollten beschäftigungsfreundlicher gestaltet werden und das Funktionieren der Arbeitsmärkte sollte auf diese Weise verbessert werden. Der Europäische Rat hebt die Bedeutung hervor, die der Schaffung eines steuerlichen Umfelds in den Mitgliedstaaten zukommt, das Anreize für die Unternehmen und die Schaffung von Arbeitsplätzen bietet.

9. Das Beschäftigungskapitel des Amsterdamer Vertrages vom 2. Oktober 1997

Anhand eines gemeinsamen Jahresberichts des Rates und der Kommission prüft der Europäische Rat jährlich die Beschäftigungslage in der Gemeinschaft und nimmt hierzu entsprechende Schlußfolgerungen an. Anhand der Schlußfolgerungen des Europäischen Rates legt der Rat auf Vorschlag der Kommission und nach Anhörung des Europäischen Parlaments, des Wirtschafts- und Sozialausschusses, des Ausschusses der Regionen und des Beschäftigungsausschusses jährlich mit qualifizierter Mehrheit Leitlinien fest, die die Mitgliedstaaten in ihrer Beschäftigungspolitik berücksichtigen. Jeder Mitgliedstaat übermittelt dem Rat und der Kommission jährlich einen Bericht über die wichtigsten Maßnahmen, die er zur Verwirklichung seiner Beschäftigungspolitik getroffen hat. Anhand der vorstehend genannten Berichte und nach Stellungnahme des Beschäftigungsausschusses unterzieht der Rat die Durchführung der Beschäftigungspolitik der Mitgliedstaaten im Lichte der beschäftigungspolitischen

Leitlinien jährlich einer Prüfung. Der Rat kann dabei auf Empfehlung der Kommission mit qualifizierter Mehrheit Empfehlungen an die Mitgliedstaaten richten, wenn er dies aufgrund der Ergebnisse dieser Prüfung für angezeigt hält. Auf der Grundlage der Ergebnisse der genannten Prüfung erstellen der Rat und die Kommission einen gemeinsamen Jahresbericht für den Europäischen Rat über die Beschäftigungslage in der Gemeinschaft und über die Umsetzung der beschäftigungspolitischen Leitlinien. Der Rat kann, sofern er dies für angezeigt hält, nach Anhörung des Wirtschafts- und Sozialausschusses und des Ausschusses der Regionen Anreize beschließen zur Förderung der Zusammenarbeit zwischen den Mitgliedstaaten und zur Unterstützung ihrer Beschäftigungsmaßnahmen durch Initiativen, die darauf abzielen, den Austausch von Informationen und bewährten Praktiken zu entwickeln, vergleichende Analysen und Gutachten bereitzustellen sowie innovative Ansätze zu fördern und Erfahrungen zu evaluieren, und zwar insbesondere durch den Rückgriff auf Pilotprojekte. Diese Maßnahmen schließen keinerlei Harmonisierung der Rechtsvorschriften und sonstigen Regelungen der Mitgliedstaaten ein.

10. Der Europäische Rat von Luxemburg vom 12./13. Dezember 1997

Die Verantwortung für die Wirtschaftspolitik, einschließlich der Lohnpolitik, liegt weiterhin bei den betreffenden Mitgliedstaaten. In dem Maße, wie die Entwicklung der einzelnen Volkswirtschaften Auswirkungen auf die künftige Inflationsrate im Euro-Währungsgebiet hat, beeinflußt sie auch die Bedingungen der Geldpolitik in diesem Gebiet. Dies ist der wesentliche Grund dafür, daß die Einführung einer gemeinsamen Währung eine genauere Überwachung und Koordinierung der Wirtschaftspolitiken der Mitgliedstaaten des Euro-Währungsgebietes auf Gemeinschaftsebene erforderlich macht.

Der Rat Wirtschaft und Finanzen ist das einzige Gremium, das befugt ist, die Grundzüge der Wirtschaftspolitik, die das Hauptinstrument der wirtschaftspolitischen Koordinierung darstellen, zu formulieren und zu verabschieden.

Die Minister der dem Euro-Währungsgebiet angehörenden Staaten können in informellem Rahmen Fragen erörtern, die im Zusammenhang mit ihrer gemeinsam getragenen besonderen Verantwortung für die gemeinsame Währung stehen.

Stichwortverzeichnis